Metaphern und Redewendungen im politischen Kommentar

Martin Gehr

Metaphern und Redewendungen im politischen Kommentar

Martin Gehr
Velbert, Deutschland

Diese Veröffentlichung wurde finanziell unterstützt durch „EX e.V.", den Absolventenverein des Studiengangs Journalistik an der TU Dortmund.

OnlinePLUS Material zu diesem Buch finden Sie auf
http://www.springer-vs.de/978-3-658-05324-6

ISBN 978-3-658-05324-6   ISBN 978-3-658-05325-3 (eBook)
DOI 10.1007/978-3-658-05325-3

Die Deutsche Nationalbibliothek verzeichnet diese Publikation in der Deutschen Nationalbibliografie; detaillierte bibliografische Daten sind im Internet über http://dnb.d-nb.de abrufbar.

Springer VS
© Springer Fachmedien Wiesbaden 2014
Das Werk einschließlich aller seiner Teile ist urheberrechtlich geschützt. Jede Verwertung, die nicht ausdrücklich vom Urheberrechtsgesetz zugelassen ist, bedarf der vorherigen Zustimmung des Verlags. Das gilt insbesondere für Vervielfältigungen, Bearbeitungen, Übersetzungen, Mikroverfilmungen und die Einspeicherung und Verarbeitung in elektronischen Systemen.

Die Wiedergabe von Gebrauchsnamen, Handelsnamen, Warenbezeichnungen usw. in diesem Werk berechtigt auch ohne besondere Kennzeichnung nicht zu der Annahme, dass solche Namen im Sinne der Warenzeichen- und Markenschutz-Gesetzgebung als frei zu betrachten wären und daher von jedermann benutzt werden dürften.

Gedruckt auf säurefreiem und chlorfrei gebleichtem Papier

Springer VS ist eine Marke von Springer DE. Springer DE ist Teil der Fachverlagsgruppe Springer Science+Business Media.
www.springer-vs.de

Im endlosen Strom der Wörter wird unsere Sprache abgeschliffen wie Kieselsteine in einem Gebirgsbach. Der Unterschied ist nur, daß die Kieselsteine durch das Abschleifen schöner werden.

(Erhard Eppler)

Was immer du schreibst – schreibe kurz, und sie werden es lesen; schreibe klar, und sie werden es verstehen; schreibe bildhaft, und sie werden es im Gedächtnis behalten.

(Joseph Pulitzer)

Inhaltsverzeichnis

1 Einleitung 11
2 Metaphern und Phraseologismen 17
  2.1 Sprachwissenschaftliche Definition 17
    2.1.1 Metapher 17
      2.1.1.1 Funktionen der Metapher 20
    2.1.2 Metaphorischer Vergleich 21
    2.1.3 Phraseologismus 22
    2.1.4 Der Konventionalitätsgrad von Metaphern 24
  2.2 Metaphern und Phraseologismen im Journalismus 27
    2.2.1 Funktionen der Metapher im Journalismus 29
      2.2.1.1 Verständlichkeit durch Veranschaulichung 29
      2.2.1.2 Verstärkung einer Aussage 31
      2.2.1.3 Wertung 31
      2.2.1.4 Ästhetischer Reiz 32
    2.2.2 Metaphorische Wortfelder 33
      2.2.2.1 Wortfeld „Sport" 34
      2.2.2.2 Wortfeld „Militärwesen" 37
      2.2.2.3 Wortfeld „Der menschliche Körper" 41
      2.2.2.4 Wortfeld „Verkehrswesen" 43
      2.2.2.5 Wortfeld „Meteorologie" 48
      2.2.2.6 Wortfeld „Theater/Musik" 50
      2.2.2.7 Wortfeld „Handwerk" 53
      2.2.2.8 Wortfeld „Religion" 55
      2.2.2.9 Wortfeld „Zoologie" 60
      2.2.2.10 Wortfeld „Medizin" 62
    2.2.3 Homogene und heterogene Sprachbilder 64
      2.2.3.1 Homogene Sprachbilder 64
      2.2.3.2 Heterogene Sprachbilder 66
    2.2.4 Gefahren bei der Verwendung von Metaphern und
          Phraseologismen 67
      2.2.4.1 Gefahr der Routine 67
      2.2.4.2 Gefahr der Meinungsverschleierung 72

	2.2.4.3	Gefahr der Belanglosigkeit 72
	2.2.4.4	Die Sprache der Politik 73

3 Kommentar als journalistische Darstellungsform 75
3.1 Definition und Aufgabe des Kommentars 75
3.2 Kein Kommentar ohne Nachricht 76
3.3 Kommentartypen 76
    3.3.1 Der Leitartikel 78

4 Der Landtagswahlkampf in Nordrhein-Westfalen 2010 79
4.1 Der Wahlkampf als solcher und seine Strategien 79
4.2 „Heiße Phase": Die letzten vier Wochen des Wahlkampfs 81
4.3 Die Medien als Forum 82
4.4 Wahlkampfthemen und Besonderheiten der NRW-Wahl 2010 84
4.5 Die Ergebnisse der Landtagswahl und ihre Folgen 87
    4.5.1 Die Koalitionsverhandlungen – ein Pokerspiel in neun Zügen ... 90

5 Die Untersuchung 93
5.1 Vorstellung der Forschungsmethode 93
    5.1.1 Samplebildung und Stichprobenumfang 93
    5.1.2 Analyseeinheiten und Metapherncodierung 95
5.2 Vorstellung der Zeitungen 101
    5.2.1 BILD 101
        5.2.1.1 Platzierung im Zeitungsmarkt 101
        5.2.1.2 Kommentare 101
        5.2.1.3 Platzierung der Kommentare innerhalb der Zeitung ... 102
        5.2.1.4 Meinungsjournalisten 102
    5.2.2 Express 102
        5.2.2.1 Platzierung im Zeitungsmarkt 102
        5.2.2.2 Kommentare 103
        5.2.2.3 Platzierung der Kommentare innerhalb der Zeitung ... 103
        5.2.2.4 Meinungsjournalisten 103
    5.2.3 Süddeutsche Zeitung 103
        5.2.3.1 Platzierung im Zeitungsmarkt 103
        5.2.3.2 Kommentare 104
        5.2.3.3 Platzierung der Kommentare innerhalb der Zeitung ... 104
        5.2.3.4 Meinungsjournalisten 105
    5.2.4 Westdeutsche Allgemeine Zeitung 105
        5.2.4.1 Platzierung im Zeitungsmarkt 105
        5.2.4.2 Kommentare 105

5.2.4.3 Platzierung der Kommentare innerhalb der Zeitung............ 106
5.2.4.4 Meinungsjournalisten.. 106
5.2.5 Westdeutsche Zeitung... 106
5.2.5.1 Platzierung im Zeitungsmarkt... 106
5.2.5.2 Kommentare.. 106
5.2.5.3 Platzierung der Kommentare innerhalb der Zeitung............ 107
5.2.5.4 Meinungsjournalisten.. 107
5.2.6 Zusammenfassende Rechtfertigung für die Auswahl................ 107
5.3 Statistische Auswertung des Beitragskorpus 109
5.3.1 Welche Themen behandeln die Kommentare?......................... 109
5.3.2 Anteil der Kommentare zur NRW-Wahl am Gesamtkorpus..... 110
5.3.3 Inhaltliche Schwerpunkte in den Kommentaren z. NRW-Wahl 112
5.3.4 Verhältnis zwischen Kommentaren und Kommentatoren......... 112
5.3.4.1 Kommentatoren gesamt 112
5.3.4.2 Kommentatoren zur NRW-Wahl....................................... 113

6 Sprachliche Analyse des politischen Kommentars.................... 115
6.1 Gesamtauswertung des Beitragskorpus.. 115
6.1.1 Metaphernanteil in Relation zum Gesamttext............................ 115
6.1.2 Metaphorische Wortfelder 116
6.1.2.1 Wortfeld „Allgemeine Bewegungsmetapher"..................... 117
6.1.2.2 Wortfeld „Militär" 120
6.1.2.3 Wortfeld „Verkehrswesen"... 129
6.1.2.4 Wortfeld „Spiel"... 131
6.1.3 Konventionalitätsgrad 132
6.1.4 Fehler bei der Metaphernverwendung 137
6.1.4.1 Das falsche Wort.. 137
6.1.4.2 Die Dopplung... 138
6.1.4.3 Der Widerspruch... 139
6.2 Einzelauswertung im Hinblick auf die Zeitungen................................. 140
6.2.1 Metaphernanteil in Relation zum Gesamttext............................ 140
6.2.2 Metaphorische Wortfelder 142
6.2.3 Konventionalitätsgrad 143

7 Fazit: Konstruktive und destruktive Stilistik im Kommentar............ 153
7.1 Fünf Thesen... 154
7.2 Metatextuelle Varianten metaphorischen Gebrauchs...................... 159

Literaturliste 163

Zusatzmaterialien sind unter www.springer.com auf der Produktseite dieses Buches verfügbar.

1 Einleitung

Die Welt wird „undurchschaubarer, zugleich wächst der Anteil an der Bevölkerung, der diese Welt verstehen und die großen Entscheidungen mit verantworten soll. Die Aufgabe des Journalisten heißt also: eine immer kompliziertere Welt noch weit verständlicher darstellen, als das früher nötig war." (Hirsch 1980, S. 127)

Die Charakterisierung durch Eike Christian Hirsch gilt auch für den journalistischen Kommentar, der dem Rezipienten – wie WDR-Fernsehdirektor Jörg Schönenborn es ausdrückt – Orientierung bieten und zur eigenen Meinungsbildung beitragen soll (zit. n. Degen 2004, S. 232).

Fügen wir beide Zitate zusammen, können wir folgern: Eine Botschaft muss man zunächst verstehen, um sich an ihr orientieren zu können. Ein Mittel, eine Botschaft verständlich zu transportieren, ist es, sie anschaulich zu beschreiben. In der Rhetorik ist dies vor allem durch Sprachbilder möglich, so genannte Metaphern. Zwei Beispiele:

Wenn die Bürger in einem Land ein neues Parlament gewählt haben, die Regierungsbildung aber nur möglich ist, wenn mehrere Parteien ein Bündnis bilden, dann müssen die Parteien miteinander verhandeln. Sie setzen sich an einen Tisch und diskutieren über eine Zusammenarbeit. Gleichwohl versucht dabei jeder Teilnehmer, das für ihn beste Ergebnis zu erreichen. Wer in diesem Punkt gewinnt und wer verliert, ist vorher unklar. *Koalitionspoker* wird das gern genannt und somit ein Kartenspiel mit seinen Regeln zwischen Taktik, Täuschung und Glück auf eine politische Verbalhandlung übertragen.

Wenn die europäische Gemeinschaftswährung, der Euro, stark an Wert zu verlieren droht, *schnüren* die Finanzminister der Europäischen Union ein finanzielles *Rettungspaket*. So nennen es die Medien und ersetzen damit den offiziellen Terminus „Euro-Stabilisierungsfonds".

Doch Anschaulichkeit allein reicht nicht; die Formulierungen müssen auch prägnant sein. Viele Metaphern sind allerdings schon so sehr in den allgemeinen Sprachgebrauch übergegangen, dass sie bisweilen gedankenlos verwendet werden, ihre Ausdruckskraft verloren haben und zur Generalisierung eines Sachverhalts oder eines Individuums beitragen. „Die Sprache der Medien ist [...] oft maskenhaft", attestiert Hirsch (1980, S. 127), „sie besteht vielfach aus Fertigteilen und bietet wenig Anlaß dazu, daß die Eigenständigkeit des Lesers und Hörers gefördert wird. Unsere öffentliche Sprache könnte bald den Charakter eines Konsumartikels annehmen, der alle Züge der Massenproduktion zeigt." (ebd.) George Orwell sieht darin sogar eine Missachtung ethischer Grundsätze: Journalisten und Politiker, die ihre Texte und Reden aus sprachlichen Fertigstücken zusammensetzen, würden wenig Respekt vor der Mündigkeit ihres Publikums zeigen, „weil sie auf ihre eigene Würde als selbst denkende, sprachschöpfende Subjekte verzichten" (Orwell 1968, S. 130, in: Pöttker 2010b, S. 345f.). „Klischees sparen Arbeit" fasst Erhard Eppler (1992, S. 85) diese Maxime nicht nur des Journalismus, sondern der heutigen Gesellschaft treffend zusammen.[1]

Zentrale Motivationen der vorliegenden Studie sind infolgedessen Genres, Funktion, Wirkung und Verständlichkeit von Metaphern und Phraseologismen – und zwar in politischen Pressekommentaren. Diesbezüglich soll untersucht werden, unter welchen stilistischen Umständen der Einsatz von Metaphern und Phraseologismen konstruktiv und wann er destruktiv ist und inwieweit dies abhängig ist vom Konventionalitätsgrad der Metaphern und der Systematik des Wortfeldgebrauchs.

Zu Anfang wollen wir uns in Form von Impulshypothesen die Frage stellen: Was beeinflusst die Verwendung von Metaphern und Phraseologismen in journalistischen Texten? Zunächst einmal ist sie abhängig vom **Autor (a)**: von seiner sprachlichen Kompetenz, seinem Stil, seiner Schreibmotivation (also dem Anspruch an die textliche Qualität) und seinem Selbstbewusstsein. Mangelt es an Letzterem, kann dies dazu führen, dass der Autor in einem meinungsbasierten Text mithilfe konformer Äußerungen seinen Standpunkt zu verschleiern versucht. Wir werden darauf später genauer eingehen.

Diesen ausschlaggebenden inneren Faktoren stehen mehrere äußere Faktoren gegenüber, die die Verwendung von Metaphern und Phraseologismen beeinflussen können: Der Autor kann in seiner Arbeit an ein **Redaktionsstatut der Zeitung (b)** gebunden sein, das auch stilistische Vorgaben enthält. Da die Studie die Inhaltsanalyse als Forschungsmethode einsetzt und keine Leitfadeninterviews führt, kann dieser Faktor jedoch nicht eruiert werden.

Form und Vielfalt verwendeter Sprachbilder sind abhängig vom **Thema des Beitrags (c)** und passenden sprachlichen Übertragungen. Dieser Aspekt wird in Kapitel 2.2 sowie der empirischen Analyse (ab Kapitel 5) ausführlich behandelt.

Auch **das journalistische Ressort (d)** hat Auswirkungen auf den Metapherngebrauch eines dort veröffentlichten Textes. In jedem Ressort haben sich diverse Sprachbilder entwickelt und etabliert, von denen manche sogar ressorttypisch geworden sind, sei es in der Politik (*Flügelkämpfe, Politik auf Augenhöhe, Spitzenkandidat*), in der Wirtschaft (*Börsenparkett, Stellenabbau, Casino-*

---

[1] Siehe auch Mothes 2007, S. 214.

Kapitalismus, Investoren, die als *Heuschrecken* bezeichnet werden) oder im Sport (*Fahrstuhlmannschaft, Kellerduell*). Diese Vermutung wird in der Arbeit in Bezug auf das politische Ressort empirisch überprüft; Vergleiche zwischen der Stilistik verschiedener Ressorts sind nicht vorgesehen.

Schließlich ist der Gebrauch abhängig von der **zur Verfügung stehenden Zeit (e)**. „In einer Zeit unaufhörlicher Informationsflut und ausschließlich für den Tag oder (in Funkmedien) gar für die Stunde bestimmter Beiträge sind für eine schnelle Textproduktion auch Textbausteine erforderlich" (Kurz 2010b, S. 99)[2], zu denen besonders Alltagsmetaphern gehören. „Alltagsmetaphern verleiten zum Gebrauch, weil sie wegen ihrer Bekanntheit bequem anzuwenden sind. Sie sind jedoch nicht präzise", sondern verallgemeinern (Ahlke/Hinkel 1999a, S. 36f.) und gehören daher „zu den notorischen Gefährdungen des journalistischen Sprachgebrauchs" (Pöttker 2010b, S. 346). Solche sprachlichen Fertigstücke, wie Josef Kurz sie nennt, „führen oft zu sprachlicher Monotonie und zu der Suggestion, es werde nichts Neues gesagt. Vor allem aber bezeichnen Fertigstücke keinen konkreten, unverwechselbaren Sachverhalt und [...] lassen eine Aussage semantisch verblassen." (Kurz/Gehr 2010, S. 226) Wie Helmut Arntzen es beschreibt, reflektiere der journalistische Autor im Allgemeinen seinen Metapherngebrauch nicht. „Vielmehr funktioniert dieser häufig quasiautomatisch [...]." (Arntzen 1980, S. 76f.) Dies soll an einem Extrembeispiel gezeigt werden, in dem die metaphorischen Wortverbindungen fett hervorgehoben sind. Es handelt sich um einen Kommentar des Flensburger Tageblatts (06.06.2007) zum G8-Gipfel in Heiligendamm (zit. n. Pöttker 2010b, S. 346):

Die Mitglieder der G8 sind keine Weltregierung. Aber sie können die Welt stärker verändern als jeder andere **Länderblock**. *Deshalb ist es wichtig, dass sie* **im Gespräch bleiben und sich ihrer Verantwortung bewusst werden**. *Nicht* **im stillen Kämmerlein** *oder* **unter der heimischen Käseglocke**, *sondern* **auf internationalem Parkett**. *Der Zaun rund um Heiligendamm wirkt schließlich in beide Richtungen: Die da drinnen können den* **drängenden Fragen** *der Globalisierung* **nicht ausweichen**. *Sie können es deshalb nicht, weil die Bundeskanzlerin bei den ausländischen Kollegen eine hohe Reputation genießt. Niemand will Angela Merkel* **im Regen stehen lassen**. *Sie ist* **die richtige Gastgeberin zur richtigen Zeit**.

---

[2] Siehe auch Fengler/Vestring 2009, S. 115: „Es kommt nicht nur darauf an, dass die Artikel oder Beiträge gut sind. Mindestens genauso wichtig ist, dass sie rechtzeitig fertig sind. Der Zeitdruck, unter dem Redakteure bei Zeitungen und elektronischen Medien stehen, ist groß." Siehe auch Kampmann 1980, S. 155; Ahlke/Hinkel 1999a, S. 31. Der Zeitfaktor ist aufgrund der Arbeitsmethode in dieser Studie nicht messbar, da eine Beobachtung der redaktionellen Produktion nicht vorgesehen war. Es liegt jedoch folgende Vermutung nahe: Steht dem Autor nur wenig Zeit für die Textproduktion zur Verfügung, werden nicht unbedingt mehr Metaphern verwendet, aber sie werden undurchdachter eingesetzt und haben höheren konventionellen Charakter – im Vergleich zu einem Text derselben Gattung, der ohne Zeitdruck entstand.

Der Kommentar hat aufgrund durchweg beliebiger und damit gehaltloser Phraseologismen keinerlei Aussagekraft. Er zeigt zudem, wie groß die Gefahr ist, dass sich politischer Journalismus genau der stilistischen Klischees bedient, mit denen normalerweise seine Gesprächspartner arbeiten. Denn dass sich besonders Politiker, unabhängig von der Sache, um die es geht, vorgestanzter Ausdrucksformen bedienen, ist heute ebenso aktuell wie zu Zeiten George Orwells, der schon 1946 den Automatismus politischer Prosa analysierte (vgl. Pöttker 2010b, S. 346).

Der inflationäre Gebrauch fertiger Sprachbilder führt zwangsweise zu Fehlern, insbesondere in spontaner und unter Zeitdruck stattfindender Kommunikation, wie der frühere Ministerpräsident von Bayern, Edmund Stoiber, in einer Wahlkampfrede zur Bundestagswahl 2005 unfreiwillig demonstrierte (siehe u. a. Neubacher 2006, Das Gupta 2007):

> *Wenn ich die CDU ansehe, die Repräsentanten dieser Partei an der Spitze, in den Ländern, in den Kommunen, dann bedarf es nur noch eines kleinen Sprühens sozusagen in die gludernde Lot, in die gludernde Flut, dass wir das schaffen können und deswegen ... in die lodernde Flut, wenn ich das sagen darf.* (Er meinte die „lodernde Glut".)

Im Gegensatz zu solch politischen Einwürfen erfolgt die Verfassung politischer Kommentare in der Regel nicht spontan. Zwar seien Journalisten, schreibt Harald Weinrich (1980, S. 18), „für den einen oder anderen Sprachschnitzer durch Eile entschuldigt, mit der sie gewöhnlich ihre Texte herzustellen haben. Aber da das Schreiben andererseits ihr tagtäglicher Beruf ist, wird die Eile durch Gewandtheit kompensiert." Ein Anspruch, den Arthur Schopenhauer in seinen Ausführungen „ueber Schriftstellerei und Stil" (1977, S. 594) in Bezug zum Rezipienten setzt:

> „Wie [...] Vernachlässigung des Anzuges Geringschätzung der Gesellschaft, in die man tritt, verrät, so bezeugt flüchtiger, nachlässiger, schlechter Stil eine beleidigende Geringschätzung des Lesers [...]."

Wer zudem – gestützt auf fundiertes Hintergrundwissen – einen Kommentar schreibt, gibt damit nicht nur seine Meinung preis. Fengler und Vestring (2009, S. 112) weisen darauf hin, dass er jedes Mal auch zur Schau stellt, „wie sehr er zu eigenen Gedanken fähig ist und ob er sie zu einer folgerichtigen Argumentation zusammenfügen und in präzise und schöne Sprache fassen kann." Daher ist Kreativität, wie Matthias Degen es formuliert, „nach der Bedingung der allgemeinen Verständlichkeit und Eindeutigkeit zweitwichtigster sprachlicher Maßstab für jede meinungsbetonte Darstellungsform." (Degen 2004, S. 35)

Dieser wollen wir nun nachgehen. Der theoretische Teil der Arbeit setzt sich stufenweise aus den drei Bausteinen des Themas zusammen: Metaphern → journalistischer Kommentar → Politik. Er beginnt mit der sprachwissenschaftlichen Definition von Metaphern und Phraseologismen (Kap. 2.1). Darauf aufbauend wird eruiert, wie diese rhetorischen Figuren in journalistischer Sprache angewandt werden (Kap. 2.2). Nach einem Blick auf die Grundlagen der Darstellungsform ‚Kommentar' (Kap. 3) folgt eine Aufbereitung des politischen Ereignisses, auf das sich die Kommentarauswahl beschränkt: der Landtagswahlkampf in Nordrhein-Westfalen im April und Mai 2010 (Kap. 4). Der empirische Teil ab Kapitel 5 stellt zunächst die Forschungsmethode, die für die Datenerhebung ausgewählten Zeitungen sowie den Beitragskorpus vor. Es folgt eine eingehende sprachliche Analyse der Beiträge im Hinblick auf Metaphern und Phraseologismen, wobei neben einer Gesamtauswertung sowohl stilistische Auffälligkeiten innerhalb der Zeitungen als auch Vergleiche der Zeitungstypen untereinander berücksichtigt werden.

Vorab sei noch auf Folgendes hingewiesen: Die Sprachforschung ist sich darüber einig, dass es nicht möglich ist, über Metaphern zu schreiben, ohne selbst Metaphern zu verwenden (vgl. Kohl 2007, S. VI). Der Autor dieser Studie bittet daher um Nachsicht, sollten Metaphern oder Phraseologismen in den Text gerutscht sein (da geht's schon los!), an deren Aktualität oder Aussagekraft er an anderer Stelle zweifelt.

2 Metaphern und Phraseologismen

2.1 Sprachwissenschaftliche Definition

In diesem Kapitel wird die zentrale rhetorische Figur, der sich diese Arbeit widmet, auf sprachwissenschaftlicher Basis definiert. Bei der Definition ist eine Differenzierung vorzunehmen in

- die Metapher
- den metaphorischen Vergleich
- sowie den Phraseologismus, die Redewendung, die in den meisten Fällen eine lexikalisierte Metapher ist.

2.1.1 Metapher

Ministerpräsident Jürgen Rüttgers ist auf Tauchstation. So lautete eine Information, die am Abend der Landtagswahl in NRW am 9. Mai 2010 durch die Medien ging. Rüttgers zieht sich in seiner Freizeit gern mal in seinen Hobbykeller zurück, um an der Werkbank zu arbeiten; Tauchen gehörte allerdings bislang nicht zu seinen Hobbys. Was also hatte das zu bedeuten?

Nach den ersten Hochrechnungen hatte die CDU in Nordrhein-Westfalen bei den Wählerstimmen zehn Prozentpunkte verloren und lag mit 34,6 Prozent etwa gleichauf mit der SPD. Die Hochrechnungen stabilisierten sich, die amtierende Koalition zwischen CDU und FDP (die 6,7 Prozent erreichte) war damit abgewählt – und Jürgen Rüttgers sagte nach einer kurzen Rede vor seinen Parteianhängern umgehend feststehende Fernsehauftritte des Abends ab: Für ein Interview mit den Spitzenkandidaten der Parteien in der 20-Uhr-Tagesschau (ARD) sowie ein Gespräch in der „Düsseldorfer Runde" (WDR) ließ er sich von Generalsekretär Andreas Krautscheid bzw. Integrationsminister Armin Laschet vertreten. Rüttgers selbst begab sich nach Medieninformationen in seinen Bürotrakt des Landtags und beriet sich dort – abgeschirmt von Sicherheitsleuten – mit Vertrauten (vgl. dpa 09.05.2010).

Der Politiker hatte sich der Öffentlichkeit entzogen, musste aufgrund des Wahlergebnisses mit einer Ungewissheit umgehen, und ihm war bewusst, dass er sich als amtierender Ministerpräsident – auch bei einem Machtverlust – bald wieder der Öffentlichkeit stellen musste, wo die Journalisten schon auf ihn warten würden.

All dies impliziert das Bild der „Tauchstation"; es ist ein Sprachbild, eine Metapher. Eigenschaften des Objektes werden auf eine fachfremde Sache, Person, Situation oder Handlung übertragen. Die Metapher hat somit veranschaulichende Funktion (vgl. Kohl 2007, S. 43): Wer sich in einem Gewässer auf Tauchstation begibt, ist von der Oberfläche aus nicht mehr zu sehen. Der Taucher hält sich in einer dunkel scheinenden Umgebung auf, in der er sich oft nur schwer zurecht finden kann, was in den meisten Fällen mit Ungewissheit verbunden ist. Allerdings reicht der Sauerstoff nur eine gewisse Zeit aus, dann muss er wieder auftauchen, also an die Wasseroberfläche zurückkehren.

Nach Definition des Duden Fremdwörterbuchs (Duden Band 5 2001a, S. 628) ist die Metapher ein „sprachlicher Ausdruck, bei dem ein Wort oder eine Wortgruppe aus seinem eigentlichen Bedeutungszusammenhang in einen anderen übertragen wird [...]".[3] Ein Abstraktum wird dabei durch eine bildliche Umschreibung ersetzt[4] und vorstellbar gemacht (vgl. Kohl 2007, S. 16; 24), ohne dass jedoch ein direkter Vergleich zwischen Bezeichnendem (dem Wort) und Bezeichnetem (dem Objekt) vorliegt. Voraussetzung ist, dass zwischen Bezeichnendem und Bezeichnetem eine oder mehrere Eigenschaften verbindend wirken, damit die Übertragung verstanden werden kann, etwa wenn Skispringer als *Adler* bezeichnet werden; die zentrale Analogie besteht hier in der Fähigkeit, durch die Luft zu fliegen oder zumindest zu schweben und sich dabei die Aerodynamik zunutze zu machen (vgl. ebd., S. 41).[5]

Kohl gliedert den metaphorischen Prozess in einen ‚Herkunftsbereich', dem die eigentliche Bedeutung des Wortes oder der Wortgruppe entstammt, sowie in einen ‚Zielbereich', auf den diese Bedeutung übertragen wird (vgl. ebd., S. 9). Wenn an der Wertpapierbörse von einer *Kursexplosion* die Rede ist, handelt es sich um die plötzliche, außerordentliche Kurssteigerung einer Aktie oder eines Aktienindexes. Die Explosion als chemischer Prozess in Form eines plötzlichen Ausbruchs (Herkunftsbereich) wird hierbei auf ein Börsengeschehen (Zielbereich) übertragen.

Wer verliebt ist, hat *Schmetterlinge* im Bauch, um den hormonellen Vorgang zu verbildlichen. Wer seinen *Schatz* (für ‚Reichtum, wertvoller Besitz')

---

[3] Das Wort stammt vom griechischen ‚metaphora' = Übertragung.
[4] Zur Substitutionstheorie siehe u. a. Küster 2009, S. 62.
[5] „Die Metapher hat deshalb den Vorzug der Kürze und Klarheit, fordert aber auch vom Rezipienten größere Anstrengungen, da ein semantischer Bezug zwischen Bezeichnendem und Bezeichneten hergestellt werden muss." (Lausberg 1973, S. 286; 288, in: Berg 1978, S. 100) Zur Übertragung gemäß der Analogie siehe die Ausführungen von Aristoteles zur Poetik (2008, insb. S. 623f.).

schließlich gefunden hat, kann ihm seine Liebe mit den Worten *You are the sunshine of my life* von Soulsänger Stevie Wonder erklären – und damit den Sonnenschein als Metapher für Wärme, Wohlgefühl, Helligkeit und in seiner Funktion als Energiespender verwenden. Da das Leben immer wieder Schmerzen bereitet, kann die Liebe auch als Schutz und Heilungsunterstützung dienen: *Du bist das Pflaster für meine Seele* lautet entsprechend der bildlichen Übertragung der Aussage auf ein Objekt der Titel eines Popsongs aus dem Jahr 2009.[6] Doch die Liebe eines Menschen zu erlangen, kann oftmals auch unmöglich scheinen, etwa wenn Mut und Selbstbewusstsein fehlen. In seiner Ballade „Sie sieht mich nicht" (1999) drückt Sänger Xavier Naidoo dieses Problem mit folgenden Versen aus:

> *Je mehr ich mich ihr näher', desto ungeschickter bin ich: / mein Körper, meine Stimme, mein Gesicht. / Es gibt Grenzen, die man trotz Millionen von Soldaten wegbricht, / aber unsere überwindet man nicht.*

Mit dem Substantiv *Grenzen* liegt hier die rhetorische Figur der Syllepse vor, die Verwendung eines Wortes in wörtlicher (Vers 3) und metaphorischer Bedeutung (Vers 4).

Grammatisch unterscheiden lassen sich Metaphern in drei zentrale Gruppen (vgl. Kohl 2007, S. 46ff.). Da einige Beispiele verschiedenen Gruppen zugeordnet werden können, sind die der Kategorie zugehörigen Metaphern fett markiert:

- Substantivmetapher: *Das Gesicht ist das **Protokoll** des Charakters.* (Weber, zit. n. Bolz 2001, S. 48) / *God is a **DJ**, life is a **dancefloor*** (Pink, 2004)[7] / *[...] das dunkle **Laken des Meeres** wogte weiter, wie es vor fünftausend Jahren gewogt.* (Melville 2004, S. 911);
- Adjektivmetapher: *die **sinnenverbrannte** Leere der Sahara* (Seufert 1971, S. 421) / *Regen, der **pfeilgerade** aus dem Himmel in den Garten strullt* (Weiler 2005b, S. 266);
- Verbmetapher: *Glückseligkeit **überflutete** ihr Gesicht [...]* (Schröder 2004, S. 445) / *Aber dann ließ ein anderes lautes Krachen die Luft förmlich **erzittern**.* (Chaplin 1998, S. 301) / *Der Regen **webt** mit Wasserfäden das nasse Gewand.* (Walser 2002, S. 219) / *Wir **schweben** noch lange weiter im diamantenen Meer von Termoli.* (Weiler 2005a, S. 255).

---

[6] Ich + Ich: Pflaster. 2009.
[7] Pink: God is a DJ. 2004.

2.1.1.1 Funktionen der Metapher

Wie bereits aufgezeigt, ist die Metapher ein mentales ‚Werkzeug' für den Umgang mit abstrakten Zusammenhängen. Sie fokussiert einen Aspekt dieses Zusammenhangs und appelliert an die Vorstellungskraft (vgl. Kohl 2007, S. 66f.). Neben der Veranschaulichung sind weitere Funktionen möglich:

- Als ästhetischer Reiz, der Dichtung ähnlich, dient sie der kreativen Anwendung und Verarbeitung von Sprache, der Inszenierung eines Textes (vgl. ebd., S. 69).
- Auf psychologischer Ebene kann sie Emotionen vermitteln und aktivieren. Da Emotionen keine sinnlich wahrnehmbare Struktur haben, bedürfen sie zu ihrer Identifikation, Strukturierung und Kommunikation der Metaphern (vgl. Kövecses 2002, S. 31, in: Kohl 2007, S. 68).[8]
- Anknüpfend an die Funktionen der Veranschaulichung und der Emotionalisierung kann die Metapher dazu dienen, Handlungen zu stimulieren, etwa, wenn in der Werbung der Duft eines Weichspülers als *aprilfrisch* bezeichnet wird, eine Stadt mit dem Slogan *Saarlouis – das Einkaufsparadies* wirbt oder die Hersteller eines Haarmittels versprechen: *Priorin packt Haarausfall an der Wurzel*[9] (vgl. Kohl 2007, S. 71). Ziel ist hier die Aktivierung der Sehnsucht potenzieller Kunden und die Stimulierung einer Kaufabsicht. Ähnliche Intentionen finden sich im politischen Wahlkampf, auf den wir in Kapitel 4 ausführlich zu sprechen kommen.
- Nach dem römischen Rhetoriker Cicero haben Metaphern zudem die Funktion, Leerstellen im Lexikon auszufüllen. „Sie ersetzen also nichts, was ebenso gut als Bezeichnung dienen könnte; ihre Formulierung entspringt [...] praktischen Bedürfnissen der Kommunikation, wobei das sprachliche Element selbst ja keineswegs den Sprachbenutzern unbekannt ist, höchstens in dem jeweils gewählten Kontext." (Küster 2009, S. 61) Wenn Benutzer des Internets *im Netz surfen* (also im Internet nach Informationen suchen und sich dabei durch verschiedene Seiten klicken), dann füllt ein solcher Ausdruck das Fachlexikon der Computersprache an, obwohl die Wörter *Netz* und *surfen* im Lexikon der Gemeinsprache bereits vorhanden sind (vgl. ebd.).[10]

---

[8] Siehe auch Jung 2009, S. 155.
[9] Bei diesem Werbeslogan handelt es sich um eine Syllepse, einen doppelten Verweis: Mit der Wurzel ist sowohl die reale Haarwurzel als auch die Wurzel als Metapher für die Grundlage gemeint.
[10] Herkunftsbereich für das *Netz* ist das Fischernetz, das aus vielen Stricken besteht, die durch Knoten miteinander verknüpft sind und dadurch ein Ganzes bilden – ebenso wie die Computer, die durch das Internet miteinander verbunden sind. Dass die Handlung des Internetnutzers als *surfen* bezeichnet wird, soll – nach Angaben des Internetlexikons „Wikipedia" – auf eine US-amerikanische Bibliothe-

2.1.2 Metaphorischer Vergleich

Das Pop-Duo Simon & Garfunkel besang 1970 eine „Bridge over troubled water" – eine Brücke über aufgewühltem Wasser. Hierbei handelt es sich um einen metaphorischen, grammatisch offenbarten Vergleich, denn der komplette Vers lautet: *Like a bridge over troubled water / I will lay me down*. Das lyrische Ich widmet sich in diesem Lied einer Person, die ihm nahe steht und der es verdeutlichen möchte, dass es sie in jeder Lebenslage beschützt; Gefühle von Traurigkeit, Einsamkeit, Erschöpfung und Unbedeutsamkeit werden erwähnt. Im zentralen Vergleich ist das Wasser die Verbildlichung einer schwierigen, mit Problemen besetzten Lebenssituation. Wie eine Brücke, die über dieses unruhige Wasser führt, wird sich das lyrische Ich über die Probleme des Partners legen und so Hilfe, Sicherheit und Geborgenheit schaffen.

Entsprechend ist der Vergleich „eine explizite Verbindung von zwei Vorstellungen oder Begriffen, die nicht identisch sind, aber [...] in einem oder mehreren Aspekten eine Ähnlichkeit aufweisen [...]." (Kohl 2007, S. 73) „Auch der römische Rhetoriklehrer Quintilian geht von einer faktisch vorgegebenen Ähnlichkeit von Dingen aus." (Kurz/Pelster 1976, S. 23ff., in: Küster 2009, S. 61) „Er stellt einen Bezug zwischen Metapher und Gleichnis bzw. Vergleich her und bezeichnet die Metapher als ‚ein kürzeres Gleichnis'. Im Sport kann jemand kämpfen wie ein Löwe. In diesem Fall würde Quintilian die Formulierung eine ‚Vergleichung' nennen. Sagt man, der Sportler ist ein Löwe, so handelt es sich um eine Metapher." (Küster 2009, S. 61)[11]

Der Vergleich wird vorwiegend gekennzeichnet durch die Konjunktionen *wie* oder *als*. Die Konjunktion *als* tritt meist in Verbindung mit dem Konjunktiv II auf und schafft dadurch eine gedankliche, irreale Konstruktion: *Du schnarchst, als würdest du Bäume absägen*. Der Vergleich kann auch mit dem Verb „gleichen"[12] gebildet werden: *Seine Karriere gleicht einer Achterbahn mit steilen Bergaufstrecken und haarsträubenden Talfahrten [...]*. (Buhl 1986)

---

karin zurückgehen, die 1992 in einem Fachmagazin für Bibliotheken einen Artikel namens „Surfing the Internet: an Introduction" veröffentlichte. Die Autorin sei auf der Suche nach einer Metapher gewesen, die den Spaß bei der Nutzung des Internets ebenso ausdrücke wie die nötige Kunstfertigkeit und Ausdauer. Zudem sollte sie das Gefühl von Zufälligkeit, Chaos und Gefahr hervorrufen (vgl. Wikipedia 2010a). Eine zweite Theorie setzt einen Bezug zum englischen Begriff für die Navigationsoberfläche (*surf*ace).
[11] Siehe Quintilianus 1975 VIII,8f., S. 221: Das Gleichnis biete „einen Vergleich mit dem Sachverhalt [...], den wir darstellen wollen, während die Metapher für die Sache selbst steht. Eine Vergleichung ist es, wenn ich sage: ein Mann hat etwas getan ‚wie ein Löwe', eine Metapher, wenn ich von dem Manne sage: ‚er ist ein Löwe'."
[12] Alternativ sind auch die Verben „ähneln" und „entsprechen" geläufig.

Der bildliche Vergleich findet in zahlreichen gesellschaftlichen Kommunikationsformen Anwendung; sei es

- in der Alltagssprache (*Die Blumen in der Vase stehen wie eine Eins.*),
- in der Satire (*Merkel und Westerwelle turteln wie Romeo und Julia. Wobei ihn ihr Balkon sicher nicht interessiert.*) (Mathias Richling, zit. n. Von Dolega 2010),
- in der Literatur (*Während sie auf die Häuser zuschritten, fing es zu schneien an, leicht und in feinen Flocken, wie Mehl, das aus einem großen Sieb auf sie niederfiel.*) (Preußler 1973, S. 252),
- in der Filmkunst (in einem Boxer-Drama aus dem Jahr 1980 kämpft Robert De Niro – so der Titel – *wie ein wilder Stier*),
- in der politischen Stellungnahme (*Die von der SPD initiierte Schmutzkampagne der vergangenen Wochen trifft die SPD jetzt wie ein Bumerang*, sagte Dirk Borhart, Sprecher der NRW-CDU, im Mai 2010 zu Vorwürfen bezüglich einer Affäre um Wahlkampfspenden)[13] (zit. n. WZ 05.05.2010),
- ebenso wie in der politischen Propaganda, etwa im NS-Zitat *Flink wie die Windhunde, zäh wie Leder und hart wie Kruppstahl*, mit dem Adolf Hitler die ‚arische Jugend' charakterisieren wollte.

Da ein Unterschied zur reinen Metapher m. E. nur auf grammatischer Ebene besteht, die semantischen Absichten sich jedoch sehr ähneln, soll diese rhetorische Figur als ‚metaphorischer Vergleich' bezeichnet werden und damit ebenfalls in die Analyse einfließen. Selbst Aristoteles stellt den Unterschied als geringfügig dar (vgl. Aristoteles 2002 III,4,1, S. 135).

2.1.3 Phraseologismus

„Unser heutiges Thema ist zur Abwechslung keine 08/15-Sache", schreibt Tanja Weimer (2008) in einem Zeitungsbeitrag für Kinder über Redewendungen:

„Im Gegenteil: Heute begeben wir uns in die Höhle des Löwen und mit denen ist bekanntlich nicht gut Kirschen essen. Weiß der Kuckuck, warum das so ist. Was ist? Du verstehst nur Bahnhof? Du bist im falschen Film? Dann solltest du dir an die eigene Nase fassen. Denn dann kennst du dich mit Redewendungen offenbar nicht aus.

---

[13] Nach dem Vorwurf, die CDU sei in eine Affäre um Wahlkampfspenden verwickelt, hatte es ähnliche Vorwürfe auch gegenüber der SPD gegeben.

Zunächst einmal ist es bequem, wenn man sich keine eigenen Sätze überlegen muss, um etwas Bestimmtes zu sagen, sondern fertige Formulierungen benutzen kann. [...] Das Kniffelige an den Dingen ist, dass man die einzelnen Wörter nicht so verstehen darf, wie man es normalerweise tun würde, sondern dass der ganze Satz eine besondere Bedeutung hat."

Phraseologismen sind Wortverbindungen (Syntagmen), „die fest gefügt und lexikalisiert sind und vielfach eine [...] ganzheitliche Bedeutung haben, die sich nicht oder nur teilweise aus der Summierung der Einzelbedeutungen ergibt." (Duden Band 4 1998, S. 579) Entweder ist die Wortverbindung als Ganze oder ein Glied der Verbindung in übertragenem oder verallgemeinertem Sinn aufzufassen (vgl. Pötschke 2010, S. 35).[14] Der Duden bringt als Beispiel den Phraseologismus *kleiner Mann* (*Jede Währung unterliegt Schwankungen, aber herbeigeführte Einflussnahme [...] ist fies, denn es trifft den kleinen Mann von der Straße, der bekanntlich nichts dafür kann!* [Senator74 2010]), der weder klein noch männlich sein müsse, sondern den mäßig verdienenden Arbeitnehmer bezeichne (vgl. Duden Band 4 1998, S. 579)[15]. „Man spricht deshalb von phraseologisch gebundener Bedeutung." (Pötschke 2010, S. 35)[16] Kurz bezeichnet solche Textbausteine wertneutral auch als sprachliche Fertigstücke (Kurz 2010b, S. 99): „Fertigstücke sind sprachliche Formulierungen für Beziehungen und Sinnkomplexe, die in der gesellschaftlichen Kommunikation ständig wiederkehren und nicht von jedem Sprechenden und Schreibenden neu geprägt, sondern insgesamt übernommen und für die eigene Darstellung verwendet werden."

Jemanden aufs Korn nehmen, sich in die Nesseln setzen, vor einem Scherbenhaufen stehen: Über diese und ähnliche Wendungen herrscht eine gesellschaftliche Übereinkunft (vgl. Linke/Nussbaumer/Portmann 2001, S. 140),[17] daher sind Phraseologismen in den meisten Fällen konventionalisierte Metaphern, also lexikalisierte Sprachbilder, die dadurch nicht mehr oder nicht mehr ausdrücklich als Metaphern wahrgenommen werden; das Eigentliche, Ursprüng-

---

[14] Phraseologismen lassen sich daher unterscheiden in Wortverbindungen, die nur zum Teil umgedeutet sind (etwa *zum Stillstand kommen* oder *die Zelte abbrechen*) als auch Redewendungen, deren Bedeutung nicht mehr aus den einzelnen Gliedern abzuleiten ist (*jmd. über den grünen Klee loben*) (vgl. Pötschke 2010, S. 35; Wanzeck 2003, S. 19f.).
[15] Einen polemischen Einwand bezüglich der Verwendung dieses Phraseologismus in politischer und journalistischer Sprache liefert Karl Hugo Pruys (1994, S. 96): „Diejenigen, die sie im Munde führen, degradieren die jeweils Angesprochenen zu Personen minderen Ranges, letztlich zu vernachlässigenden Größen. Diesem Vorgang liegt die [...] Apostrophisierung der Person des Redners als eines Menschen zugrunde, der sich als Gulliver sieht, die Wesen um sich herum als Zwerge betrachtet, weshalb er *vom kleinen Mann* spricht. Und dieser ‚kleine Mann' hat vermutlich kein richtiges Zuhause, deshalb läuft er unentwegt auf der ‚Straße' herum."
[16] Siehe auch Linke/Nussbaumer/Portmann 2001, S. 33; 140.
[17] Stephan Elspaß spricht davon, dass Phraseologismen eine „Stabilität" besitzen (vgl. 1998, S. 41).

liche des Bezeichnenden ist verloren gegangen, deaktiviert; die Verwendung erfolgt unbewusst.

Ein konkretes Beispiel: Wer sich während einer Autofahrt oder auch bei der Entwicklung eines Gedankens verirrt, hat sich *verfranzt*. Der Begriff stammt aus dem Fliegerjargon des Ersten Weltkriegs. Damals nannte man den Piloten den *Emil* und den Navigator den *Franz*. Dieser musste per Koppelnavigation den Kurs bestimmen, indem er Geschwindigkeit, Bewegungsrichtung und Zeit maß. Da oft Messfehler oder der Wind zu Ungenauigkeiten führten, kam es vor, dass man sich verflog, also ‚ver-franz-te' (vgl. Tiemann 2009).

Man kann Phraseologismen grob in drei Sorten einteilen: Sie stellen zum einen eine nominale (*ein Häufchen Elend / blinder Passagier*) oder adverbiale Fügung (*mit Pauken und Trompeten / auf „Teufel komm' raus"*) dar und sind zum anderen eine verbale Konstruktion (*bei jemandem einen Stein im Brett haben / etwas auf die lange Bank schieben*) (vgl. Duden Band 4 1998, S. 580).

Im Hinblick auf stilistische Genauigkeit sei darauf hingewiesen, dass die Sprache ein ganzes System von ähnlichen Bildern bietet, „deren Aussagen sich zum großen Teil überschneiden [...]" (Ahlke/Hinkel 1999b, S. 36). So lassen sich manche Situationen durch annähernd synonyme Phraseologismen verschiedener Wortfelder beschreiben: Wenn man ein Vorhaben aufgibt, zum Beispiel für ein politisches Amt zu kandidieren, kann man – je nach Form der Aufgabe – *das Handtuch werfen* (Boxsport)[18], *die Segel streichen* (Schiffswesen, eigentlich „einstreichen" für „hinabziehen"), *die Flinte ins Korn werfen / einen Rückzieher machen* (Militärwesen), sich die ganze Sache *abschminken* (Kosmetik) oder *an den Nagel hängen* (Handwerk). Wenn man sich von der Gesellschaft absondert, um bewusst allein zu sein, kann man sich *einmauern* (Handwerk), *einigeln* (Zoologie), *abschotten* (Schiffswesen) oder *abgrenzen* (territorial).

Die Wahl der treffenden Metapher hängt dabei vom behandelnden Thema, der Aussageabsicht (konnotative Bedeutung des Wortes) bezüglich der Charakterisierung der Situation oder Person sowie der stilistischen Umgebung ab. Auf diese Aspekte werden wir in der späteren Analyse noch detailliert eingehen.

2.1.4 Der Konventionalitätsgrad von Metaphern

„Die wichtigste Unterscheidung nach Typen der Metapher betrifft den Konventionalitätsgrad", schreibt Katrin Kohl (2007, S. 20). „Am einen Ende des Spekt-

---

[18] Sobald der Betreuer eines Boxers erkennt, dass sein Kämpfer nicht mehr in der Lage ist, den Kampf weiter zu führen oder auch von selbst aufzugeben, wirft der Betreuer ein Handtuch in den Ring. Der Schiedsrichter bricht daraufhin den Kampf ab (vgl. Drosdowski/Scholze-Stubenrecht 1992, S. 308).

rums ist die konventionelle, fest im Wortschatz etablierte und somit ‚lexikalisierte' Metapher" (ebd.), die durch ihre ständige Verwendung im Alltagsleben als solche nicht mehr wahrgenommen wird und insofern als ‚tot' gilt (vgl. ebd.).[19] Zur Verdeutlichung wollen wir weitere Beispiele lexikalisierter Metaphern aufzeigen:

Einen Abstecher machen heißt, einen kurzen Ausflug zu einem abseits der Route gelegenen Ziel zu machen. Ursprünglich stammt die Wendung aus der niederländischen Seemannssprache des 18. Jahrhunderts und bedeutet eigentlich „kurze Fahrt mit dem Beiboot eines Schiffes". Das Verb „abstechen" bezeichnete dabei, sich mit dem Bootshaken vom Schiff abzustoßen (vgl. Duden Band 7 2001b, S. 556).

Wer *bis in die Puppen* gefeiert oder gearbeitet hat, hat dies eine sehr lange Zeit, meist bis in die Nacht, getan. Im 18. Jahrhundert wurde im Berliner Tiergarten ein Platz mit Statuen aus der antiken Mythologie geschmückt (vgl. ebd., S. 640). „Der Berliner Volksmund nannte diese Statuen ‚Puppen' und ein Spaziergang ‚bis in die Puppen' war damals vom Stadtkern aus ein sehr weiter Weg. Diese Wendung wurde später von der räumlichen auf die zeitliche Erstreckung übertragen." (ebd.)

Auch *in der Bredouille stecken* ist ein Phraseologismus. Er bedeutet ‚in eine unangenehme Lage/Problemsituation' geraten. Ursprünglich beschrieb die im Französischen gebrauchte Wendung *Bredouille* Matsch oder Dreck. ‚In der Bredouille stecken' war daher gleichbedeutend mit ‚im Matsch feststecken' (vgl. Köster 1999, S. 17).

Wenn man jemanden *im Stich lässt*, verweigert man ihm seine Hilfe, lässt ihn in dessen Notlage allein. Die Redensart hat ihren Ursprung im Mittelalter. Wenn bei einem Turnier oder einer Schlacht der Ritter vom Pferd gefallen war und der Knappe ihm nicht rechtzeitig aufhalf oder die Waffe reichte, dann ließ er ihn ungeschützt im Stich des Gegners (vgl. Röhrich Band 3 1992, S. 1551). „Eine andere Deutung bezieht sich auf ein Kleidungsstück, das vom Schneider nicht fertig gestellt und daher ‚im Stich' gelassen wird." (Udem 2010)

---

[19] Siehe auch Küster 2009, S. 61. Susanne Beckmann (vgl. 2001, S. 142) führt zwei grundlegende Indikatoren für eine Konventionalisierung an – zunächst die Vorkommenshäufigkeit: Eine Metapher hat konventionalisierten Charakter, wenn „verschiedene Sprecher in bestimmten Gebrauchssituationen die entsprechende metaphorische Lesart verwenden." Des Weiteren ist von Bedeutung, „daß Sprecher bei der Verwendung der metaphorischen Lesart auf [...] verständnissichernde Mittel [...] im Vor- oder Nachfeld der Metapher [...] verzichten" (ebd.), eine Indizierung und Erklärung also nicht vonnöten ist. Die definitive Konventionalität einer Metapher lässt sich nach Kohl allerdings erst dann erweisen, „wenn sie in Lexika oder zahlreichen Belegen in Korpora vertreten, das heißt lexikalisiert ist" (Kohl 2007, S. 56). Um es metaphorisch auszudrücken: Die Wendung muss im allgemeinen Sprachgebrauch ‚verankert' sein.

Schließlich sei noch die nominale Fügung *Spitze des Eisbergs* genannt. Die Spitze eines Eisbergs nimmt nur ein Siebtel seiner Masse ein, der größte Teil liegt unter Wasser, bleibt also verborgen (vgl. Röhrich Band 1 1991, S. 372). Wenn es heißt *Das ist nur die Spitze des Eisbergs*, dann ist bislang nur ein kleiner Teil des Problems sichtbar geworden; der weitaus größere – und folgenschwerere – befindet sich noch im Dunkeln.

Am anderen Ende des Metaphernspektrums „befindet sich die besonders für die Dichtung charakteristische kreative, innovative Metapher, die durch ihre Frische ,lebendig' wirkt und aufgrund ihrer Ungewöhnlichkeit als besonders ,kühn' angesehen wird [...]." (Kohl 2007, S. 20) Dies soll zunächst am Beispiel eines Romanschlusses gezeigt werden. Er stammt aus dem Familienepos „Die Sturmhöhe" (1847) der Britin Emily Brontë (1976, S. 363):

> *Ich verweilte ein wenig bei ihnen unter diesem sanften Himmel, sah die Nachtfalter zwischen Heidekraut und Glockenblumen umherfliegen, lauschte, wie der Wind leicht durch das Gras strich, und wunderte mich darüber, daß jemand sich einbilden konnte, es gäbe etwas in der Welt, was den letzten Schlummer der Schläfer in diesem stillen Stückchen Erde stören könnte.*

Ein Gast, dem die Geschichte zweier gesellschaftlich divergierender Gutshöfe berichtet wurde, besucht am Schluss der Handlung die Grabstätten der Hauptfiguren. Die Naturbeschreibungen in den letzten Sätzen präsentieren eine idealisierte Naturlandschaft. Diese Schlussharmonie lässt sich mit der Grundstimmung des in den Hochmooren Nordenglands spielenden Familienepos vereinbaren. Metaphern sind das Adjektiv „sanft" für einen meteorologisch ruhigen Himmel, das Verb „streichen" für das Wehen des Windes durch das Gras, der „letzte Schlummer" als Metapher für den Tod, diesem zugehörig die „Schläfer" für die Verstorbenen sowie das „stille Stückchen Erde", das als bildliche Übertragung der Gräber dient.[20]

Als weiteres Beispiel für kreative Metaphern sei noch einmal auf das Liebesthema zurückgegriffen und auf den „merci-Song" verwiesen, ein bekanntes Werbelied für eine Schokolade, dessen Verse stets nach dem gleichen metaphorischen Prinzip funktionieren:

---

[20] „Bei der Gleichsetzung von Tod und Schlaf handelt es sich um einen traditionellen Euphemismus. Die durch diese rhetorischen Mittel erzeugte Poetizität unterstreicht wirkungsvoll die Stimmungshaftigkeit, die von der Naturbeschreibung, der Weite des Bildes und den Verweisen auf den Tod ausgeht." (Korte 1985, S. 154) Im zitierten Schluss sind übrigens auch die „Nachtfalter" und die „Glockenblumen" als Metaphern anzusehen – „Falter" bezieht sich auf das Öffnen und Schließen der Schmetterlingsflügel, die Blütenform der Blumen ist einer Glocke ähnlich. Allerdings handelt es sich hierbei nicht um von der Romanautorin geschaffene, sondern zoologisch bzw. botanisch konventionalisierte Metaphern.

Du bist der Däumeling in meinem Märchenland. / Du bist in meinem Porzellan der Elefant. / Du bist in meinem Lieblingslied die Melodie, / merci, dass es dich gibt. / Du bist die Quelle für meine Fröhlichkeit. / Auf meiner Uhr, da bist du die Sommerzeit. / Du bist der Stern, um den sich meine Erde dreht, / merci, dass es dich gibt.[21]

Katrin Kohl (2007, S. 56) geht grundsätzlich davon aus, „dass sowohl in der Alltagssprache als auch in sprachlichen Spezialformen wie der Wissenschaftssprache oder der Dichtung die ganze Spannweite von konventionellen bis hin zu kreativen Metaphern vertreten ist – wobei die Alltagssprache eher konventionelle Metaphern aufweist und die Dichtung kreative Metaphorik favorisiert."

Die beiden Kategorien werden in der Fachliteratur unterschiedlich benannt: Während Orwell die selbst metaphorischen Einordnungen „tot → lebendig" verwendet,[22] gibt es anderweitig Differenzierungen in „verblasst → bildkräftig", „gewohnt → ungewohnt" sowie „konventionell → originär". Letzterer wollen wir uns anschließen, da sie bildneutral und auch weitgehend wertneutral ist.

Für unsere Studie ist diese Unterscheidung wichtig, um später erörtern zu können, wann unbedacht verwendete Metaphern einen journalistischen Kommentar in seiner Argumentation und dadurch seiner Aussagekraft schwächen können. Denn auch dort können konventionelle Metaphern mitunter als klischeehaft, ausdrucksschwach und daher unauffällig erscheinen, während originäre Metaphern ausdrucksstark und daher auffällig und wirkungsvoll sein können (vgl. Kohl 2007, S. 57).

2.2 Metaphern und Phraseologismen im Journalismus

Die London-Korrespondentin der Westdeutschen Allgemeinen Zeitung, Jasmin Fischer, hat das Geschehen nach der Parlamentswahl in Großbritannien im Mai 2010 in einem Bericht zusammengefasst (Fischer 08.05.2010). Um die Atmosphäre nach der Wahl sowie das Verhalten der Politiker zu verdeutlichen, verwendete sie zahlreiche Metaphern und Phraseologismen. So sind bereits in der Überschrift und der sie ergänzenden Unterzeile Metaphern vorhanden, die sich

---

[21] Vgl. merci Finest Selection (2000): Der Original merci Song. Gütersloh.
[22] Orwell setzt sogar drei Kategorien an, indem er auch von ‚halbtoten Metaphern' schreibt (vgl. Orwell 1946, S. 340, in: Eppler 1992, S. 103), also Sprachbildern, die aufgrund ihrer bildlichen Übertragung noch vage als Metaphern wahrgenommen werden. Ein Beispiel ist die Wendung *Ich habe keinen blassen Schimmer* (nicht die geringste Ahnung/Idee). Der Ausdruck beruht auf dem Verb „schimmern" (für scheinen, blinken), das sich aus dem Substantiv „schemen" gebildet hat und einen ‚schwachen Lichtschein' bezeichnet (vgl. Röhrich Band 3 1992, S. 1338). Dem Redner fehlt also – ebenfalls metaphorisch gesprochen – die Erleuchtung.

im Text durch die Beschreibung der Vorgänge erklären. Die Sprachbilder im folgenden Auszug sind fett markiert.

Katerstimmung nach der Wahl
Das ist neu für London. Ein Parlament im **Schwebezustand**, ein Premier im **Bunker** *und Wähler, die nicht wählen durften.*

*Die Nacht verbrachte das Land noch im **Wahlfieber**, am Morgen setzte der große **Kater** ein: Zum ersten Mal nach fünf Wochen **Wahlkampf** [...] begutachtete Großbritannien die **Überreste** dieser Party. [...] **Erschöpfte** Politiker, ein **Machtvakuum** in der Downing Street und ein **taumelndes** Pfund bestimmten den Tag danach.*
    *Kummer ist er gewohnt, durchwachte Nächte **beflügeln** ihn geradezu. Doch als Gordon Brown gestern Morgen durch die berühmteste Tür Londons in die Downing Street 10 schritt, **rieb das Land sich** ungläubig **die Augen**. Die Labour-Partei hatte in der Nacht die Mehrheit im Unterhaus verloren [...]. Browns entschlossenes Gesicht, **gegerbt** von den politischen **Wettern** der letzten Monate, **sprach Bände**: Noch bin ich Premierminister. [...] Brown dachte nicht an **Rücktritt**, sondern **schmiedete** an Notfallplänen. [...] Unklare Verhältnisse und Bündnisse sind fremd in Großbritannien, wo die aktuelle Situation **die Gelenke der altehrwürdigen Mutter aller Parlamente** hörbar **knirschen ließ**. [...] Der Labour-Premier **verschanzte** sich in der Downing Street, während der Tory-Chef bereits sein Regierungskonzept vorstellte.* [...]

Die Autorin vergleicht den Wahlabend im ersten Absatz mit einer ausgelassenen Feier und deren Folgen (*Kater, Überreste dieser Party, erschöpft*[23], *taumelnd*). Die Beschreibung *Überreste dieser Party* ist eine wahrscheinlich ungewollte Doppeldeutigkeit, denn ‚Party' bedeutet im Englischen nicht nur ‚Feier', sondern auch ‚Partei' (mit den ‚Überresten' wäre dann der Wahlverlust der unterlegenen Labour-Partei gemeint). Mit dem *Machtvakuum* – einer Metapher aus dem Wortfeld „Physik", die einen luftleeren Raum, also ein Nichts beschreibt – variiert Jasmin Fischer zudem die im Vorspann gebrauchte Metapher *Schwebezustand* und verwendet dadurch zwei unterschiedliche Bilder mit physikalischem Ursprung für eine Situation: die durch nicht eindeutige Wahlergebnis hervorgerufene Ungewissheit einer neuen Regierungsbildung.

    Ab dem zweiten Absatz fokussiert die Autorin ihre Berichterstattung auf die beiden Kandidaten für das Amt des Premierministers – zunächst den noch amtierenden Gordon Brown (Labour), später Konkurrent David Cameron (Tory). Browns Gesicht sei ‚von den politischen Wettern gegerbt' – ein Ausdruck, der meist auf Menschen bezogen wird, die viel im Freien arbeiten (z. B. Landwirte) und dadurch dem Wettereinfluss häufig stark ausgesetzt sind. Allgemein doku-

---

[23] Das Verb „erschöpft" bezieht sich auf „ausschöpfen, leeren" – zum Beispiel einen Wasservorrat.

mentiert die Wendung, dass negative Geschehnisse (wie in diesem Fall anhaltender Stress) Auswirkungen auf das Äußere eines Menschen haben.

Neben dem Einsatz zur Veranschaulichung nutzt Jasmin Fischer Metaphern auch für Superlative, die einen Zustand bildlich verstärken und verdeutlichen: dass Browns Gesicht ‚Bände sprach', also sehr viel aussagte (eben so viel, wie in dicke Bücher passt); dass sein passives Verhalten am Tag nach der Wahl einem ‚Verschanzen' gleichkam – eine Handlung, die Fischer bereits im Vorspann durch das Bild des ‚Bunkers' auszudrücken versucht; beides sind Metaphern aus dem Militärwesen.

Des weiteren macht sich die Autorin Metaphern zur Personifikation zunutze – einerseits durch das Land, ‚das sich die Augen rieb' (für in einer Geste ausgedrückte Verwunderung), verstärkt durch das Adjektiv *ungläubig*. Archaisch wirkt dagegen die Metaphernkombination ‚ließ die Gelenke der altehrwürdigen Mutter aller Parlamente hörbar knirschen' – eine Personifikation durch die metaphorischen Wortfelder des menschlichen Körpers (‚Gelenke knirschen') und der Familie (‚Mutter aller Parlamente', die darüber hinaus durch das Adjektiv *altehrwürdig* charakterisiert wird).

Schließlich lässt sich auch der *Rücktritt* als Metapher einordnen, allerdings ist sie so stark konventionalisiert (vom Verb ‚zurücktreten'), dass sie als solche nicht mehr wahrgenommen wird.

2.2.1 Funktionen der Metapher im Journalismus

Im Grunde können die in Kapitel 2.1.1.1 aufgeführten Funktionen der Metapher auch auf journalistische Texte angewandt werden. Jedoch müssen sie aufgrund der genrebezogenen Unterschiede in Sprache und öffentlicher Aufgabe differenzierter betrachtet und erweitert werden.

2.2.1.1 Verständlichkeit durch Veranschaulichung

Metaphern, von Holger Rust als stilistische Strategien der Vermittlung bezeichnet (vgl. 1984, S. 43), sollen auch im Journalismus schwierige Zusammenhänge durch bekannte Bilder vermitteln (vgl. Ahlke/Hinkel 1999b, S. 37), das Unbekannte anschaulich machen (vgl. Schneider 1984, S. 169). Neue Sachverhalte „sollen dadurch verständlich werden, dass sie über ein Bild mit bereits bekannten Sachverhalten in Beziehung gesetzt werden" (Ahlke/Hinkel 1999b, S. 37).[24]

---

[24] Siehe auch Küster 1978, S. 98f.: „Aufgrund der Analogien zwischen einem einfachen, allgemein bekannten bildspendenden Feld [hier: Pokerspiel] und einem sehr komplexen bildempfangenden Feld

Sportjournalist Gerhard Delling liefert dazu ein Beispiel aus der Metaphorik des Fußballs (zit. n. Burkhardt 2009, S. 105): „Ich denke da an Manni Kaltz' Bananenflanke. Wenn ich das Wort höre, weiß ich sofort, wie dieser Ball geflogen ist. Der Ausdruck ist treffend, als Reporter brauche ich mit seiner Hilfe nicht lange drum herumzureden."

Ähnliches gilt für die Substantivkopplung *Ellenbogengesellschaft*, die 1982 zum Wort des Jahres gewählt wurde (vgl. Duden Band 1 2000, U3). Es steht für ein egozentrisches Verhalten, mittels dessen man sich in gesellschaftlichen Belangen ‚den Weg frei macht' und dabei anderen gegenüber rücksichtslos handelt.

Mit der Einbindung metaphorischer Einzelbegriffe kann auch ein ganzer Kontext verständlich gemacht werden – etwa im populärwissenschaftlichen Bereich. In der Einleitung eines Fernsehbeitrags zur Frage „Warum hat der Saturn Ringe?" (alpha centauri 2000, zit. n. Kurz 2010c, S. 287) heißt es:

Wenn wir uns in einem virtuellen Raumschiff langsam von unserer Erde wegbewegen würden, würden wir am Mars vorbeifliegen, dann kämen wir in eine elende Trümmerwüste, diesen so genannten Asteroidengürtel, und dann kommen wir langsam ins Reich der Riesen, der Riesenplaneten. Der Saturn ist für seine Größe eigentlich zu leicht: 120 Erdmassen ist er schwer, also durchaus ein richtiger Brocken, aber er ist so groß, dass er auf unserem Meer schwimmen könnte. Der Saturn ist mythologisch ein Vater: Er wird von vielen Kindern umringt. 17 Monde hat er und damit die meisten im Sonnensystem. Keiner hat so viele Kollegen um sich herum versammelt wie der Saturn. Vor allem aber hat der Saturn Ringe. Das ist eines der ästhetisch größten Dinge, die es im Sonnensystem gibt.

Als Metaphern finden sich das Kompositum *Trümmerwüste* für den Asteroidengürtel, das *Reich der Riesen* für das Gebiet unseres Sonnensystems, in dem sich die *Riesenplaneten* befinden; der Saturn wird als *Brocken* und *Vater* bezeichnet, seine Monde als *Kinder* und *Kollegen* (vgl. Kurz 2010c, S. 287). Im weiteren Verlauf bedient sich der Moderator auch des metaphorischen Vergleichs: *Die Ringe des Saturn sehen aus wie eine Schallplatte. Und alles in diesen Ringen – das sind Eisbrocken und Felsensteine – bewegt sich wie in einer Art Tanz um den Planeten herum.* (zit. n. ebd., S. 288)

Metaphorische Wendungen mögen mitunter umfangreicher sein als der ökonomisch adäquate Begriff; sie tragen aber stärker zum Verständnis und damit auch zum gedanklich-sprachlichen Lesefluss bei (vgl. Kurz 2010b, S. 100).

---

aus dem politisch-ökonomischen Bereich [hier: Währungskrise] können die Metaphern [hier u.a.: Spielsalon, Trümpfe, Runde, gute Karten, offen spielen] dazu benutzt werden, Unbekanntes zu verdeutlichen."

2.2.1.2 Verstärkung einer Aussage

Eine Metapher kann der Verstärkung eines Begriffs und der damit verbundenen Aussage dienen. In einer Einschätzung des Tagesschau-Korrespondenten Rolf-Dieter Krause (09.05.2010) ist dies die Formulierung *Tsunami der Spekulation*:

> *Für Europas Regierungen hat die Eurokrise inzwischen den Charakter einer Naturkatastrophe, und bevor der Tsunami der Spekulation am Montag wieder über alles hinwegrollt, sollen nun Dämme gezogen werden – koste es, was es wolle.*

Der Begriff „Tsunami" (für ein Meeresbeben, das extrem hohe Wellen zur Folge hat) ist für das Verständnis der Aussage nicht nötig. Er verstärkt jedoch das rekurrierende Substantiv „Spekulation" und soll dadurch Kraft und Ausmaß dieser Spekulation einschätzen. Eine metaphernfreie Lösung könnte wie folgt lauten:

> *Für Europas Regierungen ist das Ausmaß der Eurokrise inzwischen immens, und bevor am Montag wieder heftige Spekulationen das Thema bestimmen, soll nun ein Rettungsfonds beschlossen werden – die finanzielle Höhe ist dabei nebensächlich.*

An Ausdruckskraft ist sie der Originalversion aber unterlegen, zumal diese eine metaphorisch homogene Struktur aufweist, auf die wir in Kapitel 2.2.3.1 eingehen. Auch im folgenden Kommentarauszug (Kister 2009) dient die metaphorische Ergänzung (*Rumpelstilzchen*) nur zur Verstärkung der zuvor schon transportierten Aussage:

> *Die Zerrissenheit der SPD zwischen neuer Mitte und alten Linken wurde im Wahlkampf nur mühsam überdeckt. Nicht nur der Wähler hat die Partei halbiert, sondern sie hat sich in einer Manier, die man von der SPD, der deutschen Linken ganz allgemein, nur zu gut kennt, auch selbst in der Mitte auseinandergerissen, als sei sie Rumpelstilzchen.*[25]

2.2.1.3 Wertung

Die beiden vorhergehenden Beispiele zeigen bereits, wie durch Metaphern zugleich Wertungen vorgenommen werden, mit der die sachliche Aussage in einen größeren Zusammenhang eingeordnet wird (vgl. Kurz 2010d, S. 251). In

---

[25] Im Märchen „Rumpelstilzchen" (in: Uther 1996, S. 282) heißt es am Schluss aufgrund einer verlorenen Wette: „'Das hat dir der Teufel gesagt, das hat dir der Teufel gesagt', schrie das Männlein und stieß mit dem rechten Fuß vor Zorn so tief in die Erde, daß es bis an den Leib hineinfuhr, dann packte es in seiner Wut den linken Fuß mit beiden Händen und riß sich selbst mitten entzwei."

dieser Funktion erhält die Metapher eine emotionale Qualität und ist daher manipulativ nutzbar (vgl. Küster 1978, S. 99f.). Mit ihr besitzt der Autor von Kommentaren „das adäquate Mittel, [...] über den deskriptiven Bereich hinaus Position zu beziehen", schreibt Rainer Küster (ebd., S. 110). Damit beruht diese Funktion – entsprechend der häufigen Intention eines Kommentars[26] – „auf Parteinahme und will Parteinahme erreichen". (Link 1974, S. 43, in: Küster 1978, S. 100) Im folgenden Auszug geschieht die (tadelnde) Wertung durch das Substantiv *Splitter* in Verbindung mit der restriktiven Konjunktion *nur* sowie durch das Adjektiv *unausgegoren*:

> *Der kurze, heftige Streit um den Benzinpreis ist da keine Ausnahme, handelt es sich doch nur um den Splitter des teils unausgegorenen, teils nur schwer vermittelbaren Konzepts Öko-Steuer.* (zit. n. Kurz 2010d, S. 251)

Deutlich wird die Wertungsfunktion auch in Charakterisierungen von Personen, etwa, wenn ein Kommentator Hessens Ministerpräsident Roland Koch als *Vollblutpolitiker* bezeichnet (Vogler 2010) oder es zu den Folgen der NRW-Landtagswahl heißt:

> *FDP-Chef Guido Westerwelle, der mit seinen Steuersenkungsversprechen in Rattenfängermanier bei der Bundestagswahl 14,6 Prozent eingeheimst hatte, frisst jetzt Kreide. Ganz still blieb er, als Merkel Steuersenkungen ausschloss.* (Neue Osnabrücker Zeitung 2010)

Metaphorisch wird in dieser Passage auf zwei verwandte Genres der Literatur zurückgegriffen: die Sage mit der Substantiv-Kopplung *Rattenfängermanier* sowie das Märchen mit dem Phraseologismus *Kreide fressen*.[27]

2.2.1.4 Ästhetischer Reiz

„Metaphorik ersetzt zur Beweisführung oder Belegdarstellung sehr oft das trockene Argument, da die Details ohnehin durch Nachricht oder Bericht bekannt sind", schreibt Josef Kurz (2010d, S. 251). So hieß es zum Honorar-Streit des einstigen Gesundheitsministers Horst Seehofer mit den Zahnärzten:

---

[26] Siehe dazu Kapitel 3 in dieser Arbeit.
[27] Die Redewendung bezieht sich auf das Märchen „Der Wolf und die sieben Geißlein" der Brüder Grimm. Um die Geißlein, die sich im Haus versteckt haben, zu überlisten und eingelassen zu werden, frisst der Wolf Kreide. Dadurch bekommt er eine hohe Stimme und kann sich vor der Tür als der Geißlein Mutter ausgeben. Auf einen anderen Kontext übertragen bedeutet die Wendung also, sich entgegen der Absicht als friedliebende, sanftmütige Person auszugeben.

> *Seehofer wäre als Politiker ja völlig ungeeignet, verstünde er es nicht, einen ausgebügelten Fehler als Erfolg zu verkaufen. Noch dazu im Wahlkampf. Gestern nun durfte er sich als Schirmherr aller Patienten aufplustern, als [...] das Kölner Sozialgericht den Zahnärzten die Zähne zog. Was aber ist wirklich passiert? Das Gericht hat nichts anderes getan als Seehofers löchrige Honorar-Regelung beim Zahnersatz plombiert.* (zit. n. ebd.)

Wie Schneider es formuliert, müsse zur Transparenz eines Textes seine Attraktivität kommen. „Falls nicht ausnahmsweise der pure Inhalt fasziniert, muß interessantes Deutsch mich motivieren, dem Text treu zu bleiben." (Schneider 1984, S. 128) Die Funktion der Ästhetik dürfe jedoch nicht dazu führen, Metaphern als bloßen Redeschmuck und Überhöhung des Altbekannten zu missbrauchen. Für ein Kamel synonym „das Wüstenschiff" zu sagen, sei journalistisch überflüssig (vgl. ebd., S. 169). Auch Ahlke und Hinkel weisen darauf hin, dass bei der Verwendung von Metaphern eine inhaltliche Motivation gegeben sein müsse (vgl. 1999b, S. 37).

2.2.2 Metaphorische Wortfelder

Lexeme und Wendungen, die einem gleichen Oberbegriff zugeordnet werden können, lassen sich in ‚thematische Wortfelder' gruppieren: So sind *Fußball*, *Hürdenlauf* und *Autorennen* Substantive des Wortfelds „Sport", die verbalen Konstruktionen *einen Elfmeter verwandeln*, *eine Hürde nehmen* und *einen Boxenstopp einlegen* lassen sich ebenfalls diesem Wortfeld zuordnen. Voraussetzung für eine Gruppierung der Lexeme und Wendungen ist ein gemeinsamer Kontext, eine Kongruenz in mehreren inhaltlichen Aspekten (hier z. B. Formen des Wettkampfs zwischen zwei oder mehreren Gegnern, in der Regel mit dem Sieg als Ziel, erreichbar durch körperliche Höchstleistung).

Werden Wörter und Wortverbindungen eines thematischen Wortfelds auf einen fachfremden Vorgang übertragen, werden sie metaphorisch gebraucht (vgl. Jung 2009, S. 156). Dies liegt zum Beispiel vor, wenn ein Redakteur schreibt, das Verkehrsministerium habe bei den Verhandlungen über den Autobahnbau *eine weitere Hürde genommen* (z. B. weil ein Verfahren gegen einen rebellierenden Landwirt gewonnen wurde).

Die Übertragung solcher Szenerien (in diesem Fall aus der Leichtathletik) auf einen politischen Vorgang ist im Journalismus ein ständig angewandtes rhetorisches Mittel. Nachfolgend werden daher die häufigsten Wortfelder für Metaphern aus fachfremden Bereichen vorgestellt, die in journalistischen Texten, vor allem des Ressorts Politik und insbesondere im Kommentar, verwendet werden. Berücksichtigt werden dabei die gängigsten konventionellen Metaphern und

Phraseologismen sowie einige originäre Beispiele. Sie alle dienen der Konkretisierung und Ausführung der jeweiligen Wortfelder und erheben keinen Anspruch auf Vollständigkeit. Bei der späteren Auswertung des Beitragskorpus (Kapitel 5 und 6) bilden sie eine zentrale Analysekategorie.

2.2.2.1 Wortfeld „Sport"

Immer wieder findet sich die Übertragung von Begriffen aus der Sportsprache in die Politik (vgl. Küster 2009, S. 77). Dabei sei neuerdings, wie Armin Burkhardt (2009, S. 112f.) schreibt, die Verwendung von Fußballmetaphern sehr beliebt – „verstärkt wahrscheinlich durch die FIFA-WM 2006 [...]." Kern aller Sinnbilder dieses Wortfelds ist die Basismetapher ‚Eine Partei ist eine Mannschaft' (vgl. Burkhardt 2012, S. 156). So können unter anderem Spielzüge, Positionen und Regeln auf einen politischen Kontext übertragen werden: „Politiker manövrieren sich ins Abseits, [...] üben sich im Doppelpassspiel, schießen Anschluss- oder Eigentore [...] oder haben Angst, dass der Wähler ihnen die Rote Karte zeigt." (Burkhardt 2009, S. 112f.) Küster (2009, S. 77) führt diese Beobachtung aus:

> Wer im politischen Kontext aufgefordert wird, eine Thematik nicht zu sehr zu gewichten, „soll *den Ball flach halten*. Wichtig scheint es, dass man als Politiker stets mit den aktuellen Problemen der Gesellschaft vertraut ist und möglichst auch Lösungsvorschläge bereithält, dass man sich dementsprechend immer *auf Ballhöhe befindet*. Wer im Wahlkampf im angestammten Wahlkreis auftritt, hat dort *ein Heimspiel*. Wenn es ihm gelingt, die öffentliche Beachtung eines Konkurrenten erheblich zu schmälern, so *stellt er ihn ins Abseits*. Er kann [gegen diesen Konkurrenten auch intrigieren,] *ihn auflaufen lassen*. Wenn er dabei einen Fehler macht, sagt man ihm nach, er habe *ein Eigentor geschossen*."

Nach Küster steigt das Vorkommen derartiger Metaphern besonders in solchen Textsorten statistisch an, die tagespolitische Ereignisse kommentieren (ebd.):

> „Für die Autoren liegt der Vorteil darin, dass durch den Gebrauch von Sportmetaphern komplexe politische Konstellationen als scheinbar einfach strukturiert beschrieben werden, dass auch Handlungsstrategien begründet werden können, ohne dass der Autor dies auf der eigentlichen, nämlich der politischen Ebene begründen müsste. Er kann sich darauf verlassen, dass seine Gesprächspartner etwas verstehen, jedenfalls in dem Maße, wie ihnen die sportlichen Zusammenhänge vertraut sind."[28]

---

[28] Siehe auch Burkhardt 2012, S. 160: Da Fußball die mit Abstand populärste Sportart in Deutschland ist, sei sie fast allen Rezipienten gut bekannt. „Dies ermöglicht es, komplizierte politische Sachverhalte in eine den Adressaten vertraute Vorstellungswelt zu übersetzen [...]."

Armin Burkhardt unterteilt die Fußballmetaphern in Bezug auf die Verwendung in politischer Sprache in drei Kategorien: „Die *Tabellensprache* bezieht sich auf die mathematisch-abstrakte zusammenfassende Darstellung einer Sequenz von Sportereignissen" (Burkhardt 2012, S. 154), etwa wenn eine Partei *gegen den Abstieg kämpft*. Die *„Positionssprache* dient der Verständigung über die Mannschaftsaufstellung und die virtuellen Spielpositionen." (ebd.) So überschrieb die Berliner Zeitung (01.10.1998, zit. n. Burkhardt 2010, S. 14f.) einen Wahlbericht mit den Worten:

> *Lafontaines Libero wird Kapitän – Reinhard Klimmt wird Regierungschef im Saarland*

Die Überschrift bezieht sich unmittelbar auf ein Zitat des Politikers. Im Text heißt es:

> *Am Wahlabend gab sich Klimmt, dem Staralluren fremd sind, ganz souverän: „Ich war und bleibe Mannschaftsspieler." Aber natürlich ändert sich etwas: „Jetzt wechsele ich von der Rolle des Liberos in die des Kapitäns."*

Dritte Kategorie ist die *Spielsprache*; mit ihr werden die Teilhandlungen des Sportereignisses selbst beschrieben (vgl. Burkhardt 2012, S. 154) – bisweilen in erweiterter, homogener Form, so dass die Schilderung gleichsam allegorischen Charakter erhält. Ein Beispiel dafür ist folgende Äußerung des früheren SPD-Vorsitzenden Franz Müntefering zum Imageverlust der SPD (Braunschweiger Zeitung 16.04.2004, zit. n. Burkhardt 2012, S. 156):

> *Dass jüngere SPD-Politiker heimlich schon für die Oppositionszeit ab 2006 ohne Schröder planen, kommentiert er* [Müntefering] *so: „Wir sind jetzt in der 85. Minute, bei uns diskutieren einige schon, mit wem sie duschen gehen. Das geht nicht, wir müssen kämpfen bis zum Ende." Die SPD liege 1:3 zurück, könne aber gewinnen, wenn sie das Spiel endlich auf das Feld des Gegners trage.*

Für Küster ist es überdies bemerkenswert, dass neben dem Fußball auch viele Ausdrücke aus dem Boxsport „vorzugsweise im politischen Kontext verwendet werden. In einem Wahlkampf kann man mit dem politischen Gegner *in den Ring steigen*; in einer Diskussion oder einer Debatte kann es zum *offenen Schlagabtausch* kommen. Erfolgreich ist, wer selbst *Nehmerqualitäten* besitzt und wem es schließlich gelingt, dem Kontrahenten den *Knock-out* zu versetzen. *Tiefschläge* sollten allerdings vermieden werden. Wenn es keine *klaren Treffer* gibt, [...] muss eventuell eine *neue Runde eingeläutet werden*." (Küster 2009, S. 78) So heißt es in einem Kommentar zur bundespolitischen Kritik am Führungsstil der

Kanzlerin (Sanches 22.05.2010): *Angela Merkel ist angezählt, aber nicht k.o. Das ist nicht nur beim Boxen ein feiner Unterschied.* Zu weiteren Sportarten, deren Begriffe häufig zur Übertragung genutzt werden, gehören:

- die Leichtathletik – von der einfach übertragenen *Ziellinie* (*Obama mit Geduld und Weitsicht: Finanzmarktreform auf Ziellinie* [n-tv 21.05.2010]), der Substantivkopplung *Wahlkampfmarathon* bis zu verbalen Konstruktionen wie *zum Endspurt ansetzen, die Puste ausgehen* oder *die Messlatte hochhängen*;
- der Segelsport (*eine Kehrtwende einleiten, die Segel setzen, die Segel streichen, den Wind aus den Segeln nehmen*);
- sowie der Pferdesport: So wurden die verbalen Konstruktionen *die Zügel aus der Hand geben, über die Stränge schlagen* und *an einem Strang ziehen* „aus dem Fahrsport entlehnt, wo der Strang die lederne Verbindung der Kutsche mit dem Geschirr der Wagenpferde bezeichnet." (Bethge 2009, S. 272)[29]

Zur Akzeptanz im Gebrauch von Sportmetaphern schreibt Küster (2009, S. 78), sie könnten im politischen Kontext „der eigentlichen Thematik etwas Spielerisches verleihen, dem Sprecher helfen, den Ernst einer Situation zu unterlaufen oder sie zu bagatellisieren. Gelegentlich vermittelt der Gebrauch von Sportmetaphern den Eindruck, dass – wie im Sport – auch in der Politik Regeln der Fairness eingehalten werden sollen. Die Beispiele aus der Sprache des Boxsports zeigen aber auch, dass Sportmetaphern in ihrem Bezug auf einen außersportlichen Zusammenhang diesem Momente der Härte, der Unerbittlichkeit beimischen und den beteiligten Akteuren den Wunsch, den politischen Gegner kampfunfähig zu machen, unterstellen können."

Vor allem in den Analogien sieht Armin Burkhardt (2012, S. 159f.) einen Grund für die Eignung von Sportmetaphern in politischer Sprache und verdeutlicht dies noch einmal am Fußball: „Fußball und Politik sind durch [...] das Zusammenspiel zahlreicher Personen [...] gekennzeichnet; bei beiden geht es um Sieg oder Niederlage und um unterschiedliche Rollen, die vor einem Publikum ausgeübt werden, so dass auch die Publikumsgunst von Bedeutung ist." Aller-

---

[29] Aus den Randsportarten werden nur vereinzelt Begriffe für metaphorische Zwecke verwendet (etwa die aus dem Schießsport stammende Wendung *ins Schwarze treffen*), da aufgrund der hierbei geringeren Konventionalisierung die Gefahr besteht, dass die Übertragung vom Leser nicht verstanden oder gar nicht erst registriert wird (siehe die auf S. 34 zitierte Anmerkung von Küster zu ‚sportlichen Zusammenhängen').

dings sei eine solche metaphorische Methode zum Teil mit unzulässigen Vereinfachungen verbunden (vgl. ebd., S. 160).

Daran anknüpfend setzt auch Sportmoderator Gerhard Delling der Legitimität im Umgang mit Metaphern dieses Wortfelds Grenzen: Er bewerte es zwar als positiv, „wenn auch die Sportsprache in die politische und auch in die Alltagssprache Einlass findet, aber sobald es um den wirklichen Kern des jeweiligen Inhalts geht, muss sie wieder in den Hintergrund treten, weil es sonst zu oberflächlich wird. Das heißt, dass diejenigen, die die Sportmetaphorik übertreiben, wahrscheinlich auch ein Problem mit den Inhalten haben." (zit. n. Burkhardt 2009, S. 113)[30]

2.2.2.2 Wortfeld „Militärwesen"

Katrin Kohl (vgl. 2007, S. 19f.) macht anhand des Wortfeldes „Militärwesen" den ständigen Wechsel zwischen wörtlichen und übertragenen Bedeutungen deutlich. Sie zitiert zwei Überschriften aus der „Financial Times Deutschland", die in derselben Ausgabe (14.06.2007), aber in unterschiedlichen Ressorts erschienen (S. 1 und 10):

Hamas erobert Gazastreifen
BASF erobert die Baustellen

Während die erste Überschrift aus der Auslandsberichterstattung eine reale kriegerische Eroberung (,erobern' in der Bedeutung von ,besetzen, einnehmen') ausdrückt, setzt die zweite Überschrift das Verb in übertragener Bedeutung ein und will offenbar aussagen, dass das Unternehmen BASF auf Baustellen wirtschaftlich immer stärker vertreten ist. Kohl (ebd.) weist darauf hin, dass je nach Grad der übertragenen Eroberung die Bedeutung von ,den Großteil an sich bringen, gewinnen' bis zu ,unterwerfen' reichen könne.

Das Eingangsbeispiel zeigt, wie Analogien zwischen einer kämpferischen Auseinandersetzung und einem wirtschaftlichen Wettkampf zur Bildung militärsprachlicher Metaphern führen können (vgl. Küster 2009, S. 63f.). In der politischen Sprache sind sie zahlreich zu finden und beginnen bereits beim Begriff *Wahlkampf*: Verständlich ist der Ausdruck im politischen Kontext, weil er auf

---

[30] An gleicher Stelle äußert Delling (zit. n. ebd.): „In der Wirtschaftssprache [...] gibt es natürlich auch Unternehmen, die in die *Champions League* wollen und die auch mal ein *Trainingslager* durchführen, wenn sie eine Versammlung meinen, aber dort geht man dann sehr schnell wieder in die fachspezifischen Ausdrucksbereiche zurück, nicht zuletzt, weil dadurch auch die eigene Ernsthaftigkeit unterstrichen wird."

Ähnlichkeiten mit kriegerischer Rivalität mehrerer Truppen (Parteien) bei der Eroberung eines Gebietes (z. B. Wahlkreis, Bundesland) beruht. Heeresführer sind die Spitzenkandidaten, die gegeneinander antreten. Potenzielle oder bereits bestehende Koalitionspartner treten als deren Verbündete auf.

Welche Vielzahl an militärsprachlichen Begriffen in journalistischen Texten gebräuchlich ist, sei an einem extrem homogen konstruierten Text demonstriert:

> Der **Wahlkampf** *hat begonnen und sogleich hat die Opposition den Ministerpräsidenten* **ins Visier genommen**. *SPD-Spitzenkandidatin Hannelore Kraft* **kämpft an vorderster Front** *gegen Dumpinglöhne auf dem Arbeitsmarkt, die die Landesregierung unangetastet lassen will. Krafts Forderung nach einem gesetzlichen Mindestlohn, der nicht unter acht Euro pro Stunde liegen dürfe, hat* **wie eine Bombe eingeschlagen**. *Die Grünen* **leisten Schützenhilfe** *– auch bei der Abschaffung von Studiengebühren. Bleibt zu hoffen, dass die Parteien* **im Eifer des Gefechts** *nicht* **übers Ziel hinausschießen** *und der* **Feldzug** *zur* **Schlammschlacht** *wird. Denn dann könnten die* **anvisierten** *Wähler alsbald* **zum Zapfenstreich blasen**.[31]

Die folgenden Beispiele aus der realen Berichterstattung seien in zwei Kategorien unterteilt: die Verwendung eines einzelnen Substantivs (Bsp. 1/2) sowie die Einbindung eines Phraseologismus (Bsp. 3-5):

> (1) *Mit ihrer Weigerung, ein Bündnis mit der Linkspartei auszuschließen [...], geht SPD-Chefin Hannelore Kraft hohes Risiko. [...] sie liefert den Schwarz-Gelben* **Munition** *für ihre* **Kampagne**. (Bau 02.03.2010)

Ein stark kommuniziertes Anliegen im Landtagswahlkampf in NRW 2010 von CDU und FDP war: „Wer die SPD wählt, bekommt die Linkspartei. [...] Rot-Rot ist eine Gefahr [...]. Rot-Rot schadet unserem Land." So lauteten die Slogans in einem Flyer der CDU (vgl. CDU NRW 2010b). Da Hannelore Kraft unablässig keine konkrete Absage zu einer möglichen Koalition mit der Linkspartei traf, wiesen ihre Wahlkampfkontrahenten von CDU und FDP ebenso beharrlich auf diesen Umstand hin, um die Warnung für sich zu nutzen. Der Autor der oben zitierten Kommentarpassage erweitert die konventionelle Metapher *Kampagne* (für die öffentliche Wahlkampfarbeit, ursprünglich französisch für ‚Feldzug' / ‚koordinierte Art des Angriffs') themenhomogen durch das Substantiv *Munition*, womit die verbalen Angriffe gemeint sind.

Tobias Blasius (09.04.2010) schreibt zum Wahlkampf in einer Analyse mit der Unterzeile *Warum wir glauben sollen, dass eine* **Entscheidungsschlacht** *bevorsteht*:

---

[31] Der Sinn einer solch ausgeprägten Metaphorik wird in Kapitel 2.2.2.4 zum Bahnverkehr sowie themenunabhängig in Kapitel 2.2.4.1, S. 71, beurteilt.

(2) *Trotz **Heerscharen** von Deutern und Demoskopen wissen sie* [die Parteien] *nicht verlässlich, welche Bürgeransprache wirklich wirkt. Also werden sie bis 9. Mai Hunderttausende Euro investieren, um ein werbemächtiges **Flächenbombardement** zu entfesseln [...].*

Hier nutzt der Autor Begriffe aus der Militärsprache superlativisch: Mit *Entscheidungsschlacht, Heerscharen* und *Flächenbombardement* will er das Ausmaß des Kontextes ausdrücken.

(3) *Vor zwei Wochen **hoben** sie mit Kulturdezernent Jörg Stüdemann einen Gegenkandidaten **aufs Schild**.* (Kohlstadt 2008b)

Der Phraseologismus *jemanden auf den* (!) *Schild heben*[32] bezieht sich auf die schon im Altertum geläufige Handlung, den Anführer oder Sieger eines Kampfes auf den Schutzschild zu stellen und damit in die Luft zu heben, um ihn real und symbolisch zu erhöhen.

Auf zwei Kampfmetaphern, die in journalistischen Texten recht häufig eingesetzt werden, sei besonders hingewiesen, da deren Begriffe in der Alltagssprache nur noch in diesen Phraseologismen gebräuchlich sind: *in die Bresche springen* und *auf der Hut sein*:

(4) *CSU: Pauli springt für Seehofer in die Bresche*

Im Vorspann, der auf diese Überschrift folgt, wird das Sprachbild durch eine Handlungsbeschreibung konkretisiert. Dort heißt es: „CSU-Rebellin Gabriele Pauli hat nach eigener Aussage zwar noch keinen Favoriten für den CSU-Vorsitz. Kritikern von Parteivize Horst Seehofer bietet sie aber Paroli und wirft ihnen in gewohnt markigen Worten Doppelmoral vor." (Focus online 25.06.2007)

Bastian Sick (2004) schränkt allerdings die Aussagekraft dieses Phraseologismus ein, da er in seiner Bedeutung fast durchweg falsch verwendet werde: *In die Bresche springen* „bedeutet eher, dass jemand ersetzt wird, als dass ihm geholfen wird. Bresche wurde früher das Loch in der Befestigung genannt, das die Belagerer gebrochen hatten [vgl. Drosdowski/Scholze-Stubenrecht 1992, S. 127]. Für jeden Soldaten, der bei der Verteidigung dieses Loches fiel, musste sofort ein anderer nachrücken, für ihn ‚in die Bresche springen'."

Für die beabsichtigte Aussage dieses Bildes wäre eine korrekte Möglichkeit ein Phraseologismus aus dem Wortfeld „Der menschliche Körper": *CDU-*

---

[32] Im Genus und damit in der Bedeutung zu unterscheiden ist zwischen dem Maskulinum „der Schild" (z. B. Schutzschild) und dem Neutrum „das Schild" (z. B. Hinweisschild).

Generalsekretär Hermann Gröhe **stärkt** *Ministerpräsident Jürgen Rüttgers* **den Rücken**. (Dahmen 2010)

(5) *Wiener Außenamt gibt Sicherheitswarnung heraus. Touristen sollten in Bangkok* **auf der Hut sein**. (Wiener Zeitung 2010)

Die Hut bezeichnet die Soldatenwache im Feld außerhalb des Heeres und steht daher für Vorsicht (vgl. Röhrich Band 2 1992, S. 776). Selbst in militärischem Berichterstattungskontext wird die Wendung lediglich synonym für das Verb „aufpassen" verwendet. So lautet in einem mit „Afghanistan: Taliban mit neuer Guerillataktik" betitelten Beitrag eine Bildunterschrift: *Isaf-Soldaten müssen vor den Taliban auf der Hut sein* (Focus online 28.02.2007). Auf dem Foto ist ein bewaffneter Soldat zu sehen, der neben einem Panzer Wache hält.

Als weitere Beispiele militärsprachlicher Metaphern seien genannt:

das (politische) Schlachtfeld, Kampfansage, Vorstoß, Sperrfeuer, kampfbetont, treffsicher, einen Warnschuss abgeben, in Angriff nehmen, zum Gegenangriff ansetzen, ins Kreuzfeuer/in die Schusslinie/unter Beschuss geraten, den Spieß umdrehen[33]*, eine Lanze für jmd. brechen (aus dem Turnierwesen der Ritter), jmd. hat sein Pulver verschossen, jmd. im Stich lassen (siehe Kapitel 2.1.4), auf verlorenem Posten stehen, sich zurückziehen.*

Bezüglich der Anwendung dieses metaphorischen Wortfeldes differenziert Katrin Kohl (2007, S. 152): „Man mag der Ubiquität von Kriegsmetaphorik in den Diskursen des öffentlichen Lebens entnehmen, dass unsere Kultur von Aggression geprägt ist; oder man kann davon ausgehen, dass es sich um eine jener anthropologischen Universalien handelt, die eine ausgeprägte Struktur vermitteln und daher zur Übertragung auf andere Bereiche reizen."

Armin Burkhardt hingegen weist auf die Einseitigkeit in der Aussageabsicht hin: Metaphern des Wortfelds ‚Krieg und Kampf' würden eine politische Situation oder Handlung „auf Konkurrenz und Polarisierung im Streit um Macherhalt und -erwerb" fokussieren; kooperative Aspekte der Politik blieben „ebenso ausgeblendet wie das Gemeinwohl als oberstes Ziel politischen Handelns." (Burkhardt 2012, S. 149)

---

[33] Man entriss dem Feind im Kampf den Spieß und kehrte diesen gegen ihn (vgl. Drosdowski/Scholze-Stubenrecht 1992, S. 218).

2.2.2.3 Wortfeld „Der menschliche Körper"

Der Körper eines Menschen ist im Alltag ständig präsent, Funktionen der Körperteile sind bekannt und kommen permanent zum Einsatz. Die Übertragung dieser Funktionen und Beschaffenheiten auf einen fachfremden Bereich ist daher gut verständlich. Unterscheiden lassen sich dabei Sprachbilder mit aktivem (*für etwas die Hand ins Feuer legen*) und passivem Gebrauch eines oder mehrerer Körperteile (*etwas lastet auf den Schultern*). Auch reine Substantivmetaphern sind in diesem Wortfeld zu finden – sei es, dass die Bundestagswahl ein [*herber*] *Nackenschlag* (seelisch schmerzhafte Niederlage) für die SPD war (vgl. FR online 2009) oder der Birthler-Behörde ein Mangel an *Fingerspitzengefühl* (Sensibilität, Feingefühl) unterstellt wird, weil sie ehemalige Stasi-Mitarbeiter beschäftigt (vgl. FAZ 2007).

Nun einige konkrete Beispiele aus journalistischen Texten mit Wendungen des Wortfeldes „Körper", auf die häufig zurückgegriffen wird:

> *Nun muss Kraft beweisen, wie die SPD mit der Linken umgehen kann, ohne dass es wieder im Desaster endet. Als eine unter den Stellvertretern von Parteichef Sigmar Gabriel **lastet** eine große Verantwortung **auf ihren Schultern**.* (Frigelj 2010)

> *Die letzte Generation der persönlich haftenden Gesellschafter der Privatbank hat zu viel riskiert – und **ist** damit **auf die Nase gefallen**. Das Familiendrama hat auch gravierende Folgen für Köln.* (Billanitsch 2010)

> *Es scheint, dass Obama sich bemüht, nicht ausschließlich bierernste Politik zu machen. Es **stünde ihm gut zu Gesicht**, die im Wahlkampf versprochene und gezeigte Frische und Unkonventionalität noch eine Weile beizubehalten.* (Neuhaus 2008)

> *Spüren Sie schon den **heißen Atem** Ihres Nachfolgers in Ihrem **Nacken**?*, fragte Ulrich Deppendorf den Ministerpräsidenten von Bayern, Horst Seehofer, am 09.08.2009 im „Bericht aus Berlin" (ARD).

Auch das Herz als zentrales Organ dient oft als Metapher: *Sportliche Bildung liegt ihm besonders am Herzen* (Johann 2010), ist der betreffenden Person also besonders wichtig. Zudem steht es im Gegensatz zum Kopf als Sitz des Verstandes für den Sitz des Gefühls. So wird in folgender Überschrift eine brasilianische Stadt personifiziert, indem sie Herz und Blut besitzt und diese charakterisiert werden: *Salvador da Bahia: Samba im Herzen und Rhythmus im Blut* (Gehm 2007).[34]

---

[34] Siehe auch *Herzenssache* und *mit Herzblut dabei sein*.

Im kontextuellen Zusammenhang zeigt sich der begriffsübergreifende Wert einer Metapher. Im folgenden Nachrichtenauszug geht es um Planungen der Regierung bezüglich der Pleitebank „Hypo Real Estate" (HRE):

> *Für die bevorstehende Verstaatlichung der HRE und die mögliche Enteignung der Aktionäre wird derzeit an einem Gesetz gearbeitet. Eine Einigung in der Koalition gebe es noch nicht, berichtete das Finanzministerium. Steg sagte, die Regierung lasse sich nicht unter Zeitdruck setzen und werde die Entscheidung nicht **übers Knie brechen**.* (dpa 2009)

Hier liegt ein Fall vor, bei dem sich die letzten beiden Wendungen in der Wiedergabe der Regierungsäußerung ergänzen: „etwas übers Knie brechen" hat eine nicht ausreichend durchdachte Entscheidung durch kurzschlossenes Handeln zur Folge. In Bezug auf die Syntax könnte sich eine solche Tat aus der vorhergehenden Wendung „sich nicht unter Zeitdruck setzen lassen" ergeben (wer sich unter Zeitdruck setzen lässt, tut etwas mitunter übereilt). Durch diese syntaktische Verbindung verstärkt der Redner seine Aussageabsicht.

Das folgende Beispiel zeigt, wie Phraseologismus und zugrunde liegender Fakt miteinander korrespondieren, indem sie aufeinander aufbauen:

> *Knapp ein Jahr nach Ende des Gaza-Krieges **lässt** die im Gazastreifen herrschende Hamas-Organisation wieder **ihre Muskeln spielen**. Zehntausende Palästinenser kamen zur Jubelfeier anlässlich der Hamas-Gründung vor 22 Jahren nach Gaza [...].*

Hierauf muss die faktische Ausführung des Phraseologismus folgen, also konkretisiert werden, worauf sich die Wendung (die Muskeln spielen lassen = sich wichtig machen, mitunter drohend) bezieht, welche Handlung der Übertragung zugrunde liegt. In diesem Kontext ist es eine Verbalhandlung:

> *[...] Und wie bei allen Hamas-Großdemonstrationen zuvor schlug wieder die Stunde der großen Worte: Hamas-Führer Ismail Hanijah wollte den Staat Israel wieder von der Landkarte verschwinden lassen.* (Dahne 2009)

Eine Auflistung weiterer Phraseologismen des Wortfelds „Der menschliche Körper" soll die Vielfalt der wiederholt eingesetzten stilistischen Möglichkeiten verdeutlichen; zur besseren Übersicht sind die Wendungen ungefähr von Kopf bis Fuß gelistet:

> *der Kopf des Ganzen sein, den Kopf schütteln, sich etwas durch den Kopf gehen lassen, mit Haut und Haaren dabei sein, an den Haaren herbeiziehen, die Haare zu Berge stehen, jmd. die Stirn bieten, sich etwas hinter die Ohren schreiben, die Au-*

gen vor etwas verschließen, ein Auge auf jmd. oder etwas werfen, etwas mit anderen Augen sehen, nicht einmal mit der Wimper zucken, den richtigen Riecher haben, sich nach etwas die Lippen lecken, an jmds. Lippen hängen, eine dicke Lippe riskieren, den Leuten aufs Maul schauen, den Mund aufmachen, den Mund zu voll nehmen, jmd. wird das Lachen noch vergehen, in Atem halten, aufatmen (können), der Zahn der Zeit, die Zähne zeigen, Haare auf den Zähnen haben, den Hals nicht voll kriegen, ein sicheres Händchen haben, sich die Hände reichen, seine Hände in Unschuld waschen, etwas hat Hand und Fuß, die Finger im Spiel haben, den Finger in die Wunde legen, sich die Finger verbrennen, Gift und Galle speien, an die Nieren gehen, jmd. in die Knie zwingen, sich nasse Füße holen, kalte Füße kriegen, etwas mit Füßen treten.

2.2.2.4 Wortfeld „Verkehrswesen"

In der politischen Berichterstattung ist das Wortfeld „Verkehrswesen" ebenfalls in breitem Ausmaß zu finden; zur besseren Übersicht werden die Beispiele in Subgenres aufgeteilt.

Straßenverkehr
In der Wahlberichterstattung zur NRW-Landtagswahl im April und Mai 2010, insbesondere aber in den danach folgenden Wochen der Sondierungsgespräche, war die Metapher der politischen *Ampel* ein führender Begriff dieses Wortfelds. Die *Ampelkoalition* bezieht sich auf die politischen Farben der Parteien, die möglicherweise eine gemeinsame Regierung bilden können, und entspricht der Ampelphase „Rot – Gelb – Grün" (für SPD, FDP und Grüne). Das Bild, mit dem jeder Verkehrsteilnehmer täglich konfrontiert wird, lässt sich verständlich erweitern wie im folgenden Einstieg eines Berichts (Schumacher 15.05.2010):

> *Nur knapp vier Tage **blinkte** die „**Ampel**" in NRW – gestern wurde sie von jenem Mann **ausgeschaltet**, der sie am Dienstag **in Betrieb genommen** hatte: Andreas Pinkwart.*

Ergänzt werden hier die Verben *blinken* (für die Chance einer dauerhaften Inbetriebnahme der Ampelkoalition) sowie *ausschalten* (für die aktive Absage entsprechender Koalitionsgespräche) und die Konstruktion *in Betrieb nehmen* (für das vormalige Gesprächsangebot).

Die in diesem Wortfeld verbreiteten Metaphern

- setzen darüber hinaus einen Bezug zu Verkehrsregeln (*Integration darf keine **Einbahnstraße** sein.* [zit. n. Laubach 2002] / *Klimaschutz hat **Vorfahrt**: Senat drängt Harley Days ins Umland* [Hinrichs 2010]);

- verbildlichen schnelles oder langsames Handeln durch entsprechendes Fahrverhalten (*Gas geben, einen Gang zurückschalten*) bis hin zum Stillstand (*Russland **steckt im** Reform**stau*** [Kreimeier/Diethelm 2010]). Mit ähnlichen Motivationen sind die Phraseologismen *sich auf der Überholspur befinden, mit angezogener Handbremse fahren* und *auf die Bremse treten* verbunden;
- nutzen den *Motor* als zentralem Antrieb eines Fahrzeugs zur Übertragung dieser Eigenschaft auf Abstrakta (*Forschung und Entwicklung sind Motor des Fortschritts*, [SPD NRW 2010a]);
- oder schicken mittels des Phraseologismus *etwas auf den Prüfstand stellen* eine politisch möglicherweise fehlerhafte Angelegenheit in die Autowerkstatt (*Merkel will Datenschutzgesetze auf den Prüfstand stellen* [Spiegel online 2008]). So wird das Abstraktum (Gesetz) durch ein gedanklich greifbares Objekt (Fahrzeug) in einer spezifischen Situation (technische Prüfung) vorstellbar gemacht.

Weitere Beispiele:

in die Sackgasse geraten, ins Schleudern geraten, den Rückwärtsgang einlegen, in der Spur bleiben, Spurwechsel, in die Leitplanke rasen, Geisterfahrer, Katalysator.

Schiffsverkehr
Corny Littmann trat im Mai 2010 als Präsident des Bundesliga-Aufsteigers FC St. Pauli unter dem Motto „Mehr geht nicht" mit den Worten zurück: *Ich stand einmal am Ruder eines lecken Kahns, jetzt ist daraus ein prachtvolles Piratenschiff geworden.* (zit. n. WAZ 20.05.2010)

Der „Schiffsverkehr" als metaphorisches Wortfeld ist der Bildkraft des Wortfelds „Straßenverkehr" mindestens ebenbürtig. Dies mag unter anderem mit dem größeren Ausmaß der Gefährte (Schiff), dem umfassenderen Personal (Besatzung) und des weitreichenden Verkehrsgebiets (Meer/See) zu tun haben, wodurch gesellschaftliche Sachverhalte deutlicher, aber auch gedanklich-sprachlich ästhetischer ausgedrückt werden können. Dies zeigt folgender Schlussabsatz eines Kommentars zur Parlamentswahl in Großbritannien (Mai 2010), aus der die „Tories" als neue stärkste Kraft hervorgegangen waren und damit Premierminister Brown („Labour") brüskierten, jedoch nicht die absolute Mehrheit errangen. Wer die Regierung bilden und in welcher Form sie zustande kommen würde, war zunächst völlig unklar.[35] Originäre Metaphern mit homogenem Wortfeldgebrauch verschmelzen zu einer dichten Szenerie (Koydl 08.05.2010):

---

[35] Vergleiche dazu auch die Passage „Katerstimmung nach der Wahl" zu Beginn des Kapitels 2.2, in der unter anderem von einem *Parlament im Schwebezustand* die Rede ist.

Die alte Seefahrernation Britannien gleicht einem Schiff, das sich von der Ankerkette losgerissen hat und ziellos umhertreibt. Es kann hinausdriften auf das offene Meer, oder es kann an der Kaimauer zerschellen, wenn kein Kapitän das Steuer ergreift. Wer dieses Schiff in den nächsten Jahren steuern wird, ist unklar. Sicher ist nur, dass die Brücke nicht lange verwaist bleiben darf.[36]

Armin Burkhardt (2012, S. 147) hebt hervor, dass durch die Metaphorisierung des Staates als Schiff, „bei der es sich um die Säkularisierung einer ursprünglich religiösen Metapher handelt", der „Aspekt der Schicksalsgemeinschaft" hervorgehoben werde.

Die Gefahrensituation der Fahrzeugsteuerung ist wie in anderen Wortfeldern des Bereichs „Verkehr" (Straße: *ins Schleudern geraten*, Bahn: *entgleisen*) auch aus dem Schiffsverkehr übertragbar – meist in Form des *Schiffbruchs*:

Nur Sarkozy hat den Schiffbruch überlebt. Frankreichs Innenminister geht relativ unbeschädigt aus dem Chaos um die zurückgezogene Arbeitsrechtreform. (Kaffsack 2006)

Um in diesem Wortfeld eine bildkräftige Metapher zu schaffen, muss jedoch nicht ausschließlich – wie das Eingangszitat von Corny Littmann zeigte – auf gigantische Ausmaße zurückgegriffen werden; neben dem *Kahn* ist hier vor allem das *Boot* phraseologisch geläufig. So fragte Reporter Boris Baumholt in der Wahlberichterstattung des WDR (09.05.2010) zu Koalitionsspekulationen der SPD: *Reicht's für die Grünen oder muss die Linkspartei doch noch mit ins Boot?*

Weitere Beispiele:

im gleichen Boot sitzen, einen harten Kurs fahren, den sicheren Hafen erreichen, etwas drosseln, das Ruder in die Hand nehmen.

Bahnverkehr
Im Wortschatz des Bahnverkehrs sind die Schienenweichen zur Veränderung der Fahrspur eines Zuges eine stark gebrauchte Metapher. Sie stehen für eine Entscheidung, die den künftigen Verlauf einer Handlung beeinflussen soll oder wird. Durch diesen aktiven Charakter ist die Metapher meist in Kombination mit dem Verb „stellen" zu finden (*Wir werden wichtige Weichenstellungen vornehmen, damit dieses Wachstum nachhaltig ist.* [SPD NRW 2010a] / *Mit dem neuen*

---

[36] Zur Metaphorik siehe auch: *FDP-Parteitag: Kapitän Westerwelle kämpft gegen Schlingerkurs.* (Kiffmeier 2009)

Vorstandschef [...] seien "die Weichen für einen erfolgreichen Neuanfang sehr kurzfristig" gestellt worden [...] [Meinke 22.05.2010]).

Ein ebenfalls häufig gebrauchter Phraseologismus, der vor allem aus dem Bahnverkehr bekannt ist, lautet *ein Signal setzen*. Mit der Absicht, auf etwas hinzuweisen, kann er eine folgenreiche Handlung beschreiben, aber auch lediglich aussagen, dass jemand mit einer Aktion für Aufmerksamkeit sorgt (*UN-Klimagipfel in New York soll Signal setzen* [Bodewein 2010]).

Auch für die metaphorische Umschreibung von Gefahr oder gar Unglück greifen Autoren auf das Wortfeld „Bahnverkehr" zurück, etwa mit dem Phraseologismus *die Notbremse ziehen* (*Kreditkündigung: Wann darf die Bank die Notbremse ziehen?* [Fischler 2008]) und der Substantivmetapher *Entgleisung* (*Entgleisung eines Papst-Vertrauten: Vatikan distanziert sich von Antisemitismus-Vergleich* [stern.de 03.04.2010]).

In Kapitel 2.2.4.1 gehen wir auf das Problem der übermäßig homogenen Verwendung metaphorischer Ausdrücke ein, aber bereits hier sei ein launiges Beispiel des behandelnden Wortfeldes aufgezeigt. Es ist in seiner Quantität akzeptabel, kündigt aber bereits die Tendenz an, dass die übertriebene Einbindung von Metaphern des gleichen thematischen Bezugs informationsschädigend wirken kann, indem die Aufmerksamkeit des Lesers stärker auf die Wortspiele als auf die Nachricht gelenkt wird (Von Leszczynski 2006):

[Überschrift] *Der Zug am Zoo ist* ***abgefahren***

[Vorspann] *Der Berliner Bahnhof Zoo war ein Symbol für Ankunft, Freiheit und wildes Leben. Am 27. Mai wird er vom Fernverkehr* ***abgekoppelt***.

[Bildunterschrift] ***Letzter Halt: Abstellgleis****. Wenn Ende Mai der neue Hauptbahnhof in Betrieb geht, werden am berühmten Bahnhof Zoo keine Fernzüge mehr halten.*

Gerade in diesem Beispiel schien die Versuchung der rezeptionsfördernden Wortspiele besonders hoch, da sie unmittelbar mit dem Thema (Bahn) korrespondieren.

Flugverkehr
Schließlich sind auch für den Flugverkehr spezifische Begriffe zu metaphorischen Zwecken nutzbar. Sie beschränken sich jedoch meist auf das zentrale Lexem *Flug* (*Umfragewerte im Sinkflug / Steiler Höhenflug der VW-Aktie / Macht den Abflug aus Köln: Marvin Matip wird bis zum Saisonende an den Karlsruher SC ausgeliehen* [Haubrichs/Krücken 2010]) sowie die Vorgänge *Abheben, Lan-*

den und *Warteschleife*. So überschrieb die „Bild" einen Kommentar zum Hamburger Senat (Kersting 2010) mit den Worten:

> *Schulstreit, Kita-Abzocke, Stadtbahn-Nonsens: Senat völlig abgehoben*

Im Vorspann erweiterte sie die Verbmetapher des Flugverkehrs satirisch durch einen Raumfahrt-Vergleich:

> *Erde an Senat, Erde an Senat! Hört ihr uns Bürger noch? Wie in einem Raumschiff scheinen unsere Politiker dem wirklichen Leben davonzuschweben.*

Die Anweisung der *Warteschleife* wurde in einem Bericht vor der Fußball-WM 2010 zum Abflug der deutschen Nationalmannschaft verwendet (Spiegel online 06.06.2010):

> *DFB-Team hebt ab, Robben in der Warteschleife*

Während der erste Teil des Titels eine faktische Information liefert (die Mannschaft flog nach Südafrika), bezieht sich die Metapher im zweiten Teil auf Hollands Fußballstar Arjen Robben, der wegen einer Verletzung noch auf seinen Einsatz warten musste.

Der Weg
Anknüpfend an das Wortfeld „Verkehrswesen" sei noch auf die Metapher des *Wegs* hingewiesen. Als Metapher für eine Möglichkeit (*FDP sucht nach Weg aus dem Umfragetief*), eine Entscheidung (*Ob die Koalition den richtigen Weg eingeschlagen hat, ...*), die Realisierung eines Vorhabens (*Dass wir vieles auf den Weg gebracht haben, das zeigen doch auch die Zahlen*, sagte Kanzlerin Merkel im TV-Duell 2009 [ARD Mediathek 2009]) oder eine Zeitspanne („*Es war ein schwieriger Weg.*") wird das Lexem in verschiedensten Zusammenhängen verwendet, meist „fokussiert auf die Zielgerichtetheit politischen Handelns" (Burkhardt 2012, S. 147) – seine Ausdruckskraft ist aufgrund der hohen Konventionalität und der Allgemeingültigkeit des Bildes jedoch begrenzt:[37] Man kann jemandem *etwas mit auf den Weg geben*, ihm *den Weg ebnen* oder gar *freimachen* (z. B. für Neuwahlen), ihm aber auch *Steine in den Weg legen*, die man dann *aus dem Weg räumen* muss.[38]

---

[37] Zudem blendet das Sinnbild des Wegs, wie Armin Burkhardt schreibt (2012, S. 147) „neben alternativen Reisemöglichkeiten auch die Landschaft aus, durch die gegangen oder gefahren wird."
[38] Siehe ebd.: „Metaphern wie Politik der kleinen Schritte, der Weg aus der Krise, getrennte Wege gehen, an einem Kreuz- oder Scheideweg angelangt sein sind für die politische Sprache charakteristisch."

2.2.2.5 Wortfeld „Meteorologie"

Auch die Beschreibung des Wetters dient der Verdeutlichung eines Kontexts (vgl. Rust 1984, S. 119). Einfach gestaltet sich die Bezugnahme auf Hoch- und Tiefdruckgebiete, da sich diese Binäroppositionen ebenso wie „oben/unten" oder „vorne/hinten" für positive bzw. negative Zustände konventionalisiert haben:

*Bundesregierung: CDU-FDP-Koalition im **Umfragetief*** (dpa 28.05.2010)

Besonders der Sturm als Unwetterform findet sich in verschiedenen Variationen wieder:

*Rassismus-Debatte in den USA: Affen-Karikatur löst **Sturm der Entrüstung** aus* (Spiegel online 2009)

*Opel-Werk Antwerpen: **Die Zeichen stehen auf Sturm**. Die Mitarbeiter wollen das Aus für das Opel-Werk im belgischen Antwerpen nicht hinnehmen und kündigen für kommenden Dienstag Proteste an.* (Der Standard 2010)

*Gewinnen Internetuser wirklich an Macht? Oder ist das alles nur **ein Sturm im Wasserglas**?* (Schumacher/Kieffer 2010)[39]

*Am Wochenende [...] sind auf den deutschen Autobahnen nur wenige Staus zu erwarten. Das ist die «**Ruhe vor dem Sturm**», denn in der Folgewoche beginnen in Bremen, Niedersachsen, Sachsen-Anhalt und Thüringen die Sommerferien.* (dpa/tmn 2010)

Auch in seiner Ausprägung als Wirbelsturm (*Sie taufte ihn einst den „positiven Wirbelsturm" – es ist der passendste Begriff für die Spielweise Marins.* [Hellmann 2010]) oder Orkan (*Eine Stimme wie ein Orkan. Barbara Clear – Pop-Anarchistin wirbelte im Kreiskulturraum.* [Kreuzer 2009]) und in seiner adverbialen Form (*Auf ihn warten **stürmische Zeiten** an der Ostsee: Ex-Nationalspieler Dieter Eilts soll den Bundesliga-Absteiger Hansa Rostock zurück an die Tabellenspitze führen.* [Welt online 2008]) ist der Sturm als Metapher zu finden.

Der folgende Kommentarauszug (RP online 2010) zeigt, wie auch in diesem Wortfeld Phraseologismen (hier: *Aufwind* und *laues Lüftchen*) und der zugrunde liegende Fakt durch den Argumentationsaufbau miteinander korrespondieren:

Der Aufwind, den die so gebeutelte SPD bei der Landtagswahl vorgestern in Langenfeld mit 26,8 Prozent verspürte, ist nur ein laues Lüftchen.

---

[39] Sturm im Wasserglas = viel Aufregung wegen einer Kleinigkeit

Hierauf folgt unmittelbar die argumentative Begründung für diese Bewertung:

Schließlich hat sie damit im Vergleich zur Landtagswahl 2005, als sie 30,5 Prozent erzielte, größere Stimmenverluste [...] eingefahren.

Ähnlich strukturiert ist folgende Kombination, wobei diese der Titelkonstruktion dient (sueddeutsche.de 2008):

[Überschrift] *Gegenwind für Schäuble*

[Unterzeile] *Kritik an geplanter Abhörzentrale*

Hier findet sich die Metapher in der Überschrift, die damit ausgedrückte Situation in der Unterzeile („Gegenwind" für „verbale Kritik"). Die Metapher *Gegenwind* scheint dynamischer und plakativer als das sachlich-allgemeine Substantiv *Kritik* und wurde daher in der Überschrift eingesetzt.

Auffällig ist, dass die häufig gewählten Metaphern aus dem Wortfeld „Meteorologie" vor allem negativ besetzt sind. Schlechte Wetterverhältnisse scheinen aussagekräftiger zu sein. Möglicherweise ist dies auch der Tendenz des Journalismus zu verstärkter Berichterstattung über negative Ereignisse geschuldet.[40] Unter den wenig berücksichtigten Phraseologismen, die eine unzweifelhaft gute Wetterlage ausdrücken, gehört die verbale Konstruktion *herrscht eitel Sonnenschein* zu den Ausnahmen:

In Rüsselsheim herrscht eitel Sonnenschein. Die Auftragssituation für den neuen Opel Astra übertrifft schon jetzt die Erwartungen des Automobilherstellers. (Spiegel online 2004)

Weitere Beispiele für Phraseologismen des Wortfelds „Meteorologie" nutzen Wolken (*Finanzkrise: Dunkle Wolken über Griechenland* [Hamburger Abendblatt 2009], Regen (*Dauerregen / im Regen stehen / vom Regen in die Traufe / ein schweres Gewitter zieht auf*) und Nebel als Grundlage (*Polizei stochert im Nebel – Wo ist Maria B.?* [Fahrenbach 2010]) oder beziehen sich auf den allgemeinen Begriff des Klimas (*Reizklima in Kiel: Carstensen droht sogar mit Rücktritt* [Hammer/Wenzel 2010]).

---

[40] Siehe u. a. Kynast 2010; Iggers 1998; Heller 1997 (insb. S. 11-22).

2.2.2.6 Wortfeld „Theater/Musik"

Für Übertragungen aus dem Wortfeld „Theater" werden vorzugsweise die zentralen Gegebenheiten des Ortes und des Ablaufs gebraucht – Grundlagen, die die meisten Leser in Beziehung zum Geschehen setzen und dadurch die Metapher verstehen können: Der zentrale Ort eines Theaters ist die *Bühne*. Auf ihr wird ein Stück, ein *Drama* (in neutraler Bedeutung) gespielt (meist in mehreren *Akten*), in dem *Schauspieler* eine *Rolle* übernehmen. Zu Beginn öffnet sich dafür der *Vorhang*, und man sieht *Kulissen*, die von *Scheinwerfern* angestrahlt werden. Einige Beispiele:

> *Michael Kemmer, 50, sitzt seit einem Monat auf dem Chefsessel der BayernLB. Er übernahm den Posten von dem langjährigen Landesbank-Chef Werner Schmidt, dem Kommunikationsfehler vorgeworfen wurden. Kemmer muss nun* **die Rolle** *des Krisenmanagers* **übernehmen** *[...].* (Beise/Fromm 2008)

> **Eine starke Rolle** *wird* [bei alternativen Antrieben] *die Elektromobilität* **spielen**. (SPD NRW 2010a)

Der metaphorische Einsatz des Substantivs *Kulisse* ist in zweifacher Bedeutung möglich: Einerseits kann es Sinnbild für einen Vorwand, eine vordergründige Dekoration sein:

> *Es ist ein Idyll: Die Weiten Kanadas spiegeln sich in der schimmernden Wasseroberfläche, ein verträumter Steg, wie zufällig dümpelnde Kanus. Es ist aber* **alles nur Kulisse**, *ein künstliches Arrangement, damit die Medien der Welt einen schönen Hintergrund für die Berichterstattung über den G20-Gipfel haben.* (Schmidt 2010)

Andererseits steht es als Ausdruck für einen nicht-öffentlichen Bereich. So heißt es unter dem Titel „Jamaika im Saarland. Es gibt erste Risse in der Wohlfühl-Koalition" (Crolly 2010):

> *Die einzige schwarz-gelb-grüne Regierung Deutschlands präsentiert sich in bester Laune – doch* **hinter den Kulissen** *brodelt es.*

Die Metapher des *Scheinwerfers* steht für besondere Aufmerksamkeit, die jemandem zuteil wird, in folgender Passage Verteidigungsminister Karl-Theodor zu Guttenberg (Hilbig 2009):

> *Zu Guttenberg ist klug. Zu klug, um nicht zu wissen, dass* **die Scheinwerfer** *nicht ewig* **auf ihn gerichtet** *sind. „Umfragen sind Momentaufnahmen. Die bleiben nicht lange so", beliebt der Freiherr dann zu sagen [...].*

Schließlich kann auch das Theater selbst als Lexem zu Übertragungszwecken dienen: Der Phraseologismus *So ein Theater!* bezeichnet meist übertriebene Aufregung und groß angelegten Ärger.

Ästhetisch ausdrucksstark wirkt auch in diesem Feld die homogene Anwendung: So beginnt ein Kommentar (Kohlstadt 2008a) über die forcierte Entscheidung des ehemaligen Dortmunder Oberbürgermeisters Langemeyer, nicht mehr für das Amt zu kandidieren:

> *Die Zerreißprobe der Dortmunder SPD ist ein **Trauerspiel**. Zwar ist mit dem Verzicht Gerhard Langemeyers [...] **der Vorhang gefallen**. Allerdings ist erst ein **Akt** vorbei. Die **Dramen** auf der politischen **Bühne** – sie werden weitergehen.*

Anknüpfend an die Überschrift „Trauerspiel in Dortmund" bildet der Autor mittels fünf homogener Metaphern eine Szenerie, die im Einstieg als Leseanreiz dient.

Couragiert ist die erweiterte originäre Metapher, die sich den Titel eines Theaterstücks zunutze macht. In einer Reportage (Bota 2008) über die Lage georgischer Dörfer nach dem Krieg zwischen Georgien und der autonomen Provinz Südossetien im August 2008 heißt es:

> *Wer in den Grenzdörfern zwischen Georgien und Südossetien wohnt, ist dem Krieg näher als dem Frieden. Das Leben dort gleicht einem Drama von Samuel Beckett. Die Menschen warten auf irgendetwas und irgendjemanden, aber sie wissen nicht, was kommt, ein undurchsichtiger Nebel liegt über allem. Sie leben wie Figuren in einem absurden Stück, das sich Politiker in Moskau, Tbilissi und Zchinwali erdacht haben.*

Zusammengefasst verweist die Autorin auf ein absurdes Drama von Samuel Beckett, in dem die Menschen ungewiss auf etwas oder jemanden warten. Gemeint ist hier das Stück „Warten auf Godot", in dem eben dies Antrieb der Handlung ist. „Auf der Suche nach unverbrauchten Bildern erfinden Journalisten [...] eigene Metaphern", die Ahlke und Hinkel (1999b, S. 36) als „Gelegenheitsmetaphern" bezeichnen. Ob es sich um eine individuelle Metapher handelt, lasse sich daran erkennen, „ob der Zusammenhang notwendig ist, um sie zu verstehen." (ebd.) Solche Gelegenheitsmetaphern sollten „immer sehr bewußt und mit Blick auf die Zielgruppe und deren Vorwissen eingesetzt werden." (ebd., S. 37) Die zitierte Textpassage stammt aus einem Artikel der Wochenzeitung „Die Zeit", die sich an Zielgruppen mit gehobenem Bildungsstandard wendet. Entsprechend kann die Reporterin davon ausgehen, dass der Verweis auf den ungenannten

Stücktitel entschlüsselt wird und der metaphorische Vergleich als für die Zielgruppe attraktiv und verständlich angesehen wird.

Ähnlich verhält es sich mit dem Ausdruck *Faustischer Pakt*. In Goethes Tragödie „Faust" schließt der Teufel mit dem Wissenschaftler Heinrich Faust einen Pakt: Er macht den lebenssatten Faust wieder jung und für die Damen interessant, doch dafür erhält der Teufel dessen Seele. Diese Konstellation überträgt der Autor eines Wirtschaftsartikels unter dem Titel *Prominente. Faustischer Pakt mit den Medien* (Gestmann 2010) auf eine ähnliche Situation in einer anderen Branche:

> *Es ist ein Deal auf Gegenseitigkeit: Die Medien bieten die begehrte Aufmerksamkeit, die Stars und Sternchen herzzerreißende Storys. Doch im medialen Haifischbecken werden viele von ihnen verfüttert, zur Belustigung des Publikums.*

Nun zur anderen Kultur-Kategorie, der Musik: Oft eingesetzte Metaphern aus dem Wortfeld „Musik" beziehen sich einerseits auf generelle musikalische Begriffe wie Instrument, Ton, Klang und Takt (z. B. *instrumentalisieren, den Ton angeben, den richtigen Ton treffen, Gleichklang, sang- und klanglos untergehen, aus dem Takt geraten*), andererseits – eine Ebene spezieller – explizit auf Instrumente (z. B. *die erste Geige spielen, neue Saiten aufziehen, stets dieselbe Leier, etwas hinausposaunen, trommeln*).

In politischer Berichterstattung ist dabei besonders das Substantiv *Paukenschlag* beliebt: Es wird gebraucht als Metapher für eine deutliche, für alle vernehmbare, meist überraschende Handlung, die zudem schnell vollzogen ist. Paradebeispiele sind:

> *Paukenschlag im Schloss Bellevue: Bundespräsident Horst Köhler (CDU) ist völlig überraschend vom Amt zurückgetreten.* (Freudenreich 2010)

> *Paukenschlag in Wiesbaden: Roland Koch macht Schluss mit der Politik* (dpa 26.05.2010)

In erweiterter homogener Struktur können Metaphern mitunter zur Allegorie werden und aufgrund der Komplexität der Übertragung schwierig zu erschließen sein. Hier ist auf Genauigkeit und die Möglichkeit des Vergleichs zwischen Fakt und Bild zu achten: So meldete das Nachrichtenmagazin „Stern" am 06.02.2010 auf seiner Webseite unter dem Titel „Sinkende Umfragewerte: FDP setzt Krisentreffen an", dass die Parteispitze der FDP in Berlin kurzfristig zu einem Sondertreffen zusammen kommen werde. Gesprochen werden solle dort vor allem über das schlechte Erscheinungsbild der schwarz-gelben Koalition wenige Monate nach der Bundestagswahl und die diesbezügliche Lage der FDP auch im Hinblick auf die bevorstehende Landtagswahl in NRW. Kritiker warfen der FDP vor, sie betreibe seit der Wahl vor allem Klientel- und Lobbypolitik statt Regierungsverantwortung zu übernehmen. Die Nachricht kommentierte ein Nutzer der Webseite („Johann58" 06.02.2010) mit folgenden Worten:

> *Selbst wenn man nicht die erste Geige spielt ist es erforderlich den Ton zu treffen. Wenn aber der Dirigent versagt und nicht erkennt wenn jemand falsch spielt, dann taugt das ganze Orchester nichts.*

Die metaphorische Komposition ersetzt Namen und Handlungen der Politik durch Begriffe aus dem Wortfeld „Musik" – sie vergleicht die Politik mit einem Orchester. Nur im Zusammenhang mit der Nachricht lassen sich die Anspielungen entschlüsseln: So scheint der Autor im ersten Satz FDP-Chef Guido Westerwelle zu kritisieren, der als Vizekanzler *nicht die erste Geige spielt* und trotzdem die Pflicht hat, korrekt zu arbeiten (*den Ton zu treffen*); Letzteres bezieht sich möglicherweise auch auf verbale Äußerungen. Im zweiten Satz erweitert der Autor die Kritik auf Angela Merkel, die als Bundeskanzlerin die Rolle des *Dirigenten,* also der Orchesterleitung, hat. Wenn sie jedoch nicht erkenne, wenn ein Regierungspartner *falsch spiele*, also Handlungen ausführe, die der Kompetenz und Verantwortung zuwider laufen, dann sei das ganze *Orchester*, also die Bundesregierung mit ihren Ministern, untauglich.

2.2.2.7 Wortfeld „Handwerk"

Begriffe aus dem Handwerk sind in metaphorischer Verwendung häufig in der salopp-umgangssprachlichen Stilschicht zu finden: Man kann sich *etwas draufschaufeln* (Wissen – oft kurzfristig – aneignen), *jemanden anbaggern* (deutlich flirten), *spachteln* (grob essen) oder *wissen, wo der Hammer hängt* (wichtige Dinge wissen). Mitunter wird Menschen vorgeworfen, dass sie *eine Schraube locker* oder *einen Dachschaden haben* (also geistig gestört seien).

Aber auch in journalistischer Sprache werden Begriffe aus diesem Wortfeld eingesetzt – sie reichen von einzelnen Substantiven (*Das Leben ist eine **Baustelle** /* Altkanzler Helmut Kohl als ***Architekt*** *der Wiedervereinigung*) bis zu Phraseologismen, die meist eine handwerkliche Handlung wiedergeben. Einige Beispiele:

Wenn jemand die Absicht hat, die (berufliche) Position eines Kollegen zu übernehmen und dabei auch vor unlauteren Methoden nicht zurückschreckt (z. B. indem man ihn diskreditiert), drückt dies der Phraseologismus *an jmds. Stuhl sägen* passend aus. So sagte Journalist Peter Limbourg im TV-Duell zwischen

Bundeskanzlerin Angela Merkel und Herausforderer und Vizekanzler Frank-Walter Steinmeier (ARD Mediathek 2009):

> *Führungskräfte sollen ja eigentlich nicht schlecht über den Stellvertreter reden, Frau Merkel. Mit einer Ausnahme: Wenn der Mann tatsächlich am Stuhl der Chefin sägt, was ja hier klar der Fall ist [...].*

Wenn man etwas – oft überraschend – genau benennen oder beschreiben kann, *trifft* die Person *den Nagel auf den Kopf* wie das Statement eines Fußballspielers (Morgenstern 2010):

> *„Für ein dreckiges 1:0 gibt es auch drei Punkte", meinte Martin Männel und traf damit den Nagel auf den Kopf.*

Lack als Anstrich festigt, schützt und verschönert – meist mit glänzender Oberfläche – ein Objekt. Hat eine vormals beliebte Sache, Person oder Gruppierung an Ausstrahlung und Erfolg verloren, heißt es in der Übertragung: *Der Lack ist ab*. In politischer Berichterstattung wird dies oft auf zunächst gelobte politische Führungskräfte oder Kabinette bezogen. So trägt eine Analyse (Meinert 2010) über das erste Amtsjahr des US-Präsidenten Barack Obama den zusammenfassenden Titel:

> *Keine großen Patzer – aber der Lack ist ab*

Und über den Wiesbadener Stadtrat hieß es wenige Monate nach der Kommunalwahl:

> *Der Lack der gut gestarteten Jamaika-Regierung ist ab.* (Buschlinger 2010)

Wenn der Glanz eines Objektes noch nicht völlig verschwunden ist, aber bereits Schaden genommen hat, wird die Metapher mitunter als Prozess formuliert:

> *Von „Wetten, dass ...?" blättert der Lack langsam ab. Es heißt, das ZDF schmiede schon Pläne für die Post-Gottschalk-Ära.* (Hildebrandt 2008)[41]

Auch in diesem Wortfeld kann der homogen erweiterte Gebrauch zur Kräftigung einer Aussage mittels einer Szenerie bereichernd sein – insbesondere wenn er mit innovativen Metaphern erfolgt wie in folgendem Kommentareinstieg (zit. n. Kurz 2010b, S. 107):

---

[41] Mit dem Verb *schmieden* findet sich hier eine weitere Metapher mit handwerklichem Bezug.

Die neue Pflegereform: Wo dringend das Fundament rekonstruiert werden müsste, liefert die Koalition nur einen Eimer Farbe.

Solche Bilder müssen allerdings im Folgenden belegt werden, wie schon durch Beispiele in Kapitel 2.2.2.3 (*die Muskeln spielen lassen*) und 2.2.2.5 (*laues Lüftchen*) dargelegt wurde. In diesem Fall muss beschrieben werden, wofür der „Eimer Farbe" in den offenbar dürftigen Plänen der Koalition steht.

Weitere Beispiele:

> *an etwas feilen* (z. B. einen vollständigen Text überarbeiten), *etwas aufbauen, etwas aufpolieren* (verbessern, in guten Zustand bringen), *den Rahmen bilden, Rahmenbedingungen schaffen, Mauern einreißen, jmd. in die Zange nehmen, jmd. festnageln* (jemanden dazu drängen, eine getroffene Entscheidung beizubehalten oder ein Versprechen einzuhalten).

2.2.2.8 Wortfeld „Religion"

In diesem Unterkapitel soll dargelegt werden, wie Begriffe mit sakralem Kontext als Metaphern für journalistische Berichterstattung verwendet werden.

Eine Kategorie bilden Phraseologismen, die sich auf religiöse Handlungen beziehen wie *etwas absegnen/seinen Segen geben, predigen/eine Predigt halten, etwas beichten, für etwas büßen* oder auch *sich opfern/Opfer bringen*.

Eine zweite Kategorie bilden Begriffe, die einem biblischen Zusammenhang entstammen wie das *Sabbatjahr* (für eine berufliche Auszeit), die Bezeichnung *Sünder* (die sich in der heutigen Kommunikation vor allem in der zum Standard gewordenen Substantivkopplung *Steuersünder* wiederfindet) oder die *Hölle*. Das Lexem *Hölle* dient – nach religiöser Vorstellung – als Bezeichnung für einen bösartigen, qualvollen, chaotischen Ort bzw. eine ebensolche Situation. In journalistischem Kontext können Teile dieser Charakterisierung – in folgender Überschrift die Qual – auf ein fachfremdes Thema übertragen werden:

> *Spätabtreibung: Wenn Frauen durch die Hölle gehen* (Erler 2008)

Als Aufgabe mit größten Schwierigkeiten, die ein Mensch bewältigen muss, kann die Hölle auch als Ganzes metaphorisch verwendet sein. In folgender Passage aus einer Analyse zum ehemaligen Kanzlerkandidat Frank-Walter Steinmeier (Lohre 2008) korrespondieren wieder Information und Metapher; der Autor schafft somit einen Beleg, der ihm erlaubt, den Phraseologismus zu verwenden. Hier liefert der Autor für seine Argumentation zunächst Probleme (Führungsstil), um diese dann mittels des Phraseologismus *durch die Hölle gehen* zusammenzufassen und die Herausforderung nachfolgend noch zu glorifizieren (Heldenepos):

> *Dem Säurebad der Kritik von allen Seiten kann er nicht entgehen. Wenn er sich aus Diskussionen heraushält, werden alle fragen: Warum führt er nicht? Wenn er aber stringent führt, werden viele rufen: Der Spitzenkandidat integriert die Flügel der Partei nicht. Steinmeier wird durch die Hölle gehen. Aber wer Regierungschef einer der größten Industrienationen werden will, muss das aushalten. Daraus kann sogar eine Art Heldenepos entstehen, von dem er profitiert.*

Neben einzelnen Lexemen dienen auch ganze Erzählungen der Bibel als Grundlage für Metaphern. Was solche biblischen Schilderungen betrifft, nehmen Journalisten auch hier auf die bekanntesten Begriffe, Geschehnisse und Personen Bezug, da sie – je nach Zielgruppe – das Vorwissen berücksichtigen müssen, das der Leser benötigt, um die Übertragung zu verstehen: von der Schöpfung der Welt und den Garten Eden über die Sintflut und den Turmbau zu Babel, die sündigen Städte Sodom und Gomorrha bis zu zentralen Ereignissen im Leben und Sterben Jesu. Dazu werden hervorstechende Beispiele vorgestellt:

Sündenfall
Der Begriff des Sündenfalls bezieht sich in der Regel auf den im Buch Genesis (Gen 3) geschilderten Vorgang im Paradies, wonach Adam und Eva vom Baum der Erkenntnis aßen, obwohl Gott ihnen dies ausdrücklich verboten hatte. Es handelt sich damit um den Prototyp des Sündenfalls.

> *Die Einführung des Post-Mindestlohns ist für die CDU ein marktwirtschaftlicher Sündenfall.* (Schütz 2007)

Ist das Vergehen in einem religiösen Kontext angesiedelt, verstärkt sich die Aussagekraft der Metapher:

> *Betrunken am Steuer: Käßmanns Sündenfall.* (Hans 2010)

Margot Käßmann war zu diesem Zeitpunkt Landesbischöfin von Hannover und Ratsvorsitzende der Evangelischen Kirche in Deutschland. Im Februar 2010 war sie nach Medieninformationen (ebd.) mit 1,5 Promille im Blut bei roter Ampel über eine Kreuzung gefahren und von der Polizei angehalten worden. Wenige Tage nach Bekanntwerden des Vorfalls trat sie von ihren Spitzenämtern zurück.

Turmbau zu Babel
Unter dem Titel „Das AKW zu Babel" setzt Susan Boos (2007) den Bau eines Atomkraftwerks mit dem Turmbau zu Babel (Gen 11) gleich:

> *Im finnischen Olkiluoto wird der erste europäische Druckwasserreaktor hochgezogen. Kostendruck und Zeitmangel führen zu gigantischen Problemen. [...] Das gigantische Projekt gleicht einem Turmbau zu Babel. Es herrscht ein Chaos, das bei einem Jahrhundertbau überrascht.*

Analogien sind die Außergewöhnlichkeit des Gebäudes, seine Größe sowie das offenbar entstandene Chaos, eventuell auch die indirekte Auflehnung gegen eine Übermacht durch ein Zeichen des nuklearen Gigantismus.

David gegen Goliath
Dass es sich bei diesem Duell um eine biblische Geschichte handelt und welchen Hintergrund der Kampf hatte, spielt für die Übertragung meist keine Rolle. Das Geschehen wird auf den bildstärksten Kern reduziert – der aussichtslos scheinende Kampf eines jungen Schafhirten gegen einen kräftigen Riesen.[42] Die Metapher ist vor allen in der Wirtschaft zu finden, wenn kleine Einzelhändler gegen große Konzerne der gleichen Sparte kämpfen müssen:

> *David gegen Goliath – Einzelhändler rüsten gegen Aldi & Co.* (Frei 2009)

Hiobsbotschaft
Die Metapher der Hiobsbotschaft hat sich zu einem Synonym für eine sehr schlechte Nachricht verfestigt:

> *Hiobsbotschaft: Michael Ballack fällt für die WM aus* (Sport Excite 2010)

> *Neue Hiobsbotschaft für den Finanzminister. Angespannt ist die Haushaltslage schon seit Langem. Nun allerdings legen die Steuerschätzer nach und sagen weitere, dramatische Einnahmenausfälle voraus.* (Focus Money online 2010)

Hiob ist einer biblischen Erzählung zufolge ein frommer, rechtschaffener Mann, der mit der Erlaubnis Gottes vom Satan auf seine Gottesehrfurcht geprüft wird.

---

[42] Israelit David, ein junger Schafhirt, trat ohne Rüstung, nur mit einer Steinschleuder bewaffnet, gegen Goliath, den Vorkämpfer der Philister, an. Goliath war „sechs Ellen und eine Spanne" groß (was drei bis vier Metern entspricht), geschützt durch einen 75 Kilogramm schweren Brustpanzer aus Bronze und mit einem Speer, dessen Durchmesser einem Weberbaum gleichkam. David brachte ihn mittels der Steinschleuder zu Fall und leitete damit den Sieg der Israeliten über die Philister ein (vgl. 1 Samuel 17).

Hiob ereilen zahlreiche Unglücksschläge und Katastrophennachrichten, bis er von Gott erlöst und belohnt wird.

Sodom und Gomorrha
Sodom und Gomorrha waren nach den Schilderungen der Bibel Orte mit chaotisch-sündigen Zuständen. Auch hier verstärkt sich die Deutlichkeit der Aussage, wird die Metapher in themenbezogener Berichterstattung angewandt (dpa 2005):

> [Überschrift] *Sodom und Gomorrha in Griechenland.*
>
> [Vorspann] *Schmuggel, Veruntreuung von Kirchengeldern und Sex-Fotos: Die griechisch-orthodoxe Kirche steckt in einer ihrer schwersten Krisen. Selbst das Kirchenoberhaupt soll darin verwickelt sein.*

Der barmherzige Samariter
Die Geschichte vom barmherzigen Samariter beruht auf einem Gleichnis Jesu (Lk 10,25-37), das als Aufruf zu aktiver Nächstenliebe gilt: Darin versorgt ein Samariter einen am Wegesrand liegenden Fremden, der von Räubern überfallen und zusammengeschlagen worden war. Als Metapher wird das Geschehen in heutiger Kommunikation allerdings oft zynisch verwendet, indem der handelnden Person durch die verbale Konstruktion *spielt/gibt den barmherzigen Samariter* Täuschung unterstellt wird, so wie in folgendem Vorspann (Pitzke 2008):

> *Die USA schlittern in die Rezession, landesweit machen Geschäfte dicht. Nur Wal-Mart geht es blendend: Der weltgrößte Einzelhändler fährt dank seiner Ramschpreise Rekordumsätze ein. Der Konzern* **spielt den barmherzigen Samariter** *– und treibt so seine Kunden noch tiefer in die Schuldenfalle.*

Auferstehung
Als zentrale Begebenheit ist die *Auferstehung* Jesu als Metapher beliebt:

> *New York: Die Auferstehung des World Trade Center* (Uttich 2010)
>
> *Die Auferstehung des Roland Koch* (Schütz 2008)

Der Vorspann führt die Metapher aus und ersetzt sie durch den Anglizismus *Comeback*:

> *Spendenaffäre, Gruselwahlkampf, Stimmenverluste: Eigentlich war Roland Koch schon am Ende. Seine Unterlagen in der hessischen Staatskanzlei hatte der CDU-Politiker bereits gepackt. Doch das Scheitern von SPD-Frontfrau Andrea Ypsilanti beschert ihm ein Comeback.* (ebd.)

Alternativ für die Rückkehr einer Sache oder eines Menschen ist das Substantiv *Wiedergeburt* zu finden:

Die Wiedergeburt des Kapitalismus (Döpfner 2010)

Vom Saulus zum Paulus
Christenverfolger Saulus wechselt nach einem tiefgreifenden Erlebnis, bei dem Gott zu ihm sprach, die Seiten und wird zum einflussreichen Missionar Paulus (u.a. Apg 9). Auch hierbei wird das Geschehen für die metaphorische Verwendung auf die zentrale Aussage reduziert: Ein Böser wird zum Guten – zum Beispiel ein Mafiakiller zum reuigen Kronzeugen:

Eine Sache der Ehre ist für Mutolo seine Rolle als Zeuge gegen die Mafia geworden. Er liefert den Ermittlern Namen, hilft das Netzwerk von Paten, korrupten Politikern, gierigen Geschäftsleuten, bestechlichen Juristen und Polizisten aufzudecken. Ein Mörder mutiert vom Saulus zum Paulus. (Neujahr/Kallinger 1996)

Im folgenden Beispiel könnte der Sinneswandel jedoch eine Täuschung sein (Koch 2009). Dort heißt es in der Überschrift:

Vom Saulus zum Paulus. Exxon fordert Ökosteuer.

Im Vorspann wird die Metapher nachrichtlich ausgeführt:

Jahrelang leugnete der Ölkonzern Exxon den Klimawandel – nun macht er sich für eine Abgabe auf Treibhausgase stark.

Wie der Autor des Artikels spekuliert, werbe der von Klimaschützern verhasste größte Konzern der Welt aus taktischen Gründen für eine Ökoabgabe. Für ein solches Vorgehen wäre dann eher die Metapher vom *Wolf im Schafspelz*, die ebenfalls der Bibel entstammt, möglich (siehe Abschnitt „Redewendungen mit sekundär religiösem Bezug").

Weitere Beispiele:

ein Judas (Verräter) *sein, jemandem die Leviten lesen* (eine Rüge erteilen); *Allmacht, Erlöser/Heiland/Messias, Gebet/Stoßgebet, Gott, Himmel, Himmelfahrtskommando, Jünger, Methusalem, Mission, Paradies, Prophet, Tempel.*

Redewendungen mit sekundär religiösem Bezug
Die bisher beschriebenen Beispiele dieses Wortfelds sind Metaphern mit einem primär religiös-biblischen Bezug. Anknüpfend soll darauf hingewiesen werden, dass eine Reihe von Redewendungen der Alltagssprache ihren Ursprung in der Bibel hat. Diese Wendungen haben allerdings lediglich einen sekundär religiösen Bezug, da sie selbst verschiedene Wortfelder für die Metaphorik nutzen. Beispiele sind *die Haare zu Berge stehen* (nach Hiob 4,15), *sein Licht unter den Scheffel stellen* (nach Mt 5,15) oder *ein Dorn im Auge sein* (nach 4 Mose 33,55) (vgl. Freedman 1992, S. 307). Auch das Gleichnis vom *Wolf im Schafspelz* entstammt der Bibel: Die nominale Fügung bezieht sich auf die Worte Jesu im Evangelium nach Matthäus (7,15). Dort heißt es: „Sehet euch vor vor den falschen Propheten, die in Schafskleidern zu euch kommen, inwendig aber sind sie reißende Wölfe." Hier wird der Gegensatz zwischen Tieren, die als friedlich (Schafe, daher auch das Adverb *lammfromm*) und als böse (Wolf) empfunden werden, genutzt (vgl. Drosdowski/Scholze-Stubenrecht 1992, S. 239). Der Umstand, dass jemand Böses zunächst so tut, als sei er jemand Gutes, wird in journalistischer Berichterstattung gelegentlich auch auf politische Personen übertragen, wie im folgenden Zitat zur Parlamentswahl in Großbritannien (Fischer 05.05.2010):

Zu groß waren in der Wirtschaftskrise die Bedenken, mit Parteichef David Cameron einen unsozialen Wolf im Schafspelz zu wählen.

2.2.2.9 Wortfeld „Zoologie"

Wenn man *Mäuschen* spielt und beobachtet, wie sich die *Zicke*, die einen *Vogel* hat, den ganzen Tag *zum Affen macht*, weil sie *Hummeln im Hintern* zu haben scheint, deshalb am Ende des Tages *hundemüde* ist und *wie ein Murmeltier* schläft, dann hat man einen halben Zoo tierischer Alltagsmetaphern gebraucht. Es gibt aber auch Phraseologismen des Wortfeldes „Zoologie", die in der seriösen Mediensprache für Sprachbilder verwendet werden, etwa wenn ein TV-Moderator, der seit Jahrzehnten in der Branche tätig ist, als *Fernsehdinosaurier* bezeichnet wird (eine Spezies, die eigentlich schon ausgestorben ist), wenn Mitglieder der Dortmunder SPD nach ihrem Putschversuch gegen den Oberbürgermeister *wie die begossenen Pudel dreinschauen* (Kohlstadt 2008b) oder die Süddeutsche Zeitung einen Artikel über den Bundeswirtschaftsminister mit der Charakterisierung *Problembär Brüderle* betitelt, weil dieser voreilige Erklärungen abgegeben, mit seinen Gesetzesplänen enttäuscht und sich den Unmut der Koalition zugezogen habe (Braun/Öchsner 2010).

Wenn jemand etwas unbedacht sagt oder tut, dieser Akt unmoralisch war und die Person dies später bereut, lautet die Entschuldigung bisweilen: *Ich weiß nicht, welches Pferd mich da geritten hat.* Diese Wendung ist auch Dritten gegenüber anwendbar, etwa, wenn ein Journalist den brutalen Kopfstoß des französischen Fußballnationalspielers Zinedine Zidane im WM-Finale 2006 gegen einen italienischen Gegenspieler mit den Worten kommentiert: *Man weiß nicht, welches Pferd ihn da geritten hat* (oder als Frage: *Welches Pferd ihn da wohl geritten hat?*).

Wie an den Ausführungen erkenntlich wird, sind die stilistischen Bezüge auch in diesem Wortfeld sehr variabel: Sie reichen

- von der bloßen Substantivmetapher (der *Maulwurf* als Metapher für einen Menschen, der die Interessen oder Vorhaben der Führungsspitze *untergräbt*, also etwas sabotiert, ohne dabei entdeckt zu werden; das *Haifischbecken* als Umschreibung für eine aufs eigene Überleben/Durchstehen ausgerichtete, unsichere Branche, in der demzufolge jeder gegen jeden kämpft: *Da sieht man es mal wieder, anständige Menschen wie Köhler haben in diesem Politiker-Haifischbecken keine Chance.* [Reitz 01.06.2010]),
- über emotionale Reaktionen, die sich analog übertragen lassen (*Hoeneß schwillt der Kamm* [Eggers 2010]),
- biologische Vorgänge (*sich entpuppen als / über etwas brüten*) oder Fähigkeiten (*mit Adleraugen / die Krallen ausfahren*),
- bis zu Handlungen gegenüber Tieren, die vom Menschen ausgehen. So tragen Zuchttiere wie Rinder, aber auch Zirkustiere wie Bären, oft einen Nasenring, an dem der Halter das Tier greifen und zu einem von ihm bestimmten Ort führen kann; es liegt also eine Fremdbestimmung vor. Wenn wir im übertragenen Sinn *jemanden an der Nase herumführen*, manipulieren wir ihn daher und steuern ihn in Richtungen, in die er eigenverantwortlich wahrscheinlich nicht gegangen wäre oder kehren schließlich zum Ausgangspunkt zurück: *Ein flüchtiger Häftling führt momentan die britische Polizei an der Nase herum.* (Welt online 2009)

Weitere Beispiele:

wie ein Löwe, zum Fraß vorwerfen, galoppieren, gemächlich traben, die Hufe schwingen, sich einigeln, den Kopf in den Sand stecken, wie die Geier auf etwas warten, die Katze im Sack kaufen, die Kuh vom Eis holen, sich aufplustern, Federn lassen, sich ins gemachte Nest setzen, wie ein Pfau stolzieren, beflügeln (z. B. Konsumtrend beflügelt die Händler).

2.2.2.10 Wortfeld „Medizin"

Das Wortfeld „Medizin" ist verwandt mit dem Wortfeld des „menschlichen Körpers" – genauer gesagt, schließt es daran an. Zum Einsatz kommt es meist, wenn sich bestimmte Gesellschaftssysteme, Unternehmen oder größere Gruppierungen in einer schwierigen Situation befinden. Diese werden personifiziert, indem das bestehende Problem als „Erkrankung" angesehen wird: Mit dieser Grundlage können dann Symptome, Krankheiten, Arzneimittel oder ärztliche Maßnahmen metaphorisch verwendet werden. Dies kann sich auf einen Begriff beschränken (*Unsere Städte und Gemeinden in NRW stehen vor einem finanziellen* **Kollaps**. [SPD Velbert 2010, S. 1], metaphorisch einfach erweitert werden (*Um das politische* **Infarktrisiko** *in der* „**Herzkammer** *der Sozialdemokratie*" [gemeint ist hier Dortmund] *abzuwenden, hatte SPD-Landeschefin Hannelore Kraft [...] eine Mitgliederbefragung über die OB-Kandidatur durchgesetzt.* [Kohlstadt 2008b]) oder zu einer homogenen Szenerie ausgeweitet werden. Letzteres sei an einer TV-Schaltung zur Frankfurter Börse im „heute-journal" (ZDF 16.12.2008) gezeigt. Moderatorin Marietta Slomka sprach darin mit Reporterin Brigitte Weining über die Finanzkrise, die zum damaligen Zeitpunkt noch auf die USA beschränkt war:

> Marietta Slomka: *Um die* **danieder liegende** *amerikanische Konjunktur* **anzuregen**, *will die US-Notenbank, die Federal Reserve, Geld und Kredite noch billiger machen. [...]*

> Brigitte Weining: *[...] dass mit dem* **Heilmittel** *‚niedrige Zinsen' diese Krise allein zu* **kurieren** *ist, davon geht sowieso keiner mehr aus. Um der* **krisengeschüttelten** *Wirtschaft wieder* **auf die Beine zu helfen**, *braucht es aktuell einen ganzen* **Medikamenten-Cocktail**. *[...]*

Moderatorin Marietta Slomka greift das metaphorische Wortfeld der medizinischen Hilfeleistung auf, indem sie es in ihrer Nachfrage fortführt:

> *Hat die Fed denn überhaupt noch andere Möglichkeiten, der Wirtschaft* **unter die Arme zu greifen** *oder sie irgendwie zu* **stimulieren**?

Der Kreislauf eines Menschen, der nur durch Stabilität fehlerfrei funktioniert, wird hier auf die Wirtschaft, ergo den finanziellen Kreislauf, übertragen. Durch die Finanzkrise entstand eine ‚Kreislaufschwäche', die Konjunktur *liegt* also *danieder* und muss *angeregt* werden. Dafür sind *Heilmittel* nötig, nach Ansicht Weinings ein ganzer *Medikamenten-Cocktail*, also verschiedene, aufeinander abgestimmte Maßnahmen, mit denen die wirtschaftliche Situation verbessert und ihr solider Zustand wiederhergestellt (*kuriert*) werden kann. Das Adjektiv *krisengeschüttelt* betont dabei als Symptom die akute Ernsthaftigkeit der mangelnden Stabilität, die Phraseologismen *auf die Beine helfen* und *unter die Arme greifen* sind eine bildliche Fortführung des zuvor gebrauchten Verbs „danieder liegen"; *stimulieren* variiert das ebenfalls anfangs verwendete Verb „anregen".

Werden Begriffe, die dem Thema der Nachricht zugehörig sind, in metaphorischer Weise verwendet, entstehen daraus zumeist Wortspiele. Davon ausgehend, dass sie zu diesem Zweck bewusst eingesetzt wurden, können sie ästhetisch reizvoll, aber auch gezwungen witzig sein. Dies ist stets abhängig vom Kontext und der Aussageabsicht. So hieß es in einem Bericht der ARD-Tagesschau (03.06.2010):

*Es wird weiter **herumgedoktert** am deutschen Gesundheitssystem.*

Das umgangssprachlich gebrauchte Verb *herumdoktern* steht für den sehr unpräzisen Versuch, etwas zu reparieren. Das kommentierende, weil den Zustand abwertend beurteilende, Wortspiel beruht hier auf der Korrespondenz zwischen dem thematischen Begriff „Gesundheitssystem" und dem zum Verb transponierten Doktor.

In einem weiteren kommentierenden Wortspiel korrespondiert die nominale Fügung *eine bittere Pille* mit dem Thema „Krankenkassen":

*Viele Krankenkassen haben Zusatzbeiträge angekündigt. Das ist **eine bittere Pille** für die Versicherten. Bis zu 8 Euro monatlich werden zusätzlich einbehalten, um das Milliarden-Defizit auszugleichen.* (Heinlein 2010)

Dieser Phraseologismus steht in Übertragungen für einen unangenehmen Verlauf und bezieht sich auf Medikamente in Pillenform, die oft einen bitteren, als unangenehm empfundenen Geschmack haben, aber trotzdem eingenommen werden müssen (vgl. Drosdowski/Scholze-Stubenrecht 1992, S. 549).

Weitere Beispiele:

blutarm, am Tropf hängen, im Fieber sein, sich das Genick brechen, auf etwas allergisch reagieren, das Skalpell ansetzen, Balsam für die Seele. Oder allgemein, bezogen auf den Gesundheitszustand: *Jobwunder in weiter Ferne: US-Arbeitsmarkt kränkelt* (n-tv 04.06.2010). Für den journalistischen Gebrauch nicht legitim ist der euphemistisch motivierte Neologismus *etwas gesundschrumpfen*. Er wird gelegentlich in der Sprache der Wirtschaft verwendet, etwa wenn ein finanziell angeschlagener Konzern durch Personalentlassungen und anderweitige Einsparungen wieder stabilisiert werden soll.

2.2.3 Homogene und heterogene Sprachbilder

Bei der Beschreibung oder Bewertung eines Sachverhalts in journalistischen Texten werden meist mehrere Metaphern gebraucht. Der Einsatz metaphorischer Wortfelder ist dabei auf zweierlei Weise möglich: homogen und heterogen.

2.2.3.1 Homogene Sprachbilder

Homogen bedeutet, dass der Autor bei der Formulierung eines Gedankens ausschließlich auf Metaphern eines Wortfeldes zurückgreift. Er versucht, ein einheitliches Bild zu schaffen, indem er thematisch zusammengehörige Metaphern miteinander verbindet, also eine lexikalische Einheit bildet.[43] Als Beispiel für eine einfach erweiterte Metapher sei das Zitat eines früheren Gymnasiallehrers genannt, der zur Leistungsmotivation seiner Klasse äußerte:

Wenn ihr so weitermacht, werdet ihr im Abitur untergehen, und ich werde am Strand stehen und winken!

In Anknüpfung an die Verbmetapher *untergehen* (die auf die Klasse als „Schiff" oder auf Einzelpersonen als „notleidende Schwimmer" bezogen sein kann) sieht sich der Lehrer in der szenischen Ergänzung als Strandläufer, der in zynischer Manier den Untergehenden zuwinkt.

Ein homogenes Bild schafft auch Rolf-Dieter Krause (2010) in der bereits oben verwendeten Kommentierung:

Für Europas Regierungen hat die Eurokrise inzwischen den Charakter einer Naturkatastrophe, und bevor der Tsunami der Spekulation am Montag wieder über alles hinwegrollt, sollen nun Dämme gezogen werden – koste es, was es wolle.

Ausgehend vom Metaphernfeld „Naturkatastrophe" wird dieses Szenario durch den *Tsunami der Spekulation*, der über alles *hinwegrollen* könnte, spezialisiert und durch die ebenfalls metaphorisch beschriebene Folgehandlung („Dämme ziehen" für den Beschluss eines Stabilisierungsfonds) ergänzt.

Mit dem Wortfeld „Alkohol" charakterisiert Miguel Sanches (22.05.2010) die Gefühlslage der FDP-Führung:

---

[43] Matthias Degen (2004, S. 36) nennt diesen Vorgang „mit verschiedenen Lexemen zu spielen, die den gleichen Gegenstand betreffen."

Sie [die Kanzlerin] hätte der siegestrunkenen FDP sagen müssen, was geht und was nicht. Sie entschied sich anders. Der Partner sollte mit seinem Restalkoholproblem einer Wahlnacht allein fertig werden und mit seinen Steuerplänen an der Realität scheitern. Nun ist die FDP ernüchtert.

Mit den konventionellen Adjektivmetaphern *siegestrunken* und *ernüchtert* sowie der originären Substantivmetapher *Restalkoholproblem* verbindet der Kommentator auch hier drei Gedanken durch eine homogene Bildwahl.

Auf diese Weise lassen sich sprachlich attraktive und gedanklich nachvollziehbare Szenerien erstellen, zum Beispiel auch, indem ein politischer Vorgang mithilfe von Metaphern aus der Theaterbranche bewertet wird. In Kapitel 2.2.2.6 wurde dazu bereits ein aussagekräftiges Beispiel zitiert (Kandidatur des Dortmunder Oberbürgermeisters).

Mitunter lassen sich Metaphern zu einem größeren Bild ausweiten, das die Grundaussage eines Gedankens drastisch verdeutlichen soll (vgl. Kurz 2010d, S. 251): Im folgenden Beispiel (Nitschmann/Leyendecker 2010) aus der Süddeutschen Zeitung geht Homogenität so weit, dass die Ausführung der Metapher einem Gleichnis entspricht. In einer Analyse zur Regierungsbildung in Düsseldorf beschreiben die Autoren zunächst, welchen Blumenstrauß SPD-Chef Sigmar Gabriel seiner Parteikollegin Hannelore Kraft nach der NRW-Wahl überreichte und setzen metaphorisch einen alternativen Geschenkvorschlag nach:

Obwohl insbesondere die zur Familie der Hahnenfußgewächse zählende Ranunkel vergleichsweise anspruchslos ist, wäre es vermutlich sinnvoller gewesen, wenn Gabriel der Mülheimerin zum Üben ein Brettspiel geschenkt hätte: Malefiz. Bei diesem Spiel kommt es darauf an, den Gegner zu behindern, ihn wieder auf den Ausgangspunkt zurückzuwerfen und ihm Blockaden in den Weg zu legen, um dann am Ende selbst als Erster ins Ziel zu kommen. Das kann dauern.

Wer den Wahlausgang verfolgte, dem wurde bewusst, dass das uneindeutige Machtverhältnis durch das Wahlergebnis zu langen und strategischen Koalitionsverhandlungen, insbesondere in Bezug auf das Amt des Ministerpräsidenten, führen würde (Details siehe Kapitel 4). Für diese Aufgabe übertrugen die Autoren die Spieltaktik des Brettspiels „Malefiz" auf die politische Situation.

Die Verwendung homogener Metaphernfelder ermöglicht zudem – wenn es der Kontext zulässt – humoristische Wortspiele. So machte sich die Illustrierte „Gala" (2009) unter dem Titel „Ist Pams Sicherung durchgeknallt?" folgende Gedanken über die Beziehungen des US-Models Pamela Anderson:

Dass Pamela Anderson je ein glückliches Händchen für die Männer an ihrer Seite bewiesen hätte, würde wohl kaum einer behaupten. Die ehemalige „Baywatch"-

> *Badenixe hat sich an ihren Kerlen oft einen Schlag geholt, die Finger verbrannt und inzwischen so manchen Beziehungskurzschluss durchgemacht. Jetzt hat es die 41-Jährige anscheinend erneut voll erwischt: Ihr neuer Lover heißt Jamie Padgett und ist Elektriker.*

Spielfeld ist hier das Metaphernfeld „Elektrik", ausgehend von der Fragestellung, ob die *Sicherung* (klare Denkweise) des Models bezüglich der Wahl ihrer Partner *durchgeknallt* (gestört) sei. Daran knüpfen die verbalen Konstruktionen „sich einen Schlag holen" und „die Finger verbrennen" sowie die Substantivmetapher *Beziehungskurzschluss* an. Die Formulierung *voll erwischt* leitet zur abschließenden Pointe über (ihr Neuer ist Elektriker), die faktischer Anlass für diese wortspielende Nachricht war.

2.2.3.2 Heterogene Sprachbilder

Heterogen bedeutet, dass der Autor bei der Formulierung zusammenhängender Gedanken mit Metaphern aus <u>unterschiedlichen</u> Wortfeldern arbeitet. Das Eingangsbeispiel dieses Unterkapitels von Jasmin Fischer zeigt, wie Metaphern unterschiedlicher Genres flüssig verbunden werden können. Daher ist eine heterogene Bildwahl nicht grundsätzlich falsch. Jedoch muss ihre Kombination durchdacht sein. In folgendem Texteinstieg (Dunz 2010) werden für eine Situation drei Metaphernfelder verwendet:

> *Angela Merkel müsste sich jetzt klonen. Es **brennt** an so vielen politischen **Fronten**, dass sie mit dem **Löschen** in Personalunion als Bundeskanzlerin und CDU-Vorsitzende kaum nachkommt. Die großen **Baustellen** der Bundesregierung: das Desaster für Schwarz-Gelb bei der Landtagswahl in NRW [...], das gigantische [...] Rettungspaket für die Euro-Gruppe und die deutschen Geldnöte.*

Die Kombination aus Militärwesen (Front), Brandbekämpfung (brennen, löschen) sowie Bauwesen (Baustellen) wirkt ungeschickt. Hier wäre es ratsam gewesen, sich für ein Metaphernfeld zu entscheiden und dieses konsequent durchzuziehen.

Wenn heterogene Metaphern innerhalb eines Gedankens den gleichen Bezug aufweisen, muss deren Verknüpfung einen Sinn ergeben. In folgender Passage (Kohlstadt 2008b) werden Wetterkunde (Dämmerung), Sport (einläuten) und Western (High Noon) miteinander verbunden, ohne dass dem Autor der Bildbruch bewusst zu sein scheint:

Die Uhr schlug zwölf, als der bis dato mächtigste Mann der Stadt den Raum betrat, um die Dämmerung seiner politischen Karriere einzuläuten: High Noon in Dortmund.

Die Verbindung aus *Dämmerung* und *High Noon* ist unlogisch, denn mit der Dämmerung ist hier die Abenddämmerung gemeint (die Karriere geht wie der Tag zu Ende), High Noon hingegen sagt aus, dass die Sonne zur Mittagszeit am höchsten steht.

Auf die Gefahren bei der Vermengung von Metaphern heterogener, aber auch homogener Wortfelder gehen wir im folgenden Unterkapitel ein, das zudem weitere grundlegende Tücken in der Verwendung von Metaphern und Phraseologismen erläutert.

2.2.4 Gefahren bei der Verwendung von Metaphern und Phraseologismen

2.2.4.1 Gefahr der Routine

Wie u. a. Josef Kurz (2010b, S. 100)[44] feststellt, werden Metaphern in der Kommunikation „zusehends sinnentleert und dann bald völlig gedankenlos verwendet". Oftmals handelt es sich um konventionelle Metaphern, die der Nutzer so verinnerlicht hat, dass er sie als solche gar nicht mehr wahrnimmt, etwa „wenn ein Bürgermeister in öffentlicher Rede bedauert, daß ‚die Schattenseite unserer Stadt die vielen baumlosen Straßen' sind [...]" (Pruys 1994, S. 83). Verantwortlich für diese Stilblüte ist die standardisierte und daher unbedacht verwendete Metapher „Schattenseite" (für ‚Problem/Nachteil'), die hier aber nicht existieren kann, weil die Bäume, die eigentlich Schatten spenden, am Straßenrand fehlen.

Dieses gedanklich-sprachliche Problem der Routine führt zu metaphorischen Fehlern (vgl. Kurz 2010d, S. 252). Sie können unästhetischer Art sein, wie die „Bild"-Schlagzeile *Durchfallwelle schwappt über Deutschland*. Oft führen sie zu unlogischen Formulierungen; so ist gelegentlich von einer *Gradwanderung* statt *Gratwanderung* zu lesen, ohne dass es sich um einen Tippfehler handelt, etwa, wenn ein Redakteur (Gassmann 2007) über das Sanierungsvorhaben eines Automanagers schreibt: *Sein Job wird eine einzige Gradwanderung werden.* Die Gratwanderung bezeichnet eine Wanderung über einen meist sehr schmalen Bergrücken, den Grat. In der Sinnübertragung bezeichnet das Substantiv die Überwindung einer gefährlichen, riskanten Aufgabe. Mit der Winkel-

---

[44] Vgl. auch Pruys 1994, S. 9f.

oder gar Temperatureinheit „Grad" hat das Bild nichts zu tun[45] – es sei denn, die abgeänderte Version wird als Wortspiel verwendet, etwa wenn die Frankfurter Allgemeine Zeitung zum Klimagipfel 2009, bei dem es um die Erderwärmung ging, titelt: *Die Grad-Wanderung von Kopenhagen* (Kafsack 2009).[46] Im schlimmsten Fall haben die metaphorischen Mängel unmoralischen Charakter wie diese konstruierte Kommentarpassage: *Der öffentliche Schwächeanfall des Spitzenpolitikers hätte ihm fast das Genick gebrochen. Nun gilt es, der ohnehin krisengeschüttelten Parteiführung wieder auf die Beine zu helfen.*

Die im vorigen Unterkapitel angerissene Vermengung von Metaphern ist für dieses Routineproblem besonders anfällig. Wir wollen diese Gefahr im Hinblick auf die Verwendung im Journalismus kategorisieren.

Vermengung von Metaphern heterogener Wortfelder

Oft entstehen aus Metaphern „unsinnige und absurde Konglomerate, wenn sujetfremde Bilder verwandt und möglicherweise noch miteinander vermengt werden." (Hof 1980, S. 172f.) Roland Hof zeigt dies anhand einer Beispielkonstruktion (ebd.):

Die abstrakte Version:
Die Haushaltsfachleute der Fraktion haben entscheidende Streichungen in verschiedenen Haushaltsstellen vorgenommen, um damit ihre politischen Grundsätze deutlich zu machen.

Die mit Metaphern überfrachtete Version:
Die Haushaltsstrategen der Fraktion haben ihr Skalpell angesetzt, um mit scharfer Klinge dem Fundament ihres politischen Koordinatensystems mit kräftigen Strichen Kontur zu geben.

Sechs verschiedene Sprachbilder aus militärischem (Strategen), medizinischem (Skalpell), sportlichem (scharfe Klinge), handwerklichem (Fundament) und

---

[45] Auf diesen Fehler weisen auch Webseiten mit sprachwissenschaftlichem Bezug hin, siehe u. a. Fuhrmann 2009, Sick 2009, Von Heyl 2009.
[46] Ein von Helmut Seiffert (2000, S. 34) aufgeführtes Beispiel zeigt ebenfalls, dass viele Redner gar nicht mehr registrieren, was die von ihnen gebrauchte bildhafte Redewendung eigentlich bedeutet: „Ein köstlicher Lapsus unterlief einem Handwerker-Vertreter in einer Rundfunkdiskussion: ‚Die Handwerker leisten den *Bärendienst* in der Lehrlingsausbildung.' Daß er damit massive Selbstkritik übte, war ihm nicht bewußt. Offenbar wollte er sagen: *Löwenanteil*. Beide Ausdrücke kommen aus der Fabeltradition. *Löwenanteil*: Der raubgierige Löwe nimmt sich stets den größten Teil der Beute. *Bärendienst*: ein gut gemeinter, im Ergebnis aber schlechter Dienst. Der treue Bär will seinem Herrn eine Fliege von der Nase schlagen, erschlägt ihn dabei aber gleich mit."

mathematischem Bereich (Koordinatensystem) und schließlich noch aus der Malerei (kräftige Striche, Kontur) „geraten zu einem Schwulst enormer Abstrusität. Das übertriebene Beispiel zeigt die Richtung, in die die Norm weisen sollte: Sprachbilder sind am Gegenstand der Nachricht zu orientieren, ihnen ist konsequent zu folgen; sie dürfen nicht miteinander vermengt werden." (ebd.) Hof ist diesbezüglich kompromisslos.[47]

Auch die Vermengung von nur zwei unterschiedlichen Wortfeldern kann bereits zu einem die Aussage störenden Bildbruch führen wie in folgender Unterzeile:

> *Krisen-Gipfel: EU will Spekulanten mit einem gigantischen Rettungsschirm den Wind aus den Segeln nehmen.* (Pries/Fechner 2010)

Wer im Segelsport *den Wind aus den Segeln nimmt*, zwingt sich zu langsamer Fahrt, indem er den Antrieb, die Kraft einschränkt. In der vorliegenden Situation geschieht dies durch Fremdeinwirkung: Mit den Spekulanten sind Börsenspekulanten gemeint, die darauf setzten, dass die Zinsen, die verschuldete Staaten zahlen müssen, um Kredite aufzunehmen, immer weiter steigen. Diese Erwartung wurde von den Finanzministern der EU ‚gebremst', indem sie einen Milliardenbetrag einsetzen wollten, um Griechenland vor der Staatspleite zu bewahren und den Wert der europäischen Einheitswährung zu sichern (vgl. Herzog 2010). Dieser Geldbetrag ist mit der Metapher des *gigantischen Rettungsschirms* gemeint – ein Gleitschirm aus dem Flugverkehr, den ein Pilot in Gefahr ziehen kann. Dieser Umstand trifft auf die Finanzsituation zu, die sich in einer ‚Notlage' befindet. Da es um eine schwere Last geht, die sicher zu Boden gebracht werden muss, ist ein gigantischer, also sehr großer Rettungsschirm nötig.

Nun zum Problem dieser Textzeile: Die Funktion eines Rettungsschirms ist, den freien Fall vom Himmel zu verhindern oder zu beenden und sicher zu landen. Der Phraseologismus *den Wind aus den Segeln nehmen* ist hierbei eine undurchdacht hinzugefügte Metapher, weil sie zu einem abwegigen Bild führt, nämlich einen großen Rettungsschirm vor die Segel zu halten, um dem Schiff der Spekulanten die Fahrt zu erschweren. Dieses Bild war von den Autoren so sicher nicht vorgesehen. Alternativen ohne die Gefahr des Bildbruchs[48] könnten sein: *EU will mit einem gigantischen Finanzpaket die Hoffnungen der Börsenspekulanten beenden* oder, wenn die Metapher des „Finanzpakets" mit einem passen-

---

[47] „Die unfreiwillig komische Vermischung unterschiedlicher Sprachbilder hat längst ihre Persiflage hervorgebracht, sie lautet: ‚Der Zahn der Zeit, der schon so manche Träne getrocknet hat, wird auch über diese Wunde Gras wachsen lassen.'" (zit. n. Pruys 1994, S. 123)

[48] In der Rhetorik ist der Bildbruch unter dem Begriff ‚Katachrese' bekannt. Stephan Elspaß nennt ihn eine „inkompatible Verbindung" (1998, S. 262), etwa, wenn es in einer Überschrift heißt: *Höchste Eisenbahn für den Autobahnbau zwischen Ratingen und Velbert.*

den zweiten Bild kombiniert werden soll: *EU will mit einem gigantischen Finanzpaket die Hoffnungen der Börsenspekulanten **blockieren**.* Wie schnell logische und unlogische Verbindungen auch auf kleinster Ebene entstehen können, sei demonstriert anhand des Substantivs *Paragraphendschungel*, das oft als Metapher für Bürokratie verwendet wird:

> *Der Industriekommissar will den europäischen Paragraphendschungel lichten und zugleich Kosten sparen.* (Buck 2006)

Hier wird die Metapher logisch durch das anknüpfende Verb *lichten* verstärkt. Im folgenden Beispiel wird das Bild durch die Kombination einer weiteren Metapher jedoch falsch:

> *Viele Existenzgründer ersticken im Paragraphendschungel.* (Reitz 2005)

„Die Metapher des Erstickens wäre in diesem Fall eher für die Formulierung *unter einem Aktenhaufen ersticken* passend, wobei dann – wenn überhaupt – das Bild *unter einem Berg von Akten begraben werden* verwendet würde. Der Dschungel ist vielmehr eine Metapher für eine Situation, in der man sich *verirren* kann." (Kurz 2010d, S. 262)

Die Vermengung von Metaphern heterogener Wortfelder kann nicht nur zu unlogischen, sondern auch unmoralischen Bildern führen. In der „Tagesschau" vom 24.05.2010 kommentierte Korrespondentin Annette Dittert die Sparpläne der neuen Regierung in Großbritannien mit den Worten:

> *Das, was hier heute angekündigt wurde, war nur der erste Teil eines sehr viel größeren Sparpakets. Heute wurde noch mit dem Skalpell geschnitten, bevor dann am 22. Juni die Axt angelegt wird – mit einem Nothaushalt, der die heutigen Kürzungen um ein Vielfaches übersteigt.*

Problem des gedanklichen Konstrukts sind die Metaphern im zweiten Satz bis zum Gedankenstrich: Es muss bedacht werden, dass die beiden Satzteile (*Heute / bevor*) und die beiden Metaphern (*Skalpell / Axt*) miteinander korrespondieren. Diese Gegebenheit existiert unabhängig von der Absicht des Redners und beruht auf der Syntax: Der Nebensatz, beginnend mit der Nachzeitigkeit bezeichnenden Konjunktion *bevor*, ist ein Temporalsatz, der die Aussage des Hauptsatzes (*Heute ...*) zeitlich situiert (vgl. Duden Band 4 1998, S. 795). Dabei ist – basierend auf der Chronologie des Satzbaus – das Anlegen der Axt eine semantische Fortsetzung des Schnitts mit dem Skalpell. Diesen operativen Vorgang möchte sich niemand bildlich vorstellen.[49]

Vermengung von Metaphern homogener Wortfelder

Solche Gefahren existieren allerdings nicht nur bei der Verwendung heterogener Metaphernfelder. Auch im einheitlichen Metapherngebrauch gibt es Einschränkungen – hier besteht vor allem die Gefahr der homogenen Hyperbolik. Josef Kurz warnt vor einem Übermaß an Metaphern des gleichen Wortfeldes. So kreativ ein ausgeweitetes Bild sein mag, so sehr kann durch Übertreibung die Aussage ins Unkonkrete abgleiten (vgl. 2010b, S. 108).[50]

Auch im homogenen Gebrauch müssen Metaphern moralisch adäquat angewandt werden. Ein Negativ-Beispiel aus einem Kommentar über eine Brandkatastrophe in Ludwigshafen illustriert das Problem (vgl. ebd.):

Nach dem Brand in Ludwigshafen, bei dem neun türkische Mitbürger ums Leben kamen, erweisen sich manche Medien – deutsche wie türkische – als wahre Feuerteufel. Sie heizen die Spekulationen um einen ausländerfeindlichen Tathintergrund gnadenlos an und gießen auf Kosten des ohnehin angeschlagenen Verhältnisses zwischen Deutschland und der Türkei Öl ins Feuer. [...] Auch auf der deutschen Seite wurde unmittelbar nach dem Brand gezündelt, als deutsche Politiker ohne Ermittlungen abzuwarten, einen fremdenfeindlichen Hintergrund ausschlossen.

Dieses (in zweifacher Hinsicht) ‚Spiel mit dem Feuer' wirkt durch die thematische Grundlage (Brand mit Todesfolge) moralisch deplatziert, zudem verliert der Text durch die konventionalisierten Metaphern (*Feuerteufel, anheizen, Öl ins Feuer gießen, zündeln*) an Aussagekraft.

---

[49] „Lächerlich" macht sich nach Ansicht von Wolf Schneider (1984, S. 169), wem die ohnehin oberflächlichen Phraseologismen zusätzlich durcheinander kommen. Stephan Elspaß erwähnt dafür die unbeabsichtigte Verbindung zweier miteinander verquickter Phraseologismen mit Bedeutungsähnlichkeiten, die zumindest in einem Wort identisch sind (vgl. Elspaß 1998, S. 241). So sagte letztens eine junge Frau in der S-Bahn zu ihrem Freund: *Wir warten, bis alles in grünen Tüchern ist. Dann sehen wir weiter.* Korrekt muss es entweder heißen, „bis alles in trockenen Tüchern ist" oder „bis alles im grünen Bereich ist". Ebenso erinnert sich der Autor der vorliegenden Studie an die Äußerung eines früheren Lehrers mit wiederholter Unaufmerksamkeit der Klasse: *Jetzt hab' ich aber die Nase satt!* Hier vermischen sich die Phraseologismen „die Nase voll haben" und „etwas satt haben". Beide drücken aus, dass man über etwas verärgert ist und diesbezüglich die Geduld verliert.

[50] Siehe z. B. die Konstruktion zur Militärmetaphorik in Kapitel 2.2.2.2, S. 38.

2.2.4.2 Gefahr der Meinungsverschleierung

Bedenklich ist die Verwendung von Metaphern und Phraseologismen außerdem, wenn sie versuchen, „einen tiefsinnigen Inhalt vorzutäuschen" (Reiners 1959, S. 112) oder zu verschweigen, „was tatsächlich gesagt werden soll" (Pruys 1994, S. 10). Um das zu erreichen, bedienen sich die Autoren allgemeiner, unbestimmter Wendungen, von denen die meisten „aus der Rumpelkammer" stammen (Reiners 1959, S. 63). Wie Reiners es in seiner Stilfibel beurteilt (ebd., S. 51), liege dieser Taktik oft ein Mangel an Meinung oder Erfahrung zugrunde, „der durch die Unbestimmtheit des Ausdrucks verhüllt werden soll." Für Karl Hugo Pruys (1994, S. 9f.) dagegen drücken sich hierbei eindeutig „Opportunismus und Feigheit" aus.

2.2.4.3 Gefahr der Belanglosigkeit

Daran anknüpfend stimmen viele Phraseologismen in ihrer oberflächlichen Beschreibung zwar „im Prinzip, geben aber die ganz spezielle und eigene Gedankenverbindung des durch sie Beschriebenen nicht wieder", betont Ulla Mothes (2007, S. 227). „Sie werden als allzu bekannt überlesen und als Beschreibung kaum noch wahrgenommen." (ebd.) Dadurch machen sie einen Text nicht nur monoton, sondern verursachen zudem, „auch wenn andere Teile der Aussage Neues mitteilen mögen, ein Gefühl der Übersättigung. Sie suggerieren dem Rezipienten die Vorstellung, nicht nur die stereotypen Aussageteile, sondern die gesamte Aussage zu kennen, also nichts Neues zu lesen oder zu hören", schreibt Kurz (2010b, S. 100) und entfaltet aus diesem Umstand gar ein gesellschaftliches Problem: „Insofern gehören sie zu den subtilen sprachlichen Indizien von Uniformität journalistischer Kommunikation und damit auch zu den tieferen Ursachen der Stagnation geistigen Lebens und der Politiker- und Politikverdrossenheit." (ebd.) Auch für Horst Pöttker (2010b, S. 346) ist eine solch unverbindliche Darstellungsweise ein ethisch-politisches Dilemma: „Durch das Einrasten in die fertige Sprach- und Denkform, die durch den häufigen Gebrauch der Wendung zur Gewohnheit geworden ist, wird der Leser dazu verleitet, über Sachfragen, die zur Debatte stehen [...] hinwegzugehen, ohne sich selbst ein Urteil darüber zu bilden. Wenn der Leser sich dennoch darum bemühen würde, könnte er zu dem Ergebnis kommen, dass sich gerade hinter stereotypen Bekräftigungen Unsicherheiten [derjenigen] verbergen, die sie benutzen", was wiederum an die zuvor erwähnte Gefahr der Meinungsverschleierung anknüpft.

2.2.4.4 Die Sprache der Politik

Die Menschen stehen im Mittelpunkt unseres politischen Handelns. Wir werden das solidarische Gesundheitswesen sichern und die Generationensolidarität stärken. Dafür haben wir einen Masterplan beschlossen, der die wesentlichen Herausforderungen und Handlungsfelder benennt. (Aus dem Wahlprogramm der SPD in NRW 2010a)

Mit der Sprache der Politik hat sich die Wissenschaft schon häufig auseinandergesetzt. Ihre eigene Rhetorik und die damit verbundenen Intentionen sind nicht Thema dieser Arbeit; aus forschungsökonomischen Gründen soll überdies auf eine Vergleichsanalyse, die darstellt, inwieweit sich Journalisten und Politiker gegenseitig in ihrem Wortschatz beeinflussen, verzichtet werden. Einige Anmerkungen seien an dieser Stelle, anknüpfend an die Kapitel 2.2.4.2 zur Meinungsverschleierung und 2.2.4.3 zur Belanglosigkeit, jedoch aufgegriffen:

Rainer Link hat sich in einem Radiobeitrag für den Deutschlandfunk mit der verschleiernden Wirkung der politischen Sprache beschäftigt. Er abstrahiert (2005, S. 2): „Eine im Kern schlechte Nachricht so zu formulieren, dass die Botschaft halbwegs positiv rüberkommt, galt in der Politik schon immer als notwendige rhetorische Fähigkeit. Heute, wo sich die Negativmeldungen häufen, ist die beschönigende und verschleiernde Kraft des politischen Wortes somit unverzichtbar [...]". Die politische Sprache habe sich seit Konrad Adenauer „schrittweise, aber im Ergebnis grundlegend, in Richtung Euphemisierung verändert. Sie ist heute im Kern eine verhüllende Beschreibung mildernder oder beschönigender Art." (ebd., S. 6) Daher müsse ein erfolgreicher Regierungspolitiker „nicht nur ein guter Redner sein, er muss ein Verkäufer sein, der die Kunst des Schönredens, notfalls des Verschleierns beherrscht." (ebd., S. 7)[51]

Schließlich bestehe das primäre Ziel von Politikern in Wahlkämpfen „nicht darin, den Wählern Wissen zu vermitteln, sondern darin, Wahlen zu gewinnen", schreibt Marcus Maurer in einer Studie über die Inhalte der Wahlprogramme im Bundestagswahlkampf 2005 in der Tagespresse (2007, S. 177). „Sie neigen deshalb dazu, unpopuläre Maßnahmen in der Öffentlichkeit so gut es geht zu verschweigen und konkrete Aussagen und explizite Festlegungen so gut es geht zu vermeiden. Deshalb besteht eine häufig angewandte Kommunikationsstrategie politischer Akteure darin, sich möglichst vage und doppeldeutig auszudrücken. [...] Je konkreter sie sich äußern, desto größer ist die Gefahr, dass die Sachpositi-

---

[51] „Einer der geschicktesten Wahlkampfslogans der SPD 1998 war: ‚Wir machen nicht alles anders, aber vieles besser.' Ja, was wollen Sie denn dann noch sagen? Das ist so inhaltsschwer und gleichzeitig leer, dass es eigentlich nicht mehr zu über- oder unterbieten geht." (Link 2005, S. 12).

onen von Medien oder politischen Gegnern kritisiert werden" (vgl. Page 1976, in: Maurer 2007, S. 177).

Bei der Vorstellung des medial aufbereiteten Ereignisses, das der Kommentaranalyse zugrunde liegt (Wahlkampf), kommen wir auf diesen Aspekt zumindest thematisch noch einmal zurück (Kap. 4).

Bezüglich der Sprache der Politik sei auf weitere Schriften verwiesen, die detailliert und mit unterschiedlichen Ambitionen auf dieses Thema eingehen. Zu ihnen gehören unter anderem Erhard Epplers viel zitiertes Werk „Kavalleriepferde beim Hornsignal. Die Krise der Politik im Spiegel der Sprache" (1992), der von Adi Grewenig herausgegebene Band „Inszenierte Information. Politik und strategische Kommunikation in den Medien" (1993), die glossierend-kritisierende Lektüre „ ‚Im Vorfeld wird zurückgeschossen...'. Wie Politiker und Medien die deutsche Sprache verhunzen" von Karl Hugo Pruys (1994) sowie die 2011 in der dritten Auflage erschienene, breiter angelegte Publikation „Politische Kommunikation. Theoretische Ansätze und Ergebnisse empirischer Forschung" von Winfried Schulz.

3 Kommentar als journalistische Darstellungsform

3.1 Definition und Aufgabe des Kommentars

Der journalistische Kommentar gehört zu den subjektiven, meinungsbasierten Darstellungsformen (vgl. Degen 2004, S. 31). Entsprechend „der redaktionellen Linie der Blätter und der Sichtweise ihrer Journalisten" (Kepplinger 2007, S. 164) interpretiert und bewertet er aktuelle Ereignisse und Meinungsäußerungen (vgl. Reumann 2000, S. 110, in: Degen 2004, S. 27) und soll dadurch dem Rezipienten die Orientierung erleichtern, erklärt Jörg Schönenborn, Fernsehdirektor des WDR:

> „Wir haben in allen politischen Bereichen eine so hohe Komplexität von Fakten, von Inhalten, auch von Positionen der politischen Seiten, die veröffentlicht werden, dass ich glaube, selbst politisch gut Gebildete und Interessierte brauchen eine Orientierung bei der eigenen Meinungsbildung. Und dazu dient letztlich der Kommentar. Das ist eine Sichtweise, ein schmaler Blickwinkel auf ein Thema, und der Zuschauer kann sich damit auseinandersetzen und gucken, ob er dem folgt, ob er sich daran reibt, ob er das Gegenteil davon denkt, aber damit selber eine Position finden von den Dingen, um die es geht." (zit. n. Degen 2004, S. 232)

Wie Hans Mathias Kepplinger (2007, S. 164) hervorhebt, sind die Massenmedien „keine Sprachrohre der Parteien, sondern eigenständige Faktoren der Meinungsbildung."[52] Mit den Kommentarspalten haben sie ein Instrument der täglichen Bewertung und evaluierenden Beobachtung der Politik mit anhaltender Bedeutung institutionalisiert (vgl. Cook 2006, Sparrow 1999, in: Lüter 2008, S. 12). Volker von Prittwitz definiert den journalistischen Kommentar als „einflussreichste Form praktischer Politikanalyse" (1994, o.S., in: Brosda 2006, S. 185). Josef Kurz fordert allerdings eine Differenzierung bezüglich der Intention: Bei der Darstellungshaltung sei zu überlegen, „ob der Schwerpunkt entweder bei Analyse und Erklärung liegen und der Kommentar somit zum Verstehen eines Geschehens beitragen soll, oder ob er eine Auffassung stark subjektiv fokussiert und somit die Einstellung zum Thema deutlich machen und dabei auch

---

[52] Sie treten als eigenständige Sprecher und politische Akteure im öffentlichen Meinungsbildungsprozess auf (vgl. Lüter 2008, S. 11).

überzeugen soll." (Kurz 2010d, S. 244) In beiden Fällen kann der Kommentar nicht objektiv und in sich ausgewogen sein. Er gibt immer die subjektive Sicht des Verfassers wieder, hebt auch Carola Stern hervor (vgl. 2000, S. 145).[53] „Hinzu kommt, dass der Autor stärker als bei sachlich informierenden Texten auch stilistisch in Erscheinung tritt. So bieten Kommentare zunächst ein recht unterschiedliches Bild. Dies betrifft vor allem den Sprachstil." (Kurz 2010d, S. 241)

3.2 Kein Kommentar ohne Nachricht

Innerhalb einer Zeitung haben Kommentare in der Regel eine feste Platzierung (siehe Kapitel 5.2), heben sich durch ein eigenes Layout (z. B. Kommentarkästen, Abweichung von der Grundschrift) von anderen Darstellungsformen ab und sind dadurch als Kommentare erkennbar. Inhaltlich kann der Kommentar jedoch nicht für sich stehen: Als kritische Stellungnahme zu einem aktuellen Thema oder Ereignis folgt er auf die Nachricht oder den Bericht (vgl. Stern 2000, S. 145) „Es muss einen Ausgangspunkt für diesen Kommentar geben. Wir sollten diesen Ausgangspunkt unserem Leser nicht verschweigen", sagt Gregor Beushausen, Redakteur bei der Westfälischen Rundschau, „es wäre komisch, wenn ich eine Zeitung aufschlagen würde und ich lese plötzlich einen Kommentar zu irgendetwas, von dem aber nichts im Blatt zu finden ist." (zit. n. Schlusen 2008, S. 125) Entsprechend gehört zu den Grundbestandteilen des Kommentars eine kurze Beschreibung des Sachverhalts, ehe der Autor Zusammenhänge herstellt, seine Meinung bildet und begründet (vgl. Degen 2004, S. 28).

3.3 Kommentartypen

Journalistische Kommentare werden in der Fachliteratur unterschiedlich kategorisiert und benannt (siehe u.a. Linden/Bleher 2000, S. 45ff.; Schneider/Raue 1998, S. 138ff.; La Roche 1992, S. 154).[54] Auf drei zentrale Kommentartypen

---

[53] Siehe auch Degen 2004, S. 24: „Das Subjektive ist der Kern einer jeden meinungsbetonten Darstellungsform. Die persönliche Auseinandersetzung mit dem ausgewählten Thema unterscheidet sie fundamental von den tatsachenbetonten Genres." ARD-Journalist Thomas Roth akzentuiert die Notwendigkeit einer eindeutigen Stellungnahme: „Es ist eine Unsitte, wenn ein Kommentar keine Meinung enthält. Davon gibt es viel zu viele. Dann, wenn ich keine Meinung habe, kommentiere ich auch nicht. [...] Wenn ich nicht das Gefühl habe, ich kann klar eine Meinung entwickeln und die nachher ausdrücken, macht ein Kommentar keinen Sinn." (zit. n. Degen 2004, S. 192)
[54] Siehe auch Degen 2004, S. 27: „Ansatzpunkte zur Definition von Kommentaren liegen auf unterschiedlichen, uneinheitlichen Ebenen. Definitionsangebote konzentrieren sich überwiegend auf

soll jedoch kurz eingegangen werden, da sich die Grundsätze dieser Kategorien auch auf den Sprachstil übertragen:
„Der **Argumentationskommentar** kommt qua Argumentation zur Schlussfolgerung. Die Ausgangstatsache wird dargelegt, eine Frage oder These erörtert und im Fazit klar Stellung bezogen. Er besitzt analytischen Charakter, kommt also vom Objektiven zum Subjektiven [...]." (Degen 2004, S. 46) Seine Sprache ist eher durch Sachlichkeit geprägt.

Der **Positionskommentar** „bringt den zu vermittelnden Standpunkt möglichst rasch zur Sprache. Von den Regeln der Argumentation und der Darlegung kann sich der Autor lösen und unmittelbar auf den subjektiven Aspekt hinleiten. [...] In der Boulevard- und Lokalpresse findet diese Genreform häufige Anwendung, da sie neben inhaltlicher Prägnanz auch Ungenauigkeit, Fahrigkeit und Polemik erlaubt und überwiegend wenig Platz bzw. Rezeptionszeit beansprucht." (ebd., S. 48) So beschreiben Linden und Bleher, dass die „Bild" mittels dieser Kommentarform ‚Lob und Tadel' erteile, dabei der Direktheit zuträglich statt einer Anfangsthese oft einen Appell formuliere und statt einer Schlussfolgerung mitunter eine Art Drohung ausspreche (vgl. Linden/Bleher 2000, S. 59ff.). Durch seinen Stil, dessen Sprache reich an Bildern und Vergleichen ist (vgl. Degen 2004, S. 54), stellt sich der Positionskommentar mit seinem Standpunkt öffentlich selbst zur Diskussion (vgl. ebd., S. 49).

Um den Erwartungen des sozialen Umfelds zu entsprechen und sich nicht außerhalb dieser Gruppe (z. B. der Redaktion) zu positionieren, bestückt der Autor eines **konformisierten Kommentars** seinen Text mit angepassten Meinungsäußerungen (vgl. ebd., S. 97). Das heißt, „Vorhandenes wird reproduziert oder in abgewandelter Form wieder aufgenommen und mitunter verstärkt." (ebd.)[55] „Der konformisierte Kommentar ist nicht unbedingt eine in ihren Meinungen und Formulierungen zurückhaltende Variante, nur weil sie von der inneren Mutlosigkeit des Verfassers motiviert ist. Zwingend ist dagegen die Erkenntnis, dass ausschließlich bekannte und majoritätsfähige Einstellungen hervor kommen." (ebd., S. 99) Dies verleitet zum Gebrauch von Phraseologismen. Linden und Bleher (vgl. 2000, S. 53ff.) bezeichnen diesen Typ als ‚windelweichen Kommentar', der jedoch keiner sei, weil der Autor vielleicht eine Meinung habe, aber zu wenig Selbstbewusstsein, keinen Ehrgeiz oder keine sprachliche Kompetenz, die Argumente dafür klar zu formulieren.

Fengler und Vestring (2009, S. 113) formulieren daher die Maxime „Man muss Ihnen beim Denken zusehen können": Sie verpflichte den Autor, „selbst

---

einzelne Ansatzpunkte. Zu nennen sind der *Inhalt*, die *Aufgabe*, die *Sprache*, die *Struktur* und die *Funktion*."

[55] Nach Matthias Degen impliziert diese Taktik des Nicht-Aneckens „eine unbewusste Sehnsucht nach Anerkennung einerseits und Stabilität andererseits." (2004, S. 97)

das Geschehen zu durchdenken und nicht nachzuplappern, was Meinungsjournalisten [...] seit jeher darüber schreiben. Auch wenn es ein Gefühl größerer Sicherheit gibt, der herrschenden Meinung zu folgen – interessanter wird ein Kommentar durch eigene Gedanken."

3.3.1 Der Leitartikel

Der Leitartikel ist eine Sonderform des Kommentars. Er ist in der Regel länger als ein tagesaktueller Kommentar und entspricht in seinen Aussagen den gesellschaftlichen Leitlinien der Zeitung. Daher gibt er „nicht nur die Meinung des Verfassers wieder, sondern einer ganzen Redaktionsgemeinschaft." (Mast 1994, S. 190)[56] Idealerweise werden dort Grundsatzfragen diskutiert, die zwar jenseits der Aktualität stehen können (vgl. Linden/Bleher 2000, S. 70), aber einen „klaren Zeitbezug zu Entwicklungen in der Gesellschaft" haben (Mast 1994, S. 190). Aus forschungsökonomischen Gründen soll bei der Analyse jedoch nicht zwischen Kommentar und Leitartikel differenziert werden. Zudem ist dieser Aspekt aufgrund der thematischen Fokussierung auf die Landtagswahl weniger von Belang, da erheblich mehr tagesaktuelle Kommentare als Leitartikel im Beitragskorpus vorhanden sind und „Westdeutsche Zeitung" sowie „Bild" und „Express" eine solche Differenzierung nicht explizit vornehmen.

---

[56] Dies kann auch auf klassische Kommentare zutreffen; auf eine solche ‚Blattlinie' weisen Fengler und Vestring hin (2009, S. 114): „Dort geben der Chefredakteur oder die Redaktionskonferenz vor, was die Position der Zeitung zu einer bestimmten Frage, beispielsweise zur Beibehaltung oder Abschaffung der Wehrpflicht, sein sollte. Alle Autoren, die auf der Meinungsseite zu diesem Thema schreiben, sind dann an diese Position gebunden."

4 Der Landtagswahlkampf in Nordrhein-Westfalen 2010

„Politische Prozesse sind ein zentraler Gegenstand journalistischer Berichterstattung. Mehr als alle anderen Medien wird die Tageszeitung von der [überragenden] Mehrheit der Mediennutzer (98 Prozent) als ein – auch politisches – Informationsmedium betrachtet", schreiben Gerhards und Klingler (2004, S. 477, in: Brosda 2006, S. 183). So wird, wie Carsten Brosda (2006, S. 183) anmerkt, Politik bis heute „in den meisten Zeitungen durch die Positionierung auf der Titelseite und im ersten Zeitungsbuch besonders hervorgehoben." Entsprechend zeigt das Themenprofil der Tageszeitungen Helmut Scherer et al. zufolge (1997, S. 422, in: Brosda 2006, S. 186) einen Schwerpunkt „bei allgemeiner Innenpolitik, gefolgt von Wirtschaft und Finanzen, internationaler Politik sowie Sozialwesen und Gesellschaft."

Die Aufgabe des Ressorts Politik bei Rundfunk und Printmedien teilen Brand und Schulze (1993, S. 100ff., in: Mast 1994, S. 279) in drei Gruppen: „die Information der Öffentlichkeit, die Unterstützung des Meinungsaustausches zwischen den gesellschaftlichen Gruppen und die Kommentierung des politischen Geschehens." Wie sich mit Brosda (2006, S. 186) detaillierend weiterführen lässt, belegen empirische Befunde der Nachrichtenforschung weitgehend übereinstimmend, „dass sich mediale Politikvermittlung überwiegend auf Ereignisse von relativ kurzer Dauer konzentriert, die unter Umständen in längerfristige Thematisierungen eingebaut sind." Zu diesen Ereignissen gehören auch Landtagswahlen. Ihnen geht ein meist mehrmonatiger Wahlkampf voraus, dessen höchste Aufmerksamkeit in der Bevölkerung in der Regel durch die stärkste Präsenz- und Kommunikationsphase der Parteien und Medien in den letzten vier Wochen vor der Wahl erreicht wird. Diese Phase wird von den Kommunikatoren metaphorisch gern als „Endspurt" oder „heiße Phase" bezeichnet.

4.1 Der Wahlkampf als solcher und seine Strategien

„Politisches Handeln ist darauf gerichtet, Macht zu erwerben, zu festigen und zu erweitern." Mit diesem Satz fasst Rainer Link (2005, S. 10) den Grundgedanken der Politik aus seiner Sicht zusammen. Darin sieht auch Andreas Dörner in seinem Aufsatz über ‚Wahlkämpfe als rituelle Inszenierung eines demokratischen Mythos' das zentrale Motiv: Ziel von Wahlkämpfen sei es, „die Aufmerksamkeit der Wahlberechtigten zu gewinnen, um Zustimmung für Partei, Programm und Personen zu werben und ein Maximum an Unterstützung zu mobilisieren, um schließlich politische Macht auf Zeit [...] zu erhalten." (Dörner 2002, in: Jackob 2007b, S. 11). So versuchen Politiker, mit Hilfe persuasiver Kommunikationsstrategien „im Spannungsfeld von Überzeugung und Überredung ein möglichst gutes Wahlergebnis zu erzielen. Hierfür ist es notwendig, den Wählern von der eigenen Seite ein [...] positives Image zu vermitteln und die gegnerische Seite in einem [...] schlechten Licht erscheinen zu lassen. Jede Wahlkampagne besteht somit aus zwei Dimensionen: einer Imagelinie und einer Angriffslinie." (Niedermayer 2007, S. 21) Die Angriffslinie, die auch als „negative campaigning" bezeichnet wird, umfasst nach Althoff (2006, S. 130, in: Niedermayer 2007, S. 21) die Entwicklung von „Strategien und Taktiken, mit denen die politische Konkurrenz in unterschiedlicher Weise diskreditiert oder als Feindbild aufgebaut wird". So warnte Ministerpräsident Jürgen Rüttgers (CDU) in seinen Wahlkampfreden vor einer Zusammenarbeit von SPD, Grünen und Linkspartei („Rot-Grün macht arm, Rot-Rot schafft Chaos, Rot-Rot-Grün vernichtet Arbeitsplätze" [zit. n. Busch 12.04.2010]), während die Spitzenkandidatin der SPD, Hannelore Kraft, der schwarz-gelben Landesregierung vorwarf, sie habe NRW durch ihre neo-liberale Politik der „Staatsschwächung, des Sozialabbaus und des Marktradikalismus" (SPD NRW 2010a, S. 65) zum „Absteigerland" gemacht (zit. n. Busch 12.04.2010). Traditionell erhalte die Angriffslinie bei Oppositionsparteien eine größere Relevanz, betont Niedermayer (vgl. 2007, S. 21), während der Schwerpunkt bei Regierungsparteien auf der Imagelinie liege und hier „insbesondere auf der Parteienimagekomponente ‚Sachkompetenz' mit der Darstellung der Erfolge der bisher geleisteten Regierungsarbeit und der zukünftigen Handlungsprogramme" (ebd.).[57]

Neben dem aktiven spielt auch der passive Wahlkampf insbesondere in Form von Wahlplakaten eine wichtige Rolle für den Transport von Botschaften. Differenzieren lässt sich in ‚Großflächenplakate' mit generellen Aussagen und in kleinere ‚Themenplakate' mit spezifischen Themenaussagen (vgl. ebd., S. 29).[58] Quintessenz einer jeden Kampagne ist der Slogan – ein aus wenigen Wörtern

---

[57] So heißt es in einem Wahlkampf-Flyer der CDU NRW (2010b) unter der Überschrift „Unsere Bilanz. Darauf bauen wir auf" unter anderem: „Über 250.000 sozialversicherungspflichtig Beschäftigte mehr. [...] 2,7 Milliarden Euro mehr für Kinder, Jugend und Bildung ausgegeben. [...] Unterrichtsausfall um 50 Prozent reduziert. [...] Über 8.000 zusätzliche Lehrerstellen geschaffen."
[58] Zu weiteren kampagnenstützenden Druckwerken gehören Postkarten, Flyer, Zeitungsanzeigen sowie Werbeartikel (‚Give-aways') wie parteipersonalisierte Kugelschreiber, Notizblöcke, Tragetaschen und Einkaufschips.

bestehender Aussagesatz oder ein Schlagwort. Die zentralen Slogans auf den Plakaten der wichtigsten Parteien im NRW-Wahlkampf 2010 lauteten:

- CDU: *NRW muss stabil bleiben.*
- SPD: *Für ein gerechtes NRW.*
- Grüne: *Macht mehr möglich.*
- FDP: *Aufsteigerland NRW*
- Auf den Plakaten der Partei „Die Linke" war kein kampagnenleitender Slogan erkennbar.

4.2 „Heiße Phase": Die letzten vier Wochen des Wahlkampfs

„Der letzte, bunteste und unterhaltsamste Abschnitt des Wahlkampfes, der so sehr der Konsumgüterwerbung gleicht, dient gewöhnlich nur noch der allgemeinen Intensivierung politischer Sentiments", schreibt Erwin Kurt Scheuch (1965, S. 51, in: Rust 1984, S. 25). In dieser Phase des Wahlkampfes „soll mit möglichst unpolitischen Mitteln das Gefühl verbreitet werden, daß eine politische Entscheidung anstehe." (ebd.) So entsteht jenes, von Langenbucher (1982, in: Rust 1984, S. 25) so genannte „universale Kommunikationsereignis", dessen publizistische Struktur auf die Erwartungen von Auseinandersetzung und Turbulenz, Prominenz und Auftritt – also die Sichtbarkeit der politischen Parteien –, Slogans, Emotion und Identifikation gerichtet ist (vgl. ebd.): eine „Jahrmarktatmosphäre" (ebd.). „Politik wird zum Volksfest", ergänzt Rust (1984, S. 117).

Den offiziellen Wahlkampfauftakt dieser Art begingen die großen Parteien am Samstag, 10. April 2010, vier Wochen vor der Landtagswahl. Während die Grünen ihren Straßenwahlkampf bereits am Tag zuvor in Düsseldorf mit einem Kaffeemobil, das dann durch NRW tourte, dezent begonnen hatten und die FDP am Samstag mit einem Infocontainer auf dem Neumarkt in der Kölner Innenstadt startete, eröffneten CDU und SPD die ‚heiße Phase' des Landtagswahlkampfs „mit großen Shows – jeweils einem Mix aus Musik, Tanz und politischen Mutmach-Reden [...]." (Meinerz 12.04.2010) Nachdem Ministerpräsident Jürgen Rüttgers (CDU) zur Wahlkampfhymne von US-Präsident Bill Clinton (1993) „Don't stop thinking about tomorrow" in die Oberhausener Arena eingelaufen war, traten für die rund 6000 Christdemokraten und -anhänger (vgl. ebd.) zunächst Breakdancer, Luftakrobaten und Swingsänger Roger Cicero auf (vgl. CDU NRW 2010c). Danach folgten Reden unter anderem von Rüttgers, Bundesarbeitsministerin Ursula von der Leyen und CSU-Vorsitzendem Horst Seehofer. Abschließend wurde der Wahlkampfsong „NRW in guten Händen" vorgestellt. In der Düsseldorfer Philipshalle feierten „etwa 4000 Sozialdemokraten" (Meinerz 12.04.2010) die Spitzenkandidatin der SPD, Hannelore Kraft, „mit stehenden Ovationen" (ebd.), als sie zum Lied „You'll never walk alone" die Halle betrat. Unterstützt wurde sie in der Auftaktveranstaltung durch Reden des hessischen Ministerpräsidenten Kurt Beck und Berlins Regierendem Bürgermeister Klaus Wowereit. Live-Musik steuerten eine Percussion-Gruppe und Musicaldarsteller der in NRW ansässigen Musicals bei (vgl. SPD NRW 2010b).[59]

Ein weiterer Zeitabschnitt der Wahlkampfkommunikation, der in der Politikwissenschaft hervorgehoben wird, ist der „last minute swing". Mit diesem von Noelle-Neumann (1980, S. 19) erörterten Begriff ist die Absicht gemeint, in der letzten Woche vor den jeweiligen Wahlen „potentielle Wechselwähler in ihrer schwankenden Haltung zugunsten der eigenen Partei zu beeinflussen" (Rust 1984, S. 45), indem das gesamte Informationsgeschehen noch einmal auf die Kernpunkte verdichtet wird (vgl. ebd.).

Der Zeitraum seit dem offiziellen Wahlkampfauftakt zuzüglich einer Woche nach der Wahl (10.04. bis 15.05.2010) dient in dieser Arbeit als Erhebungszeitraum für die politischen Kommentare in der Tagespresse. Bei der Vorstellung der Forschungsmethode in Kapitel 5 kommen wir darauf zurück.

4.3 Die Medien als Forum

Wie Kepplinger und Maurer feststellten, informiert sich nur eine Minderheit der Bevölkerung aus den Wahlprogrammen der Parteien. Im Bundestagswahlkampf 2002 traf dies nur auf etwa ein Fünftel der Wähler zu. Andere Informationsquellen wie die Internetauftritte der Parteien, Infostände oder Parteiveranstaltungen, bei denen man sich über die Programmatik informieren konnte, würden von den Wählern noch seltener genutzt (vgl. Kepplinger/Maurer 2005, S. 61, in: Maurer 2007, S. 175). „Stattdessen beziehen die Wähler ihre Informationen vor allem aus Fernsehnachrichten (88 %) und Tageszeitungen (68 %), also Massenmedien, die die Botschaften der Parteien durch einen journalistischen Selektionsfilter wiedergeben." (ebd.) Auch Nikolaus Jackob (2007b, S. 17) hat erforscht, dass die Medien „für die allermeisten Menschen die einzigen Quellen der Politikbeobachtung" sind. Sie tragen „entscheidend zu dem Bild bei, das die Politik in den Augen der Wähler abgibt." (ebd.)

Daher „sind die Medien das Forum, in dem sich der Wahlkampf abspielt", interpretiert Jackob (ebd., S. 18) diese Erkenntnis. „Sie fungieren als Vermittler zwischen den Wahlberechtigten und der Politik – jedoch auch als Auguren [Pro-

---

[59] „Person und Performance werden allemal wichtiger als die Politik", schreibt Tobias Blasius auch im Hinblick auf die angesetzten Fernsehduelle zwischen Jürgen Rüttgers und Hannelore Kraft (Blasius 09.04.2010).

pheten], Interpretatoren oder sogar als Wahlkämpfer." (ebd.) Dies beweist erneut, wie bedeutend die gesellschaftliche Aufgabe des Journalismus zur Herstellung von Öffentlichkeit ist.[60] Denn wenn man unterstellt, „dass mündige Bürger bei ihren Wahlentscheidungen die Sachpositionen der Parteien einbeziehen sollten, und wenn man weiß, dass die Wähler sich vor allem aus den Massenmedien informieren und nur einen Bruchteil der Medieninformationen verarbeiten und erinnern, ist eine umfassende Medienberichterstattung [...] umso wichtiger", hebt Marcus Maurer (2007, S. 176) hervor. „Bleibt sie aus, sind Wahlentscheidungen im Sinne normativer Demokratietheorien für den größten Teil der Wähler überhaupt nicht möglich." (ebd.)

Bei der „Unterstützungskampagne zur Beeinflussung der [...] politischen Botschaften anderer Akteure – vor allen der Medien – im Parteisinne ist [...] prinzipiell ein Autonomieverlust gegeben", schreibt Oskar Niedermayer (2007, S. 22f.). „Zur Minimierung dieses Autonomieverlusts gegenüber den Medien, d.h. zur möglichst optimalen Beeinflussung der [...] tagesaktuellen Berichterstattung im Sinne der Kommunikationsziele [...] der Parteien, wird eine Reihe von Kommunikationstaktiken eingesetzt" (ebd.). Hierzu gehören

- das gezielte Themenmanagement,
- die mediengerechte Inszenierung politischer Ereignisse (wie der offizielle Wahlkampfauftakt oder der von der Bundes-FDP aufmerksamkeitsstrategisch für Ende April – also zwei Wochen vor der Landtagswahl – angesetzte Parteitag in Köln),
- bzw. die Schaffung von Pseudoereignissen. Ein deutliches Beispiel für die wahlkampftaktische Schaffung eines Pseudoereignisses war der „erste Spatenstich" zum offiziellen Baustart eines Lückenschlusses der A 44 zwischen Ratingen und Velbert (26.04.2010). Feierlich ausgeführt wurde er von Bundesverkehrsminister Peter Ramsauer (CSU), Landesverkehrsminister Lutz Lienenkämper (CDU), Landrat Thomas Hendele (CDU) sowie dem Landtagsabgeordneten Marc Ratajczak (CDU) (vgl. Dangelmeyer 2010). Die Besonderheit: Nach dem Spatenstich wurde erst einmal nur eine Baustellenzufahrt angelegt, da der Trassenbau auch nach 30 Jahre währenden Debatten noch nicht vollends genehmigt sei: „Über die Klagen der Städte Düsseldorf und Ratingen, bei denen es um den Hochwasserschutz in Angermund und die Problematik im Homberger Wasserschutzgebiet geht, sei [...] noch nicht entschieden", betonte Alfred Bruckhaus von einer Bürgerinitiative, die sich gegen den Autobahnbau engagiert hatte, gegenüber der Presse (Kreimeier

---

[60] Siehe dazu auch Pöttker 2010a, S. 12-15.

2010).[61] Ein anderes als Pseudoereignis zu bezeichnendes Beispiel gestaltete SPD-Spitzenkandidatin Hannelore Kraft am 15. April 2010, als sie die türkischstämmige Migrantin Zülfiye Kaykin aus Duisburg vorstellte, die sie für das Thema ‚Integration' in ihr Wahlkampfteam geholt hatte (vgl. Schumacher 15.04.2010).
- Eine weitere Strategie ist die Präsenz im Rahmen von eher unterhaltungsorientierten Medienformaten. So gab FDP-Vorsitzender und Außenminister Guido Westerwelle im April 2010, also während der Wahlkampfphase, der Jugendzeitschrift „Bravo" ein Interview, in dem er vor allem über seine Jugendzeit sprach. Die Überschrift lautete: *Unser Außenminister steht total auf Johnny Depp! So privat wie nie: Nur in BRAVO verrät Politik-Star Westerwelle, wie er wirklich tickt!* (Bravo 2010, S. 73) Diesen ungewöhnlichen Vorgang griffen Mitte April alle großen Zeitungen – die Qualitätspresse wie auch die Boulevardpresse – für eine Berichterstattung auf. Für die Wahlkampfkommunikation der FDP war dies ein positiver, sicher auch einkalkulierter Nebeneffekt. taz-Redakteurin Kirsten Reinhardt (2010) bezeichnete das Interview entsprechend als „trojanisches Pferd".

4.4 Wahlkampfthemen und Besonderheiten der NRW-Wahl 2010

Im Folgenden sollen kurz die vorrangigen Wahlkampfthemen des Landtagswahlkampfs 2010 erwähnt werden, also Themen, die mehrfach und ausführlich angesprochen wurden – sei es in Wahlkampfreden, Fernsehdiskussionen oder berichtenden wie kommentierenden Pressebeiträgen. Entsprechend werden einige von ihnen bei der Analyse der Kommentare in Kapitel 6 eine Rolle spielen.

- **Bildungspolitik:** Eine zentrale Diskussion dieses Ressorts beschäftigte sich mit der Frage: Sollen die bestehenden Schulformen beibehalten oder soll eine Gemeinschaftsschule geschaffen werden? Die SPD urteilt in ihrem Wahlprogramm (2010a, S. 15): „Obwohl der Zusammenhang zwischen gegliedertem Schulsystem und sozialer Ungerechtigkeit offensichtlich ist [...], verweigern sich die Konservativen in unserem Land den dringend notwendigen Reformen. [...] Wir setzen auf die Gemeinschaftsschule als Schule der Zukunft." Hierin sollen Kinder bis zur 6. Klasse zusammen lernen, danach soll die Möglichkeit bestehen, zu differenzieren. Die Partei „Die Linke" fordert gemeinsames Lernen sogar bis zur 10. Klasse und die Abschaffung des ‚Sitzenbleibens' (vgl. Blasius/Meinerz/Schumacher 2010). Die CDU

---

[61] Entsprechend pflanzte die Bürgerinitiative in das Loch, das die Minister mit ihren Spaten hinterlassen hatten, einen Tag später einen Baum (vgl. Kreimeier 2010).

will am Schulsystem mit Gymnasium, Gesamt-, Real- und Hauptschule festhalten. Ihr diesbezüglicher Wahlspruch lautete: „Bildungsvielfalt statt Einheitsschulen". Sie will hingegen die Ganztagsangebote „stärker als bisher erhöhen" (CDU NRW 2010a, S. 9) – 700.000 Ganztagsplätze sollen bis 2015 an allen Schulformen zur Verfügung stehen (vgl. Meinerz 12.04.2010) – und die Hauptschulen durch eine „Qualitätsoffensive" fördern (vgl. CDU NRW 2010a, S. 10).

„Wir werden jegliche Formen von Studiengebühren zeitnah nach der Wahl abschaffen", verspricht die SPD in ihrem Wahlprogramm (2010a, S. 20), ebenso wie die Grünen und die Linkspartei. Letztere fordert zudem, den Numerus Clausus als Zugangsbeschränkung aufzugeben (vgl. Blasius/Meinerz/Schumacher 2010). Die FDP unter Andreas Pinkwart hebt jedoch hervor (FDP NRW 2010, S. 14), dass die Hochschulen des Landes finanziell „noch nie" so gut ausgestattet gewesen seien wie derzeit. „Durch steigende Landeszuschüsse, weitere Landes- und Bundesmittel sowie durch die Studienbeitragseinnahmen haben die Hochschulen des Landes heute 600 Millionen Euro mehr zur Verfügung als im Jahre 2005. Die Zeiten der chronischen Unterfinanzierung der nordrhein-westfälischen Hochschulen sind vorbei und werden mit der FDP auch nicht zurückkehren." (ebd.)

- **Arbeitspolitik:** In diesem Ressort kamen besonders die Forderungen der SPD nach einem einheitlichen gesetzlichen Mindestlohn oberhalb von 7,50 Euro zur Sprache. Während SPD und auch Grüne gegen „Dumpinglöhne" kämpfen wollen (vgl. Meinerz 12.04.2010), betont die CDU (2010a, S. 11) in ihrem Wahlprogramm: „Wir haben durchgesetzt, dass es ein gesetzliches Verbot sittenwidriger Löhne geben wird. Wir sind aber gegen einen gesetzlichen Mindestlohn, weil er Arbeitsplätze vernichtet."
- **Gesundheitspolitik:** Häufigstes Schlagwort war die Kopfpauschale, ein gehaltsunabhängiger Kassenbeitrag, dessen Konzept von CDU und FDP vertreten wird. Unter dem Motto „Gesundheit darf kein Luxus werden", wie Hannelore Kraft es formulierte (Meinerz 12.04.2010), will die SPD die Kopfpauschale im Bundesrat verhindern. Wie auch Grüne und Linkspartei fordern sie hingegen „eine einheitliche Pflichtversicherung für alle Bürger mit einkommensabhängigen Beiträgen, die zudem die Trennung zwischen gesetzlicher und privater Krankenversicherung aufhebt" (Wikipedia 2010b).
- **Energiepolitik:** Diskutiert wurde hier vor allem die Laufzeit von Atomkraftwerken, die die CDU verlängern will. Während auch die FDP (2010, S. 36) bekennt: „Zur klimaneutralen Grundlastversorgung mit Strom werden wir auf absehbare Zeit weiterhin sichere Kernkraftwerke als Brückentechnologie benötigen", hält die SPD in NRW am Atomausstieg fest (2010a, S. 25): „Längere Laufzeiten sind ein Investitionshemmnis für unser

Land, weil sie den Ausbau der erneuerbaren Energie massiv gefährden und eine Modernisierung von Kraftwerksparks verhindern." Die CDU (vgl. 2010a, S. 22) sieht dadurch jedoch keine Beschränkung in der Absicht, alte Gas- und Kohlekraftwerke durch umweltfreundlichere zu ersetzen.
- **Familienpolitik:** In Bezug auf die Unterstützung von (insbesondere sozial benachteiligten) Familien sind sich die großen Parteien weitgehend einig: „Kinder dürfen kein Armutsrisiko sein. Die Förderung der Familien durch den Staat muss den notwendigen sozialen Ausgleich schaffen", schreibt die SPD (2010a, S. 37), kritisiert aber nach dem Muster der Angriffslinie (siehe Kapitel 4.1): „In der Vergangenheit ist Familienförderung fast ausschließlich fiskalisch über Kindergeld und Steuerfreibeträge geschehen. Statt in gute Bildungs- und Betreuungsangebote zu investieren, wurde das Geld vor allem an die Eltern verteilt." Als Maßnahmen nennt die CDU unter anderem den Ausbau von Kindertafeln und Kinderbetreuung sowie die Absicht, Eltern durch den „Ausbau von Familienzentren in ihrer Erziehungskompetenz zu stärken und besonders Alleinerziehende bei der Vereinbarkeit von Beruf und Familie zu unterstützen." (CDU NRW 2010a, S. 14)
- **Koalitionsoptionen:** Da sich in Umfragen abzeichnete, dass weder CDU und FDP noch SPD und Grüne gemeinsam eine absolute Mehrheit zur Regierungsbildung erreichen könnten, zudem der Partei „Die Linke" Chancen für einen erstmaligen Einzug in den NRW-Landtag eingerechnet wurden, machte die CDU aus dieser Situation ein zentrales Wahlkampfthema: Sie warnte vor einer Koalition der SPD mit der Linkspartei – aktiv in den Wahlkampfreden, passiv durch einen zusätzlichen Aufkleber auf den Wahlplakaten mit dem Slogan: „Wer die SPD wählt, bekommt die Linkspartei." Zusätzliche Bedeutung erhielt dieses Thema durch die konsequente Verweigerung der SPD-Spitzenkandidatin Hannelore Kraft, ein Bündnis mit der Linkspartei auszuschließen. Auf Fragen der Medien lieferte sie stets die Antwort: „Die Linke in NRW ist weder regierungs- noch koalitionsfähig." (siehe u. a. Klümper 19.04.2010; Roeingh/Marinos/Uferkamp 2009)
- **Finanzpolitik:** Die Regierungsparteien aus Union und FDP hatten in ihrem Koalitionsvertrag nach der Bundestagswahl im Herbst 2009 vereinbart, „bis Ende 2013 Bürger und Unternehmen um bis zu 24 Milliarden Euro pro Jahr steuerlich zu entlasten." (dpa 10.05.2010) Ein erster Teil der Steuersenkungen wurde Anfang 2010 umgesetzt, „die restliche Summe – zwischen 16 und 19 Milliarden Euro pro Jahr – sollte folgen." (ebd.) Der Bundeshaushalt muss jedoch jeweils vom Bundesrat, der sich auch aus Vertretern der Landesregierungen zusammensetzt, mehrheitlich genehmigt werden. So stellte die NRW-SPD in ihrem Wahlprogramm klar (2010a, S. 52f.): „Die finanziellen Handlungsmöglichkeiten unseres Landes lassen insbesondere nach

der weltweiten Wirtschafts- und Finanzkrise in den nächsten Jahren keinen Spielraum für verfehlte und teure Wahlversprechen wie die schwarz-gelben Steuersenkungen auf Pump der Bundesregierung."

Je nach Wahlausgang konnte die amtierende Bundesregierung ihre Mehrheit im Bundesrat verlieren. Ulrich Reitz nutzte diese mögliche Auswirkung für einen Kommentar am Tag vor der Wahl (Reitz 08.05.2010). Unter dem Titel „Es geht auch um Berlin" heißt es darin: „Verliert Schwarz-Gelb in Düsseldorf, ist auch Schwarz-Gelb in Berlin am Ende. Ohne die Stimmen von Nordrhein-Westfalen hätten Angela Merkel und Guido Westerwelle im Bundesrat keine Mehrheit mehr. [...] Wesentliche Entscheidungen könnten die Partner nicht mehr durchsetzen. In der Gesundheitspolitik müssten sie von ihrer Kopfpauschalen-Lösung lassen, die Verlängerung der Laufzeit von Atomkraftwerken wäre de facto nicht durchsetzbar und eine Steuerreform mit niedrigeren Tarifen ebenso."[62]

4.5 Die Ergebnisse der Landtagswahl und ihre Folgen

Die Ausgangsposition: Jürgen Rüttgers (CDU) hatte bei den Landtagswahlen 2005 Peer Steinbrück (SPD) als Ministerpräsident von NRW abgelöst.[63] Rüttgers bildete eine Mehrheitskoalition aus CDU (die 44,8 % aller Wählerstimmen erreicht hatte) und FDP (6,2 %).

25 Parteien verzeichnete der Stimmzettel für die Landtagswahl am 9. Mai 2010. Spitzenkandidaten waren Jürgen Rüttgers (Landesvorsitzender der CDU), Hannelore Kraft (seit 2007 Landesvorsitzende der SPD), Sylvia Löhrmann (Fraktionsvorsitzende der Grünen im Landtag), Andreas Pinkwart (Vorsitzender der FDP in NRW und Landesminister für Innovation, Wissenschaft und Forschung) sowie Bärbel Beuermann (stellvertretende Sprecherin des geschäftsführenden Vorstands der Partei „Die Linke" in NRW).

„Diese Landtagswahl steht auf Messers Schneide", betonte Rüttgers in seinen Wahlkampfreden. Das zeigten auch die Ergebnisse[64]:

---

[62] Auch die „Bild am Sonntag" wies in einem Kommentar am Wahlsonntag darauf hin (Backhaus 2010): „Wird Schwarz-Gelb in Düsseldorf abgewählt, verliert die Kanzlerin ihre Mehrheit im Bundesrat. Dann dürfte es weder Steuersenkungen noch eine Kopfpauschale im Gesundheitssystem geben – Kernanliegen der FDP."
[63] Peer Steinbrück hatte 2002 die Nachfolge von NRW-Ministerpräsident Wolfgang Clement angetreten, der in die neue Bundesregierung berufen worden war. Nach der 2005 erfolgten vorgezogenen Bundestagswahl übernahm Steinbrück in Berlin das Amt des Bundesfinanzministers.
[64] Die Daten stimmen überein mit den offiziellen Statistiken in: Block, Helga (Die Landeswahlleiterin des Landes Nordrhein-Westfalen) (Hrsg.) (2010): Landtagswahl 2010. Endgültige Ergebnisse in Nordrhein-Westfalen. Heft 3. Düsseldorf, S. 9, 286, 289 und 336.

Abbildung 1: Ergebnisse der Landtagswahl in NRW 2010

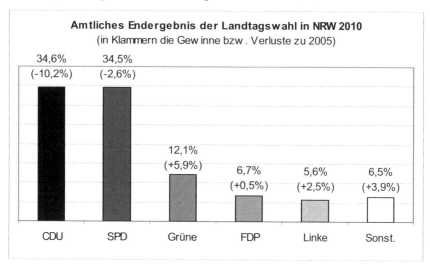

Abbildung 2: Sitzverteilung im Landtag NRW nach der Wahl 2010

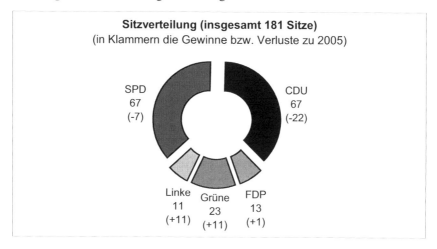

Die CDU erreichte 34,6 Prozent aller Stimmen, die SPD 34,5. Die Grünen erzielten 12,1, die FDP 6,7 und die Linke 5,6 Prozent.[65] Die Wahlbeteiligung betrug 59,3 Prozent (2005: 63,0 %); dies entspricht rund 7,9 Millionen Bürgern in NRW (vgl. Block 2010, S. 9).

Wie die WAZ (10.05.2010) am Tag nach der Wahl schrieb, erzielte die CDU damit „das schlechteste Ergebnis in der Geschichte des Landes". Mit einem Verlust von 2,6 Prozent büßte auch die SPD Stimmen ein. Dass sie damit ebenfalls „auf einen historischen Tiefstand sinkt, interessiert niemanden unter den Genossen", notierte Theo Schumacher (10.05.2010) die Stimmung der SPD am Wahlabend. „,Das ist ein guter Tag für Nordrhein-Westfalen', ruft Hannelore Kraft. ‚Schwarz-Gelb ist abgewählt.'" (zit. n. ebd.) „Wer ‚unsinnige' Steuergeschenke verspreche, der Atom-Energie eine sonnige Zukunft und dem Gesundheitswesen eine ‚irrsinnige' Kopfpauschale", sagte SPD-Vorsitzender Sigmar Gabriel, „der wisse nun, wie ein ‚Stopp-Schild' aussieht." (Hautkapp 10.05.2010) Die Linken schafften erstmals den Einzug ins Landesparlament.

Das Ergebnis erzeugte zwei politische Machtprobleme: Weder eine rot-grüne noch eine schwarz-grüne Koalition hatte nun eine Mehrheit im Landtag (vgl. WAZ 11.05.2010), zudem ging die schwarz-gelbe Mehrheit im Bundesrat verloren (siehe die Hinweise in Kapitel 4.4). Daher stoppte Kanzlerin Merkel bereits einen Tag nach der NRW-Wahl die Vereinbarungen für umfängliche Steuersenkungen und den damit verbundenen monatelangen Koalitionsstreit. Die dpa (10.05.2010) schrieb: „Die CDU-Vorsitzende erteilte nach dem Verlust der schwarz-gelben Mehrheit im Bundesrat weiteren Milliarden-Entlastungen für die nächsten zwei Jahre eine Absage. FDP-Chef Guido Westerwelle signalisierte [...] Kompromissbereitschaft. Die FDP müsse zur Kenntnis nehmen, dass durch die veränderten Mehrheitsverhältnisse der Plan schwieriger geworden sei."

Wie die Medien noch am Wahlabend berichteten, wollte Ministerpräsident Jürgen Rüttgers kurz nach der Wahl zurücktreten; dies hatte er, abgeschottet von der Öffentlichkeit, dem Landesvorstand angeboten, mit dem er nach der Wahl zusammen gekommen war (vgl. WAZ 10.05.2010). Rüttgers konnte allerdings von den CDU-Vorstandskollegen einstimmig überzeugt werden, „nicht schon am Abend hinzuwerfen" (ebd.). Trotzdem sagte er kurzerhand alle verabredeten Fernsehauftritte im Landtag ab (vgl. Blasius 10.05.2010).[66]

---

[65] Der Gewinn der Linkspartei (+2,5% im Vergleich zur Wahl 2005) ergibt sich aus der Addition der damaligen Ergebnisse von PDS und WASG, die 2007 zur Partei „Die Linke" fusionierten.
[66] Siehe dazu Kapitel 2.1.1, S. 17, in dem die Metapher „Rüttgers auf Tauchstation" erläutert wird.

4.5.1 Die Koalitionsverhandlungen – ein Pokerspiel in neun Zügen[67]

1. SPD und Grüne konnten ihre Wunschkoalition zunächst nicht umsetzen, da sie keine absolute Mehrheit im Parlament besaßen: 91 Mandate waren dafür nötig, 90 hatten beide Parteien zusammen erreicht. Gleiches galt für Koalitionsoptionen aus CDU und FDP (80 Sitze) sowie CDU und Grünen (ebenfalls 90 Sitze).
2. Ein Bündnis aus CDU, FDP und Grünen – die so genannte Jamaika-Koalition – hatten die Grünen bereits ausgeschlossen (vgl. Meinerz 11.05.2010). So war die SPD mit weiteren Verhandlungsführungen am Zug.
3. Die SPD lud sowohl die Partei „Die Linke" (für ein rot-rot-grünes Bündnis) als auch die FDP zu Sondierungsgesprächen ein. Die Gespräche mit den Linken bestätigten jedoch nach den Worten von SPD-Landeschefin Hannelore Kraft die vor der Wahl von ihr getätigte Äußerung, dass diese Partei derzeit weder regierungs- noch koalitionsfähig und eine Zusammenarbeit daher unmöglich sei.
4. Die FDP lehnte Gespräche als mögliche dritte Kraft in einer neuen Regierung – der so genannten Ampelkoalition – zunächst ab. FDP-Landeschef Andreas Pinkwart hatte Gespräche an die Bedingung geknüpft, SPD und Grüne müssten vorher ein Bündnis mit der Linken ausschließen. „Das ist ungefähr so, als ob einer, der gerade seinen Job verloren hat, nur dann zu einem Bewerbungsgespräch erscheinen will, wenn mit keinem anderen Bewerber gesprochen wird", kommentierte die Süddeutsche Zeitung (Fahrenholz 12.05.2010) diese Kondition.
5. Daraufhin sprachen SPD und CDU über die Möglichkeit einer Großen Koalition, kamen aber in den zentralen Vorhaben und der Forderung der SPD nach einem „Politikwechsel" nicht zusammen. „Die CDU unter Ministerpräsident Jürgen Rüttgers sei nicht zu einem inhaltlichen und personellen Neuanfang bereit", wurde Kraft zitiert (Spiegel online 11.06.2010).
6. Nun stand die FDP doch für Sondierungsgespräche mit SPD und Grünen zur Verfügung, die sie jedoch aufgrund fehlender „tragfähiger Grundlagen" abbrach. Nach den Worten von Andreas Pinkwart seien die Gespräche vor allem wegen Differenzen in der Schulpolitik (siehe Kapitel 4.4) gescheitert (vgl. sueddeutsche.de 11.06.2010).
7. Da die SPD alle Sondierungsoptionen ausgeschöpft hatte, blieben CDU und FDP zunächst geschäftsführend im Amt. Bis 9. Juni 2010 war Jürgen Rüttgers gewählt; danach regierten er und seine Minister ohne jede Einschränkung ihrer bisherigen Machtbefugnisse weiter, bis es „zur Wahl eines neuen

---

[67] Zur Metapher *Koalitionspoker* siehe Kapitel 1, S. 11.

Ministerpräsidenten oder – man schaue zurück auf Hessen 2008/09 – zu Neuwahlen kommt", erklärte Christoph Meinerz in der WAZ (11.05.2010). „In Wiesbaden hielt sich Roland Koch (CDU) nach der für die Union verlorenen Landtagswahl noch gut neun Monate als geschäftsführender Ministerpräsident, bis das hessische Parlament sich für Neuwahlen entschied, weil kein tragfähiges Regierungsbündnis zustande kam." (ebd.)

8. Am 17. Juni, fünf Wochen nach der Wahl, entschied sich die SPD dafür, eine Minderheitsregierung mit den Grünen zu bilden und dafür Hannelore Kraft zur Ministerpräsidentin wählen zu lassen (vgl. dpa 17.06.2010).
9. Mit 90 Ja-Stimmen, 80 Nein-Stimmen und elf Enthaltungen wurde Hannelore Kraft am 14. Juli 2010 im zweiten Wahlgang mit einfacher Mehrheit für die nächsten fünf Jahre zur Ministerpräsidentin von NRW gewählt. Mit dem gleichen Ergebnis war zuvor der erste Wahlgang abgeschlossen worden, in dem jedoch die absolute Mehrheit (in diesem Fall 91 Ja-Stimmen) nötig gewesen wäre (vgl. Spiegel online 14.07.2010). Obwohl es sich um eine geheime Wahl handelt, zeigen die Zahlen im Vergleich zur Sitzverteilung und den Ankündigungen der Parteien, dass die neue Minderheitsregierung aus SPD und Grünen (zusammen 90 Sitze) Hannelore Kraft mit voller Unterstützung das Amt zusprach, während CDU und FDP (80 Sitze) dagegen stimmten und die Linkspartei (elf Sitze) sich enthielt.

Wie sehr Politik ein Handlungsfeld für Machtbedürfnisse ist (siehe Kapitel 4.1), zeigte sich auch im Umfeld der Regierungsbildung in NRW. Nachdem SPD und Grüne ihren Koalitionsvertrag geschlossen hatten, zitierte die Westdeutsche Zeitung (Uferkamp 10.07.2010) die CDU in einer Meldung:

Die NRW-CDU schließt eine Kooperation mit der rot-grünen Minderheitsregierung aus. Das sagte der neue CDU-Fraktionschef im Landtag, Karl-Josef Laumann [...]. „Unsere Aufgabe als Opposition ist es, der Minderheitsregierung so viele Abstimmungsniederlagen wie möglich beizubringen", so Laumann.

Die Situation führte im März 2012 dazu, dass der aktuelle Haushalt (mit 91 zu 90 Stimmen) abgelehnt wurde, woraufhin der Landtag aufgelöst wurde (vgl. Tretbar 2012). Die Minderheitsregierung hielt also nur knapp zwei Jahre Stand. Es kam am 13. Mai 2012 zu Neuwahlen, bei denen Hannelore Kraft (SPD) als Ministerpräsidentin bestätigt werden konnte. Die Koalition aus SPD und Grünen hatte nun mit 128 Sitzen die Mehrheit (vgl. Block 2012, S. 295, 350). Der neue Koalitionsvertrag wurde am 18. Juni 2012 unterzeichnet.

5 Die Untersuchung

5.1 Vorstellung der Forschungsmethode

Gegenstand der Analyse sind Metaphern und Phraseologismen in politischen Kommentaren der Tagespresse. Die Frage, der nachgegangen wurde, lautet: In welcher Weise bedienen sich Kommentatoren solcher Argumentationsfiguren? Als Forschungsmethode wurde die Inhaltsanalyse gewählt. Berücksichtigt wurden dabei sowohl die quantitativ erfassbaren Strukturen als auch die qualitative Umsetzung. Die diesbezüglichen Kriterien waren im Einzelnen:

- der Metaphernanteil in Relation zum Gesamttext,
- die Verwendung metaphorischer Wortfelder,
- die Systematik des Wortfeldgebrauchs,
- der Konventionalitätsgrad der verwendeten Metaphern.

Ziel war es, anhand dieser Kriterien herauszufinden, unter welchen stilistischen Umständen der Einsatz von Metaphern und Phraseologismen im politischen Kommentar für die Vermittlung konstruktiv und wann er destruktiv ist.[68]

5.1.1 Samplebildung und Stichprobenumfang

Für die Datenerfassung wurde die zu erstellende Stichprobe über fünf Ebenen eingegrenzt: Zeitung, Darstellungsform, Platzierung, Thema und Zeitraum.

Zeitung: Für die Kommentaranalyse ausgewählt wurden fünf auf dem Markt der deutschsprachigen Tagespresse relevante Zeitungen: „Süddeutsche Zeitung", „Westdeutsche Allgemeine Zeitung", „Westdeutsche Zeitung", „Bild" sowie „Express". In Kapitel 5.2 werden diese Zeitungen vorgestellt und ihre Auswahl gerechtfertigt.

---

[68] Im Normalfall ist der Adressat des Kommentators der alltägliche Leser. Auf die Rezipientensicht wird in dieser Studie jedoch verzichtet. Diese Ausklammerung dient nicht der methodischen Eingrenzung, um Übersicht und Handlungsfähigkeit zu wahren, sie unterliegt der Fokussierung auf die sprachwissenschaftliche Betrachtung. Zudem stellt die Analyse der Rezipientenwahrnehmung m.E. ein eigenes Untersuchungsfeld dar. Darauf weist in seiner Studie auch Matthias Degen hin (vgl. 2004, S. 19).

Darstellungsform: Bei der Stichprobe sind nur solche Beiträge berücksichtigt, die eindeutig dem Genre des politischen Kommentars oder Leitartikels zuzuordnen waren, nicht aber Hintergrundberichte, Analysen, Glossen oder Kolumnen. Der Kommentar ist in der Regel durch eine feste Platzierung innerhalb der Zeitung und grafische Gestaltungsmerkmale von anderen Darstellungsformen abgegrenzt und daher klar erkennbar (vgl. Lüter 2008, S. 119).

Platzierung: Berücksichtigt wurden nur Kommentare auf den zentralen Meinungsseiten der jeweiligen Tageszeitung, nicht in der Lokalberichterstattung oder in politikfernen Ressorts.[69] Eine Ausnahme bezüglich der Platzierung bildete die „Westdeutsche Zeitung", die zwar eine eigene Meinungsseite besitzt, Kommentare aber auch direkt neben einen zugehörigen Bericht platziert.

Thema: Da es aus forschungsökonomischen Gründen und aufgrund des konzeptionellen Ziels der Datenerhebung nicht dienlich war, alle politischen Kommentare der Zeitungen in einem bestimmten Zeitraum zu berücksichtigen (Grundgesamtheit), wurde für die Stichprobe das Thema „Landtagswahl in NRW 2010" ausgewählt, das klar erkennbar und terminierbar war. Trotzdem ließ es aufgrund der politischen Relevanz eine für die Analyse ausreichende Textmenge erwarten. Berücksichtigt wurden also nur solche Kommentare, die einen inhaltlichen Bezug zur Landtagswahl in NRW 2010 aufwiesen, d.h., die sich entweder direkt mit dem Landtagswahlkampf bzw. der Landtagswahl beschäftigten oder thematisch einen erkennbaren Bezug setzten (z. B. zu Wahlkampfthemen) (siehe Kapitel 4). Kommentare zu den Alltagsgeschäften der Landes- oder Bundespolitik, die erkennbar ohne Wahlkampfbezug waren, flossen nicht in die Analyse ein (z. B. Agenda-Themen wie Nichtraucherschutzgesetz, Landesgesundheitsbericht, Integrationskonzept).

Zeitraum: Die Datenerhebung beschränkt sich auf die Zeit vom 10. April bis 15. Mai 2010. Diese Zeitspanne beginnt beim offiziellen Wahlkampfauftakt vier Wochen vor der Wahl und endet eine Woche nach der Wahl. Innerhalb dieses Zeitraums wurde eine Vollerhebung durchgeführt.

Durch diese Kriterien erfüllen die der Analyse zugrunde liegenden Kommentartexte zwar nicht den Anspruch der Repräsentativität, wohl aber den der ausgewählten Stichprobe. Zur Auswertung diente die Tabellenkalkulation „Microsoft Excel".

Unter diesen Voraussetzungen ergibt sich für den Untersuchungszeitraum eine Stichprobe von **60** Kommentaren, die sich wie folgt auf die Zeitungen verteilen:

---

[69] So haben die untersuchten Zeitungen für die Ressorts „Wirtschaft" und „Sport" eigene Kommentarspalten auf den jeweiligen Ressortseiten; diese wurden bei der Auswertung nicht berücksichtigt.

Abbildung 3: Kommentare zur NRW-Wahl in den Zeitungen der Stichprobe

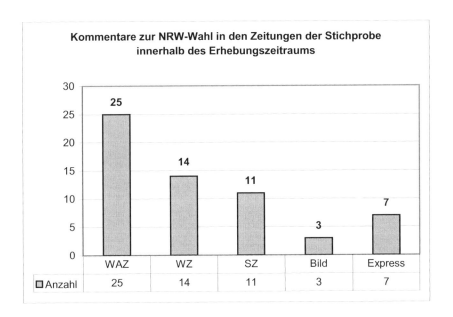

5.1.2 Analyseeinheiten und Metapherncodierung

Nachfolgend wird erklärt, welche Analyseeinheiten gebildet und wie die Kommentartexte codiert wurden. Vorgegangen wurde in sieben Schritten:

1. **Formale Erfassung** der Kommentartexte: Statistisch erfasst wurden für die Auswertung folgende formale Variablen: Name der Zeitung, Datum der Veröffentlichung des Kommentars, Titel des Kommentars, erkennbares Thema, Name des Autors sowie Art des Kommentars (in Bezug auf die Länge).[70]
2. **Filterung der Metaphern und Phraseologismen** aus dem Text aufgrund der in Kapitel 2.1.1 bis 2.1.3 ausgeführten Definitionen, wobei zwischen den drei Formen zunächst nicht differenziert wurde.

---

[70] Hierbei wurde unterschieden in „Kurzkommentar" und „Langkommentar", wobei diese Unterscheidung nur für WAZ, WZ und SZ nötig und dort auch klar zu erkennen war; „Bild" und „Express" verwenden nur eine Kurzkommentarform. Siehe dazu Kapitel 5.2.

3. Festlegung, welche **Lexeme** unmittelbar zur Metapher bzw. zum Phraseologismus gehören und **Errechnung des Metaphernanteils**: Bei dieser quantitativen Auswertung wurden die Lexeme berücksichtigt, die einer Metapher oder metaphorischen Wendung zugehörig sind. Hierzu wurde zunächst gezählt, aus wie vielen Wörtern der Kommentar besteht und dann, wie viele davon Metaphern bildende Lexeme sind. Aus diesen beiden absoluten Zahlen wurde der Prozentwert errechnet, der den Metaphernanteil des Kommentars anzeigt. Beispiel: Dirk Hautkapp schrieb am 12.04.2010 einen Kommentar in der WAZ. Darin beschäftigte er sich mit der Frage, ob die angedachte Aufnahme von Häftlingen aus Guantánamo in NRW als Wahlkampfthema legitim ist. Der Kommentar bestand aus insgesamt 173 Wörtern, davon waren 32 Wörter Metaphern zugehörig. Dies entspricht einem Anteil von 18,5 %.

Zudem entstand in diesem Arbeitsschritt eine genaue Auflistung der im Kommentar verwendeten Metaphern und Phraseologismen. Nachfolgend werden die Kriterien aufgezeigt, die bestimmten, welche Lexeme als metaphorisch relevant galten:

Einfach ist dies bei Einzelbegriffen: Für Metaphern wie *Dominoeffekt*, *Frontfrau* oder *Koalitionspoker* wird jeweils ein Lexem berechnet. Bei metaphorisch gebrauchten Formulierungen, die aus mehr als einem Lexem bestehen, muss die semantische Abhängigkeit geprüft werden: Sind die Lexeme miteinander verkettet, handelt es sich also um eine zusammenhängende metaphorische Redewendung, müssen sie mitgezählt werden, z. B. *auf Zeit spielen*, *mit Blick auf* oder *einen Denkzettel verpassen* (hier wurden jeweils drei Lexeme berechnet) oder die aus dem Boxkampf stammende Wendung *über die Runden kommen* (vier Lexeme) (vgl. Duden Band 7 2001b, S. 688). Ein klarer Fall ist auch die Formulierung *Roland Koch prescht vor*. Hier wird die aus dem Wortfeld „Militär" stammende Konjugation „prescht vor" mit zwei Lexemen berücksichtigt. Zwar ist dies eine Abwandlung der Grundform „vorpreschen", da jedoch alle Lexeme eines Kommentars einzeln gezählt werden und daraus das prozentuale Verhältnis errechnet wird, wird stets die im Text verwendete Formulierung angerechnet.

Sind Wörter austauschbar, hängen also lediglich grammatisch mit der zentralen Metapher zusammen, zählt nur die zentrale Metapher bzw. der Phraseologismus. So schrieb Lothar Leuschen am 26.04.2010 in der WZ über den in der Kritik stehenden Außenminister Guido Westerwelle: *Dabei bekleidet er ein Amt, das all seinen Vorgängern sehr schnell viel Sympathie eingebracht hat*. In der Formulierung *ein Amt bekleiden* (im Original: *bekleidet [...] ein Amt*) ist nur das aus dem Wortfeld „Mode" stammende Verb „bekleiden" als metaphorisches Lexem zu berücksichtigen, da sie auch metaphernfrei „übt er ein Amt aus" oder, simpler, „hat er ein Amt" lauten könnte.[71] Gleiches gilt für den metaphorischen Vergleich *Argumente, die schwer wie Blei wiegen*. Angerechnet werden die vier Lexeme „schwer wie Blei wiegen", da die Formulierung auch frei eines metaphorischen Vergleichs lauten könnte: „Argumente, die sehr bedeutend sind". Und wenn Heribert Prantl in der SZ vom 10.05.2010 den Umstand, dass Hannelore Kraft die SPD in eine aussichtsreiche Lage bringen konnte und sich einen Wahlerfolg sicherte, mit den Worten kommentiert: *Dass ihr das mit einer immer noch schwer verunsicherten Partei [...] gelang, ist ein Wunder*, fließt aus der Wertung am Schluss des Satzes nur das Substantiv „Wunder" (Wortfeld „Religion/Mythologie") als metaphorisches Lexem in die Berechnung ein.

Als weiteres Beispiel soll anhand des Phraseologismus *etwas auf den Prüfstand stellen* der Faktor der Abhängigkeit als Grundlage für die Anrechnung metaphorisch relevanter Lexeme verdeutlicht werden:

Alle Ausgaben müssen auf den Prüfstand. (WAZ 12.05.2010b)

Merkel will Datenschutzgesetze auf den Prüfstand stellen (Spiegel online 2008)

Im ersten Satz werden nur die drei Lexeme *auf den Prüfstand* für den Metaphernanteil berücksichtigt; das Prädikat „müssen" ist lediglich grammatisch abhängig, für das Sprachbild aber nicht wesentlich. Im zweiten Satz hingegen wird zusätzlich das Verb „stellen" einbezogen, da es als Handlung dem Sprachbild unmittelbar zugehörig ist: Die Gesetze sollen wie ein Fahrzeug in der Autowerkstatt „auf den Prüfstand gestellt" werden. Demzufolge sind vier Lexeme anzurechnen.

Auf Grundlage dieses Verfahrens können selbst komplexe Formen metaphorisch gefiltert werden, etwa wenn Walter Bau (13.05.2010) in der WAZ über den Führungsstil der Bundeskanzlerin schreibt:

Bis dato als clevere Krisenmanagerin gerade auf internationalem Parkett gefeiert, glitt ihr bei den Verhandlungen über das Euro-Rettungspaket das Heft des Handelns aus der Hand.

---

[71] In dieser Passage werden zudem das Substantiv *Vorgänger* (Wortfeld „Bewegung") sowie das Verb *eingebracht* (Wortfeld „Landwirtschaft", ohne das Substantiv „Sympathie", da es nur grammatisch anknüpft) als metaphorische, wenn auch standardisierte, Lexeme angerechnet. Darauf gehen wir in Punkt 5 bei den Ausführungen zum Konventionalitätsgrad ein.

In dieser Passage finden sich zwei Phraselogismen: die adverbiale Ergänzung *auf internationalem Parkett* (drei Lexeme) und die mit dem Vorgangsverb „gleiten" beginnende Wendung *glitt [...] das Heft des Handelns aus der Hand* (acht Lexeme).[72] Hinzu kommt die Metapher *Rettungspaket* (ein Lexem).

4. Einordnung der Metapher oder des Phraseologismus in ein **metaphorisches Wortfeld**: Sämtliche Metaphern und Phraseologismen, die sich aus den Kommentaren erschlossen, wurden einem Wortfeld zugeordnet. Berücksichtigt wurden nicht nur die in Kapitel 2.2.2 vorgestellten Wortfelder, sondern es kamen weitere Wortfelder hinzu. Zur Definition des Ursprungs, d. h. der Bestimmung, welchem Wortfeld ein als Metapher gebrauchtes Wort oder eine Wendung eigentlich entstammt, wurde vor allem auf das „Duden Herkunftswörterbuch" (2001) zurückgegriffen.

Nicht alle Metaphern konnten aufgrund ihrer Herkunft einem spezifischen Wortfeld zugewiesen werden – entweder, weil die zu Rate gezogenen etymologischen Wörterbücher keinen konkreten Hinweis auf die Herkunft enthielten oder das als Metapher verwendete Lexem bzw. die Wortverbindung charakteristisch nicht so ausgeprägt war, dass es einem fest umrissenen Wortfeld zugeordnet werden konnte, sondern einem allgemeineren Kontext entsprach. Hierfür wurden die Wortfelder „allgemeine Bewegungsmetapher" und „allgemeine Positionsmetapher" eingeführt. Beispiele für allgemeine Bewegungsmetaphern sind *Verantwortung **übernehmen**, in Umfragen **abstürzen**, das Spendengesetz **umgehen*** und *eine Entscheidung **aufschieben***, wohingegen die Aussage *Jürgen Rüttgers ist brutal **zurückgestutzt*** zwar auch eine Bewegung wiedergibt, das Verb „zurückstutzen" jedoch als „zurückschneiden" seinen Verwendungskontext im Handwerk hat (z. B. die Äste eines Baumes oder eine Hecke mit einer Säge oder Heckenschere zurückstutzen). Diesem Bild kommt die Aussageabsicht der Übertragung am nächsten. Gleiches gilt für den Phraseologismus *jemandem den Rang ablaufen*, der dem Wortfeld „Sport" entstammt. Und wenn es kommentierend heißt: *Das 2005 aufgelegte Projekt [...] ist kein Wahlkampfschlager*, beschreibt das Verb „auflegen" (hier in der Bedeutung von „beginnen") zwar ebenfalls eine Bewegung, im Zusammenhang mit dem Substantiv „Schlager" (für einen Musikhit) ist es jedoch dem Wortfeld „Musik" anzurechnen (eine Platte auflegen).

Beispiele für allgemeine Positionsmetaphern, die einen festen, derzeit unbewegten Standpunkt beschreiben, sind Wortverbindungen mit dem Substantiv „Lage" (*Finanzlage, Lage der Dinge*) oder mit der entsprechenden

---

[72] Die Wendung stammt aus dem Handwerk: Das ‚Heft' bezeichnet hier den Griff eines Werkzeugs oder einer Waffe (vgl. Duden Band 7 2001b, S. 328).

Verbform (*richtig liegen*), außerdem *Spitzenkandidat / an der Spitze stehen, am Ende sein / vor dem Ende stehen* oder *von etwas weit entfernt sein.* Um Übersichtlichkeit und Aussagekraft zu gewährleisten, fokussiert sich die Auflistung in der Darstellung der Ergebnisse auf die zehn am häufigsten verwendeten Wortfelder. Weitere verwendete Wortfelder werden unter der Rubrik „in weiteren Wortfeldern" zusammengefasst; falls innerhalb dieser Rubrik Auffälligkeiten bestehen, werden diese erläutert.

5. Festlegung des **Konventionalitätsgrads** der Metaphern: Diese Analysekategorie beruft sich auf die Ausführungen in Kapitel 2.1.4. Dort war ursprünglich vorgesehen, eine Differenzierung des Konventionalitätsgrads in die zwei Kategorien „konventionell" und „originär" vorzunehmen. Als konventionell gelten lexikalisierte Metaphern und Phraseologismen, die im allgemeinen Sprachgebrauch verankert sind. Als originär gelten innovative, vom Autor für den Kontext selbst geschaffene, nicht lexikalisierte Metaphern. Bei der Auswertung ergab sich jedoch die Notwendigkeit einer dritten Kategorie, die sich im Bereich der konventionellen Metaphern bewegt, deren Begriffe allerdings so selbstverständlich sind, dass ihr metaphorischer Gehalt unerheblich ist und daher keiner Qualitätsprüfung bedarf. Diese Kategorie soll die Bezeichnung „standardisiert" tragen. Entsprechend wird der Konventionalitätsgrad von Metaphern nun differenziert in:

standardisiert: z. B. *Entwicklung, Erschöpfung, Rahmenbedingungen, Rücktritt, Schuldenabbau, Steuersenkungen; Nach nur fünf Jahren ist die schwarz-gelbe Regierung in NRW am Ende; Das ist schon einmal schiefgegangen; Sie hat sich auf die CDU festgelegt.*

konventionell: z. B. *Der Stern von Jürgen Rüttgers ist gesunken; Die Liberalen gefallen sich in der Rolle der dauerbeleidigten Leberwurst; ein Signal setzen; in Flügelkämpfe verstrickt sein; jmd. in die Zange nehmen; lahme Ente; schwer wie Blei wiegen; Herkules-Aufgabe; Kettenreaktion.*

originär: z. B. *Die schwarz-gelbe Koalition in Berlin ist so eine Art Retro-Mops; die Frucht der Angst; Eurofighterin Merkel; TV-Duell, bei dem statt des Floretts Wattebäusche benutzt wurden; Westerwelle ist nur der Lautsprecher; Windmaschinen in FDP und CSU.*[73]

Motivation dieser Analyseeinheit ist, herauszufinden, wie sich der Konventionalitätsgrad von Metaphern im journalistischen Kommentar auf die Ar-

---

[73] Die Gliederung kommt nun der dreiteiligen Typisierung von George Orwell nahe, der den Konventionalitätsgrad der Metaphern in „tot" (standardisiert), „halbtot" (konventionell) und „originär" (lebendig) einordnet (siehe Kapitel 2.1.4, Fußnote 22, S. 27).

gumentation und Aussagekraft auswirkt. Dabei ist es im Bereich der konventionellen Metaphern für die Codierung unerheblich und statistisch hier auch nicht erfassbar, ob der Autor die metaphorische Leistung eines Lexems oder einer Wendung dieser Kategorie bewusst oder unbewusst einsetzte; es zählt das vorliegende Resultat. Auf die mit metaphorischem Gehalt erfassten Begriffe der Kategorie „standardisiert" sind die Funktionen der Metapher im Journalismus (siehe Kapitel 2.2.1) aufgrund der überwiegenden Sachaussage jedoch nicht oder nur ansatzweise zu beziehen und daher für die Auswertung lediglich eine Randkategorie, so dass die klassisch-konventionellen und originären Metaphern in der qualitativen Analyse stärker fokussiert werden können.

6. Erfassung der **Systematik des Wortfeldgebrauchs**, aufgeteilt in homogene und heterogene Metaphernverwendung: Für diese Analysekategorie erfolgt keine statistische Auswertung. Die Codierung dieser Kriterien wäre zu aufwändig und ließe sich erst in einer separaten Studie verwirklichen. Die Kategorie zeigt, ob innerhalb eines Gedankens oder einer Gedankenfolge einheitliche, also zu einem Wortfeld gehörende, oder uneinheitliche, also aus mehreren Wortfeldern zusammengesetzte Sprachbilder verwendet werden. Um diese sprachlichen Antagonisten zu trennen, den Umfang homogener und heterogener Sprachbilder klar zu bestimmen und daraus statistische Werte zu ermitteln, müsste jedoch der Begriff der „Gedankeneinheit" eindeutig definiert werden. Die in der praktischen Linguistik zu findende Gliederungsempfehlung „Ein Satz – ein Gedanke" als einfachstes Mittel ist in der journalistischen Praxis aus diversen stilistischen wie individuellen Gründen (was insbesondere auf die Darstellungsform des Kommentars zutrifft) freilich nicht die Regel.

    Das vorliegende Material bietet aufgrund aussagekräftiger Beispiele jedoch die Möglichkeit, bezüglich homogener und heterogener Sprachbilder Tendenzen aufzuzeigen. Die Beobachtung der qualitativen Auswirkung auf die Argumentation kann dabei – unter Zuhilfenahme der Ausführungen in Kapitel 2.2.3 – als so signifikant bezeichnet werden, dass sich daraus für das Abschlusskapitel Thesen ableiten lassen.

7. Außerdem wurde erfasst, ob sich die in Kapitel 2.2.4 erläuterten **Fehler** bei der Verwendung von Metaphern und Phraseologismen (Unbedachtheit, Meinungsverschleierung, Belanglosigkeit) auch in diesen Kommentaren wiederfanden.

5.2 Vorstellung der Zeitungen

Die empirische Untersuchung richtet sich auf politische Kommentare im Tageszeitungsjournalismus. Im Folgenden werden die fünf Tageszeitungen vorgestellt, deren Kommentare für die Studie ausgewertet wurden. Aufgeteilt in vier Rubriken, werden die wirtschaftliche Platzierung der Zeitung sowie ihre Kommentarkultur dargelegt. Die Angaben beziehen sich entsprechend des Auswertungszeitraums auf das Jahr 2010.

5.2.1 BILD

5.2.1.1 Platzierung im Zeitungsmarkt

Die „Bild" ist eine überregionale Boulevardzeitung. Sie gehört zur Axel Springer AG, der größten Verlagsgruppe Deutschlands mit Sitz in Hamburg und Berlin, deren Anteil am deutschen Zeitungsmarkt 22 Prozent beträgt (vgl. Röper 2008, in: Reitze 2009, S. 47). Die verkaufte Auflage der „Bild Deutschland" lag nach Angaben der Informationsgemeinschaft zur Feststellung der Verbreitung von Werbeträgern (IVW) im zweiten Quartal 2010 bei rund 3,1 Millionen Exemplaren (vgl. IVW 2010a). Damit ist sie nicht nur die meistverkaufte Boulevard-, sondern auch die meistverkaufte Tageszeitung in Deutschland. Ihren Führungsanspruch zementiert sie zudem als reichweitenstärkster Titel mit durchschnittlich 12,5 Millionen Leserkontakten pro Ausgabe, errechnete die Media Analyse 2010 (zit. n. Neises 2010).

5.2.1.2 Kommentare

Pro Tag erscheint in der „Bild" ein Kommentar, kenntlich gemacht durch die Rubrizierung „Bild Kommentar", jeweils mit voller Namensnennung des Autors und Porträtfoto. Der Kommentar ist mit einer Überschrift versehen, die bis zu drei Zeilen einnimmt. Der einspaltige Text ist in zahlreiche Absätze gegliedert, die mitunter nur einen Satz ausmachen können. Die ersten beiden Wörter jedes Absatzes sind fett formatiert, zentrale Aussagen unterstrichen. Die ausgewerteten Kommentare haben eine durchschnittliche Länge von 128 Wörtern.[74]
Montags bis freitags ist zudem direkt unter dem Kommentar die Kolumne „Brief von Wagner" platziert. „Bild"-Autor Franz Josef Wagner kommentiert

---

[74] Die Zahl wurde gerundet.

darin ebenfalls tagesaktuelle Themen in Form und Stil eines Briefes, den er mit einer Anrede an die betreffende Person (*Liebe Hannelore Kraft*) oder an das Thema (*Lieber Kirchentag*) und mit Unterschrift versieht. Da es sich jedoch um eine Kolumne handelt, wird sie bei der Auswertung nicht berücksichtigt.

5.2.1.3 Platzierung der Kommentare innerhalb der Zeitung

Der Kommentar ist auf Seite 2 in der linken oberen Ecke platziert. Eine klare Rubrizierung der Seite ist nicht erkennbar, da sie neben Meinung auch Interviews und Meldungen enthält. Da die auf dieser Seite platzierten Beiträge jedoch Tagesaktualität besitzen, kann sie dem Ressort „Tagesthemen" zugeordnet werden. Bei einem aktuellen Sonderthema, das sich über mehrere Seiten erstreckt, wird die Seite direkt hinter die Sonderseiten verschoben.

5.2.1.4 Meinungsjournalisten

Innerhalb des Untersuchungszeitraums vom 10.04. bis 15.05.2010 formulierten 14 Autoren einen „Bild"-Kommentar. Die fleißigsten Kommentatoren waren Nikolaus Blome (Leiter des Hauptstadtbüros in Berlin / 5 Kommentare), Hugo Müller-Vogg (4), Rolf Kleine (4), Einar Koch (3) und Ernst Elitz (3). Eine Besonderheit des „Bild"-Kommentars ist, dass bisweilen auch Redaktionsexterne für eine Kommentierung verpflichtet werden; so kommentierte am 12.04.2010 Bundesaußenminister Guido Westerwelle den Flugzeugabsturz in Smolensk, bei dem mehrere Führungspersönlichkeiten Polens, darunter Präsident Lech Kaczynski, gestorben waren.

5.2.2 *Express*

5.2.2.1 Platzierung im Zeitungsmarkt

Der „Express" ist eine regionale Boulevardzeitung. Sie gehört zur Verlagsgruppe M. DuMont Schauberg mit Sitz in Köln, der derzeit viertgrößten Verlagsgruppe in Deutschland mit einem Marktanteil von 4,2 Prozent (vgl. Röper 2008, in: Reitze 2009, S. 48). In den Regionen Köln, Düsseldorf und Bonn erscheint sie jeweils mit eigenem Lokalteil. Schwerpunkt des Verbreitungsgebietes ist entsprechend das Rheinland. Die verkaufte Auflage lag nach Angaben der IVW im zweiten Quartal 2010 bei rund 156.000 Exemplaren (vgl. IVW 2010b).

5.2.2.2 Kommentare

Pro Tag erscheint im „Express" ein einspaltiger Kommentar, kenntlich gemacht durch die Rubrizierung „Kommentar", jeweils mit Porträtfoto des Autors, voller Namensnennung und Nennung des Themas (z. B. „Maternus Hilger zum Wahlkampf in NRW") sowie einzeiliger Überschrift. Der erste Buchstabe des Kommentartextes wird als Versal formatiert. Die ausgewerteten Kommentare haben eine durchschnittliche Länge von 129 Wörtern.[75]

5.2.2.3 Platzierung der Kommentare innerhalb der Zeitung

Die Kommentare des „Express" sind jeweils auf Seite 2, die dem Ressort „Politik" zugeordnet ist, in der linken oberen Ecke platziert. Auf der Seite befinden sich außerdem Meldungen, eine Analyse (oft von externen Experten) und ein aktuelles Zitat als „Spruch des Tages".

5.2.2.4 Meinungsjournalisten

Innerhalb des Untersuchungszeitraums vom 10.04. bis 15.05.2010 formulierten 13 Autoren einen „Express"-Kommentar. Die fleißigsten Kommentatoren waren Maternus Hilger (Ressortleiter Politik / 14 Kommentare), Michael Fuchs (2), Dierk Rohwedder (2), Hans-Peter Buschheuer (2) und Jürgen Dreves (2). Auch der „Express"-Kommentar weist die Besonderheit auf, dass bisweilen Redaktionsexterne für einen Gast-Kommentar verpflichtet werden. So kommentierte am 14.04.2010 Dr. Gerd Landsberg, Geschäftsführer des Städte- und Gemeindebundes, die Finanzlage der Städte und Gemeinden im Hinblick auf die Steuerentlastungspläne der FDP.

5.2.3 Süddeutsche Zeitung

5.2.3.1 Platzierung im Zeitungsmarkt

Die „Süddeutsche Zeitung" (SZ) ist eine überregionale Qualitätszeitung. Sie gehört zum Verlagsverbund Stuttgarter Zeitung/Die Rheinpfalz (Ludwigshafen) und SüdwestPresse (Ulm), der sich derzeit mit einem Marktanteil von 8,5 Pro-

---

[75] Die Zahl wurde gerundet.

zent als zweitgrößte Verlagsgruppe in Deutschland etabliert hat (vgl. Röper 2008, in: Reitze 2009, S. 47). Die SZ, herausgegeben vom Süddeutschen Verlag in München, hatte im zweiten Quartal 2010 eine verkaufte Auflage von rund 439.000 Exemplaren (vgl. IVW 2010c). Laut Media Analyse 2010 erreicht sie täglich 1,27 Millionen Leser (zit. n. Neises 2010) und ist damit Marktführer unter den überregionalen Qualitätszeitungen der Tagespresse (s. auch Süddeutsche Zeitung GmbH 2010, S. 7).

In einer Repräsentativbefragung deutscher Journalisten für die Studie „Journalismus in Deutschland" im Jahr 2005 (siehe dazu ausführlich Weischenberg/Malik/Scholl 2006) wurde unter anderem erhoben, welche (anderen) Medien die Journalisten beruflich häufig oder regelmäßig nutzen. Mit 35 Prozent (von rund 1500 Journalisten) wurde die Süddeutsche Zeitung als wichtigstes Orientierungsmedium genannt (vgl. ebd., S. 358f.).

5.2.3.2 Kommentare

Pro Tag veröffentlicht die SZ zwei bis vier Kommentare. Häufigste Kombination im Erhebungszeitraum waren ein langer Kommentar mit drei Kurzkommentaren. Lange Kommentare und Leitartikel werden mit voller Namensnennung platziert, Kurzkommentare mit einem Autorenkürzel versehen. Eine einzeilige Überschrift steht über dem jeweils zweispaltigen Text. Die Kommentarspalte der Zeitung wird – unabhängig von der Anzahl der Kommentare – jeweils voll ausgenutzt, d.h. bei der Veröffentlichung zweier Kommentartexte handelt es sich um zwei lange Kommentare, bei der Veröffentlichung von vier Kommentartexten handelt es sich um vier Kurzkommentare. Die ausgewerteten Kurzkommentare haben eine durchschnittliche Länge von 235 Wörtern, die ausgewerteten Langkommentare von 791 Wörtern.[76]

5.2.3.3 Platzierung der Kommentare innerhalb der Zeitung

Die Meinungsseite der SZ heißt „Meinung" und bildet die Seite 4. Sie enthält neben der Kommentarspalte am linken Blattrand eine Karikatur, ein Personenprofil, eine Presseschau und Beiträge, die der Analyse zugerechnet werden können.

---

[76] Die Zahlen wurden gerundet.

5.2.3.4 Meinungsjournalisten

Innerhalb des Untersuchungszeitraums vom 10.04. bis 15.05.2010 formulierten 49 Autoren einen „SZ"-Kommentar. Die fleißigsten Kommentatoren waren Heribert Prantl (Ressortleiter Innenpolitik / 8 Kommentare), Stefan Kornelius (Ressortleiter Außenpolitik / 6), Christiane Schlötzer (stellv. Ressortleiterin Außenpolitik / 5) und Guido Bohsem (5).

5.2.4 Westdeutsche Allgemeine Zeitung

5.2.4.1 Platzierung im Zeitungsmarkt

Die „Westdeutsche Allgemeine Zeitung" (WAZ) ist eine regionale Qualitätszeitung. Sie erscheint in der WAZ Mediengruppe in Essen, der drittgrößten Verlagsgruppe in Deutschland mit einem Marktanteil von sechs Prozent (vgl. Röper 2008, in: Reitze 2009, S. 48). Ihr Kernverbreitungsgebiet ist das Ruhrgebiet mit seinen Randbereichen, das die WAZ mit 28 Lokalausgaben beliefert. Die verkaufte Auflage der WAZ im Verbund mit der Neuen Ruhr-/Rhein-Zeitung, der Westfalenpost, der Westfälischen Rundschau und dem Iserlohner Kreisanzeiger lag im zweiten Quartal 2010 laut IVW bei rund 811.000 Exemplaren.[77] Die WAZ bezeichnet sich selbst als Deutschlands größte Regionalzeitung.

5.2.4.2 Kommentare

Pro Tag erscheinen in der WAZ drei bis vier Kommentare, jeweils mit voller Namensnennung des Autors. Der einspaltige Kommentar auf Seite 1 ist mit einer zweizeiligen Überschrift versehen, die einspaltigen Kommentare auf Seite 2 enthalten neben einer ein- bis zweizeiligen Überschrift zusätzlich eine Dachzeile. Auch hier wird die Kommentarspalte der Zeitung – unabhängig von der Anzahl der Kommentare – jeweils voll ausgenutzt. Die ausgewerteten Kurzkommentare haben eine durchschnittliche Länge von 162 Wörtern, die ausgewerteten Langkommentare von 322 Wörtern; sie sind also etwas doppelt so lang.[78]

---

[77] Die verkaufte Auflage wird innerhalb der Zeitungen, die in NRW zur WAZ Mediengruppe gehören, nicht gesondert ausgewiesen (vgl. IVW 2010d, Röper 2008, in: Reitze 2009, S. 48 sowie Wikipedia 2010c). Die Druckauflage der Wochenendausgabe der WAZ beziffert der Konzern jedoch auf rund 580.000 Exemplare (vgl. WAZ Mediengruppe 2010).
[78] Die Zahlen wurden gerundet.

5.2.4.3 Platzierung der Kommentare innerhalb der Zeitung

Fest platziert finden sich täglich ein Kommentar auf Seite 1 sowie zwei bis drei Kommentare auf der Meinungsseite „Meinung und Tagesthema" auf Seite 2. Neben der Kommentarspalte enthält sie außerdem eine Spalte mit Presseschau, Leserkommentaren und einer Glosse, einen zentral platzierten Beitrag zum Tagesthema, eine Karikatur sowie die Rubrik „Zahl des Tages".

5.2.4.4 Meinungsjournalisten

Innerhalb des Untersuchungszeitraums vom 10.04. bis 15.05.2010 formulierten 43 Autoren einen „WAZ"-Kommentar. Die fleißigsten Kommentatoren waren Ulrich Reitz (Chefredakteur / 10 Kommentare), Dietmar Seher (Ressort Recherche / 10), Walter Bau (Ressortleiter Innenpolitik / 9), Dirk Hautkapp (Korrespondent Berlin / 9) und Thomas Wels (Leitender Redakteur Wirtschaft / 6).

5.2.5 Westdeutsche Zeitung

5.2.5.1 Platzierung im Zeitungsmarkt

Die „Westdeutsche Zeitung" (WZ) ist eine regionale Qualitätszeitung. Sie erscheint im Verlag W. Girardet und ist eine Drei-Zentren-Zeitung: Der Sitz des Haupthauses in Düsseldorf bildet mit den Häusern in Wuppertal und Krefeld geografisch gesehen das Verbreitungsdreieck. Das Erscheinungsgebiet erstreckt sich außerdem vom niederrheinischen Niederkrüchten im Westen NRWs bis zum Bergischen Land im Osten NRWs. Insgesamt besitzt die WZ 17 Lokalausgaben. Zusammen mit dem Solinger Tageblatt und dem Remscheider General-Anzeiger, die sie mit den Mantelseiten beliefert, hatte sie im zweiten Quartal 2010 eine verkaufte Auflage von rund 165.000 Exemplaren (vgl. IVW 2010e).

5.2.5.2 Kommentare

Pro Tag erscheinen in der WZ zwei bis drei Kommentare, kenntlich gemacht durch die Rubrizierung „Kommentar", jeweils mit voller Namensnennung des Autors und Porträtfoto. Die einspaltigen Kurzkommentare sind mit einer einzeiligen Überschrift versehen, der vierspaltige Hauptkommentar enthält zusätzlich eine Dachzeile. Die ausgewerteten Kurzkommentare haben eine durchschnittliche Länge von 98 Wörtern, die Langkommentare von 312 Wörtern.[79]

5.2.5.3 Platzierung der Kommentare innerhalb der Zeitung

Die Meinungsseite der WZ, „Dialog & Analyse", befindet sich auf Seite 2. Sie enthält einen Hauptkommentar am Kopf der Seite. Andere Kommentierungen zur Politik werden auf den „Tagesthemen"-Seiten (S. 4/5) direkt neben dem jeweiligen Bericht platziert – zum Teil auch auf Seite 1. Auf der Meinungsseite befinden sich außerdem Presseschau, Leserkommentare, Personenprofil, Analyse, Karikatur sowie als Grafik das Ergebnis einer täglichen Online-Umfrage.

5.2.5.4 Meinungsjournalisten

Innerhalb des Untersuchungszeitraums vom 10.04. bis 15.05.2010 formulierten 21 Autoren einen „WZ"-Kommentar. Die fleißigsten Kommentatoren waren Martin Vogler (Chefredakteur / 10 Kommentare), Wolfgang Radau (stellv. Chefredakteur / 8), Christoph Lumme (stellv. Nachrichtenchef / 8), Lothar Leuschen (Chef vom Dienst / 5) und Frank Uferkamp (Landespolitik / 5).

5.2.6 Zusammenfassende Rechtfertigung für die Auswahl

Abschließend soll begründet werden, warum diese fünf Zeitungen für die vorliegende Studie über Metaphern und Phraseologismen im politischen Kommentar ausgewählt wurden:
    Die Auswahl der Tageszeitungen, denen die Kommentare zur Landtagswahl in Nordrhein-Westfalen entnommen wurden, geht zum einen auf Argumente zurück, die die Rolle einiger Medienprodukte als Marktführer und/oder Leitmedium betreffen:

- Die „Bild" hat in Deutschland die höchste Auflage und die mit Abstand größte Reichweite aller Tageszeitungen. Sie repräsentiert den Boulevardjournalismus auf dem Gebiet der deutschsprachigen Presse. Dies zeigt sich wirtschaftlich auch daran, dass sie das einzige Boulevardblatt ist, das überregional erfolgreich ist, betont Bettina Wagner (vgl. 2007, S. 150).

---

[79] Die Zahlen wurden gerundet.

- Die „Süddeutsche Zeitung" ist die größte überregionale Qualitätszeitung der Tagespresse in Deutschland und gehört seit Jahrzehnten zu den wichtigen meinungsbildenden Tageszeitungen; innerhalb des deutschen Journalismus hat sie den Status als führendes Orientierungsmedium.
- Die „Westdeutsche Allgemeine Zeitung" wird als Deutschlands größte Regionalzeitung bezeichnet. In den Ruhrgebietsmetropolen Essen, Bochum, Gelsenkirchen, Duisburg, Oberhausen und Mülheim/Ruhr ist die WAZ die führende Tageszeitung (vgl. WAZ Mediengruppe 2010). Zudem haben die Erzeugnisse des WAZ-Konzerns den überwiegenden Anteil an den Tageszeitungs-Abonnements in NRW.

Diese Zeitungen bieten sich als Studiengrundlage an, weil sie, wie Lüter schreibt (2008, S. 116) in „hohem Maße von politischen Entscheidungsträgern wahrgenommen werden und damit für mögliche Effekte der öffentlichen Meinung der Medien auf das politische System von Bedeutung sind." Zum anderen sind sie insofern von Bedeutung, „als sie im Mediensystem selbst und von Journalisten [...] intensiv wahrgenommen und beobachtet werden und damit Multiplikatoreffekte auslösen können." (ebd., S. 116f.) So galt die „Bild" laut des Zitate-Rankings des Medienforschungsinstituts Media Tenor (2010) im ersten Halbjahr 2010 als meistzitierte Tageszeitung Deutschlands. Darüber hinaus sind „Bild", „Süddeutsche Zeitung" und „Westdeutsche Allgemeine Zeitung" Aushängeschilder der drei größten deutschen Verlagsgruppen.

Zum anderen wird die Auswahl ergänzt durch zwei in NRW regional aktive Tageszeitungen – vor allem, da man für die Zeit vor einer Landtagswahl davon ausgehen kann, „daß die regionalen Tageszeitungen eine größere Informationsfunktion besitzen als für Bundestagswahlen", unterstreicht Rust (1984, S. 13). Gemäß einer Ausgewogenheit ist hierfür ein Produkt aus der Qualitätspresse und ein Produkt aus der Boulevardpresse hinzugezogen worden:

- Die „Westdeutsche Zeitung" als regionale Qualitätszeitung in NRW hat ihren Hauptsitz in Düsseldorf und ist daher auch räumlich der Landtagspolitik nahe. Zudem liegt das Verbreitungsgebiet der Westdeutschen Zeitung weitgehend außerhalb des Verbreitungsgebietes der WAZ.
- Der „Express" als regionale Boulevardzeitung dient als Ergänzung zur „Bild" und ermöglicht einen Vergleich innerhalb dieses Genres. Zudem hat die Landtagswahl auch für den „Express" als im Rheinland aktives Medium eine größere thematische Relevanz als für überregionale Mitbewerber.

Schließlich lässt sich auch die Diversität als Auswahlgrund anführen, da alle fünf Zeitungen in unterschiedlichen, voneinander unabhängigen Verlagen erscheinen.

5.3 Statistische Auswertung des Beitragskorpus

Im Folgenden werden grundlegende statistische Ergebnisse, die sich aus der Vollerhebung vom 10. April bis 15. Mai 2010 ergeben, dargestellt.

5.3.1 Welche Themen behandeln die Kommentare?

Das folgende Diagramm fasst zusammen, welche Berichterstattungsthemen in den fünf für die Studie ausgewählten Zeitungen im Erhebungszeitraum am häufigsten kommentiert wurden (Top 10):

Abbildung 4: Ranking der Kommentarthemen im Erhebungszeitraum (Top 10)

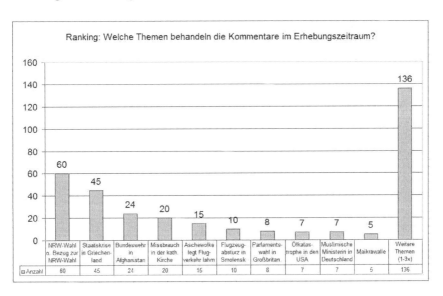

Obwohl während des Erhebungszeitraums nachrichtlich sehr bedeutsame Ereignisse auftraten – allen voran die Staatskrise in Griechenland (45x kommentiert), dazu die Diskussion um den Einsatz der Bundeswehr in Afghanistan, nachdem deutsche Soldaten getötet worden waren (24x), die Missbrauchsfälle in der katholischen Kirche (20x) sowie die Aschewolke eines isländischen Vulkans, die den europäischen Flugverkehr für mehrere Tage lahm legte (15x) – war die NRW-Wahl (insgesamt 60x) in WAZ, WZ und SZ das dominierende Kommentarthema. Im „Express" schaffte sie es auf Platz 2, im Ranking der „Bild"-Kommentarthemen zusammen mit der „Aschewolke" auf Platz 3.

Eine Auffälligkeit zwischen Boulevard- und Qualitätsjournalismus – allerdings ohne Prüfung der Signifikanz – sei hier beispielhaft erwähnt: Am Verhältnis zwischen der Anzahl der Kommentarthemen und der Anzahl aller Kommentare zeigen sich die Unterschiede in politischer Kommentarkultur und thematischer Fokussierung der Zeitungsgenres. Während die „Bild", der pro Tag nur ein klassischer Kommentar zur Verfügung steht, in 29 Kommentartexten 12-mal die Staatskrise in Griechenland behandelte (entspricht einem Anteil von 41,4 %), tat dies die „Süddeutsche Zeitung" (pro Tag zwei bis vier Kommentare) in 105 Kommentartexten nur 9-mal (entspricht einem Anteil von 8,6 %). Sie lieferte stattdessen (zusätzlich zur größeren Platzierungsmöglichkeit auch wegen des redaktionellen Anspruchs der Bandbreite) neben den zentral relevanten Kommentarthemen eine thematische Vielfalt mit 59 weiteren, maximal 3-mal platzierten Kommentarthemen, in der unter anderem 2-mal die Regierungskrise in Belgien Platz fand[80], 3-mal Unruhen in Kirgistan[81] und 2-mal der Atomwaffensperrvertrag – Themen, die in allen anderen Zeitungen des Korpus in den Kommentaren gar nicht berücksichtigt wurden.

In einem beispielhaften Vergleich zwischen SZ und WAZ werden zudem die thematischen Zugriffe zwischen einer überregionalen und einer regionalen Qualitätszeitung deutlich. So kommentierte die WAZ als Regionalzeitung (offensichtlich vor allem beruhend auf dem Nachrichtenfaktor der räumlichen Nähe) im Erhebungszeitraum 3-mal die Insolvenz des Karstadt-Konzerns, da dieser, ebenso wie der WAZ-Konzern, in Essen seinen Hauptsitz hat und daher für die Region wirtschaftlich bedeutend ist. Die anderen Zeitungen verzichteten – zumindest im Erhebungszeitraum – auf eine Kommentierung der Verhandlungen.

5.3.2 Anteil der Kommentare zur NRW-Wahl am Gesamtkorpus

Im Erhebungszeitraum veröffentlichten die fünf Zeitungen auf ihren Meinungsseiten zusammen 337 Kommentare. Davon nahmen, wie in Kapitel 5.1.1 aufgeführt, 60 Kommentartexte auf die NRW-Wahl Bezug. Dies entspricht einem Anteil von 17,8 %. Den Zeitungen zugeordnet, ergibt sich folgendes Bild:

---

[80] Die Regierungskoalition in Belgien war an einem „erbitterten Sprachenstreit" zwischen flämischen und französischsprachigen Belgiern zerbrochen, der Ministerpräsident zurückgetreten (vgl. faz.net 2010).
[81] Seit März sorgten regierungskritische Demonstranten in Kirgistan für heftige Unruhen. Sie stürmten u.a. Regierungsgebäude und nahmen einen Gouverneur als Geisel. Bei Straßenschlachten mit der Polizei im April hatte es zahlreiche Tote und Verletzte gegeben (vgl. Welt online 2010).

Abbildung 5: Kommentare mit Bezug zur NRW-Wahl im Verhältnis zu Kommentaren gesamt, separiert nach Zeitungen

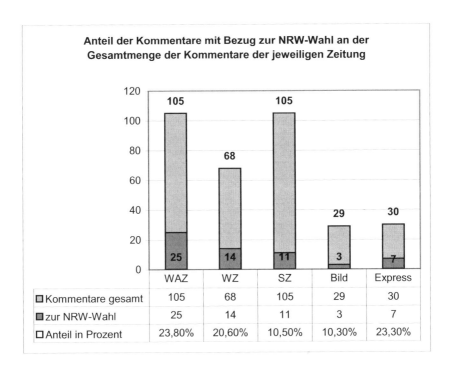

Holger Rust (vgl. 1984, S. 80) weist darauf hin, dass die Konzentration auf regionale Belange mit der Entfernung vom publizistischen Bezugssystem abnehme, andererseits Zielgruppenbezug und Zunahme der politischen Kommentierung korrespondieren. Entsprechend finden sich die – in absoluten Zahlen – höchsten Werte an Kommentaren zur NRW-Wahl bei den regionalen Qualitätszeitungen WAZ und WZ. Bestätigt wird diese Einordnung auch durch die auffällige Differenz zwischen den beiden Boulevardzeitungen: Während sich nur 10,3 % der Kommentare der überregional aktiven „Bild" der Landtagswahl widmen, liegt der in NRW regional beheimatete „Express" mit einem Anteil von 23,3 % zumindest prozentual fast gleichauf mit der WAZ.

5.3.3 Inhaltliche Schwerpunkte in den Kommentaren zur NRW-Wahl

Bei der Kommentierung des Landtagswahlkampfes ist eine – zumindest bis zum Wahltermin – vielfältige Thematik festzustellen: So wird spekuliert, inwieweit die Strategien der Bundesregierung für das finanzschwache Griechenland von der anstehenden NRW-Wahl abhängig sind; es geht um Forderungen zu den Laufzeiten von Atomkraftwerken sowie um Steuersenkungspläne der FDP; auch die Gestaltung der Wahlplakate und das Fernsehduell zwischen Jürgen Rüttgers und Hannelore Kraft sind Anlass für Kommentare. Zwei dominierende Themen sind die Koalitionsoptionen der künftigen Landesregierung bzw. die Koalitionsgespräche nach der Wahl (12 von 60 Kommentaren, 20 %) sowie Auswirkungen der NRW-Wahl auf die Bundesregierung (9 von 60 Kommentaren, 15 %).

5.3.4 Verhältnis zwischen Kommentaren und Kommentatoren

5.3.4.1 Kommentatoren gesamt

Abbildung 6: Anzahl der Kommentare gesamt im Verhältnis zur Anzahl der Kommentatoren

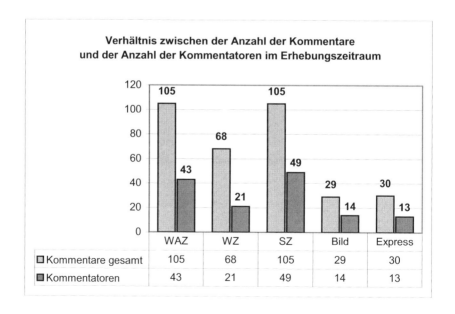

Insgesamt 140 Autoren kommentierten im Erhebungszeitraum ein oder mehrere Themen; das Diagramm zeigt, wie sie sich auf die fünf Zeitungen verteilen. In Kapitel 5.2 wurde bei der Vorstellung der Zeitungen bereits auf diese Zahlen zurückgegriffen und gezeigt, welche Meinungsjournalisten der jeweiligen Zeitung besonders häufig kommentieren. An diesen Zahlen lassen sich jedoch keine relevanten Auffälligkeiten hinsichtlich der redaktionellen Meinungsvielfalt ausmachen; zudem ist als Grundlage für unsere Studie das Verhältnis in Bezug auf die Kommentare zur NRW-Wahl interessanter.

5.3.4.2 Kommentatoren zur NRW-Wahl

Abbildung 7: Anzahl der Kommentare zur NRW-Wahl im Verhältnis zur Anzahl der Kommentatoren zur NRW-Wahl

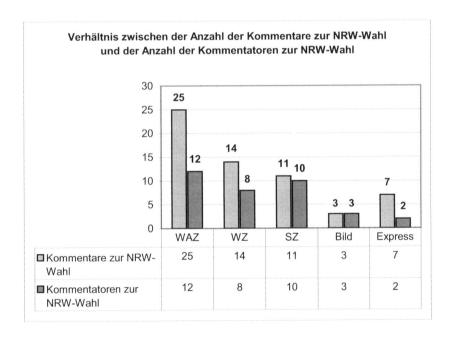

An Auffälligkeiten ist hier zu erkennen, dass die SZ eine sehr ausgeglichene Kommentarkultur besitzt. Die elf Kommentare zur NRW-Wahl wurden von zehn Autoren geschrieben, d. h. nur ein Kommentator (hier: Peter Fahrenholz) widmete sich zweimal dem Thema. Bei der WAZ steuerte knapp ein Drittel der Wahl-

Kommentare (8 von 25) Walter Bau, Ressortleiter Innenpolitik, bei; Chefredakteur Ulrich Reitz lieferte zudem 7 der 25 Wahl-Kommentare (28 %). Ähnliches gilt für die WZ: Frank Uferkamp, zur Zeit der Studie in der Redaktion verantwortlich für die Landespolitik, schrieb ebenfalls ein Drittel der Kommentare zur NRW-Wahl (5 von 14). Im „Express" dominiert bei den Kommentaren Maternus Hilger, Ressortleiter Politik. Er lieferte knapp die Hälfte aller Kommentare im Erhebungszeitraum sowie 6 der 7 Kommentare zur NRW-Wahl. Für die „Bild" lassen sich aufgrund der geringen zur Verfügung stehenden Kommentarmenge zur NRW-Wahl diesbezüglich keine Besonderheiten prüfen.

6 Sprachliche Analyse des politischen Kommentars

In diesem Kapitel werden die Ergebnisse der Auswertung vorgestellt und analysiert. Grundlage sind die in Kapitel 5.1.2 erläuterten Arbeitsschritte 3 (Errechnung des Metaphernanteils in Relation zum Gesamttext), 4 und 6 (metaphorische Wortfelder und Systematik des Wortfeldgebrauchs), 5 (Konventionalitätsgrad der Metaphern) sowie 7 (Fehler bei der Metaphernverwendung).

Die Analyse wird gegliedert in eine Gesamtauswertung aller Kommentare mit Bezug zur NRW-Wahl (unabhängig von der Zeitung und dem Zeitungstyp) und eine darauf aufbauende Einzelauswertung, wobei in den Diagrammen des zweiten Teils zwar jede Zeitung separat aufgeführt wird, in den Ausführungen die Ergebnisse aber durch Vergleiche miteinander in Beziehung gesetzt werden.

6.1 Gesamtauswertung des Beitragskorpus

6.1.1 Metaphernanteil in Relation zum Gesamttext

Abbildung 8: Metaphernanteil in den Kommentaren in Relation zum Gesamttext

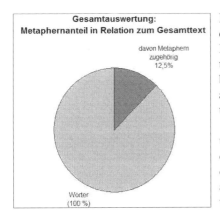

Die Berechnung des Metaphernanteils ergab, dass die Kommentartexte im **Durchschnitt** zu **12,5 %** (1/8 eines Textes) aus Metaphern und Phraseologismen bestehen. Der Mittelwert wurde errechnet aus den Mittelwerten aller Kommentartexte.

Die **Bandbreite**, die den geringsten und den höchsten Prozentwert anzeigt, der sich bei der Auswertung ergab, reicht dabei von **3,5 % bis 26,0 %**. Es erschien also im Erhebungszeitraum ein Kommentar, der sich nur zu 3,5 % aus Metaphern zusammensetzte, was für eine sehr sachlich kommentierende Stilistik spricht (in diesem Fall ein Text aus der SZ), aber auch ein Kommentar, der sich zu 26 % aus Metaphern zusammensetzte, was etwa einem Viertel des Textes entspricht (in diesem Fall aus dem „Express"). Hierbei ist der hohe Anteil durch eine metaphorisch ausgeweitete Szenerie in einem kurzen Text bedingt, auf die wir in Kapitel 6.1.2.2 eingehen.

Bedeutsamer als die Bandbreite – die hier zwar als sehr groß zu bezeichnen ist, aber durch Ausreißer verfälscht sein könnte – ist die Standardabweichung, ein Maß für die Streuung der Messdaten. Sie zeigt an, wie stark die Metaphernanteile der einzelnen Kommentare vom Mittelwert abweichen. Eine kleine Standardabweichung, als welche Werte von 1-2 % bezeichnet werden können, lässt vermuten, dass die Autoren einer Zeitung recht konstant denselben Wert an Metaphern einsetzen. Ist die Standardabweichung im Extremfall so groß wie die Bandbreite (ein für die Standardabweichung sehr hohes Verhältnis), sind die erhobenen Daten gleichmäßig über die Bandbreite gestreut, Ausreißer also auszuschließen.

Für die Gesamtauswertung beträgt die **Standardabweichung 5,7 %**, was auf eine relativ breite Streuung schließen lässt. Da wir in dieser Berechnung aber alle fünf Zeitungen aus unterschiedlichen Genres und mit unterschiedlichen Kommentarmengen miteinander vermischen, lässt sich aus diesem Wert keine signifikante Aussage ableiten. Wir verweisen daher auf die Einzelauswertung des Metaphernanteils für die jeweiligen Zeitungen in Kapitel 6.2.1.

6.1.2 Metaphorische Wortfelder

In den Kommentartexten mit Bezug zur NRW-Wahl kamen Metaphern und Phraseologismen aus insgesamt **46** Wortfeldern zum Einsatz. Ein Fünftel davon sind allgemeine Bewegungsmetaphern. Damit bilden sie, wie Diagramm 9 zeigt, das mit Abstand am häufigsten verwendete Wortfeld. Dies gilt, wie die weiter unten erläuterte Einzelauswertung offenbart, für alle fünf Zeitungen.

Abbildung 9: Gesamtauswertung der Einheit „Metaphorische Wortfelder" (Top 10)

6.1.2.1 Wortfeld „Allgemeine Bewegungsmetapher"

Vorrangiger Nutzen dieser allgemeinen Bewegungsmetaphern ist es zum einen, Aktivität darzustellen, in unserem Thema insbesondere das strategische Verhalten einer Partei oder eines Politikers zu verbildlichen. Im Folgenden geschieht dies mittels des Phraseologismus *über etwas hinweggehen,* verstärkt durch die attributiv gebrauchte Metapher *achselzuckend* aus dem Wortfeld „Körper":

> *Gerade aus Deutschland ist die Auflösung Guantanamos immer wieder gefordert worden, deshalb kann keine deutsche Regierung **über** ein Ersuchen aus den USA einfach **achselzuckend hinweggehen**.* (SZ 12.04.2010)[82]

---

[82] Die Quellenangaben beziehen sich in diesem Kapitel – soweit nicht anders angegeben – auf die Kommentare des Beitragskorpus. Sie sind – nach Zeitung und Datum geordnet – im Anhangband zu finden, der auf der Webseite des Springer-Verlags (www.springer.com) zum Download bereitgestellt ist (Details siehe Literaturliste S.163).

Mit der verkürzten Version dieser Wendung (*jmd. übergehen*) gestaltet sich die Feststellung im folgenden Beispiel:

> *Dass dabei* [Verfügung der Landesregierung zu Finanzhilfen für überschuldete Städte] *der eigentlich zuständige, aber bei den Städten äußerst unbeliebte FDP-Innenminister Wolf einfach* **übergangen** *wird, sagt alles über dessen aktuellen Stellenwert in der schwarz-gelben Koalition.* (WZ 24.04.2010)

Ebenso liegt eine Veranschaulichung vor, wenn das Verhalten von SPD-Chef Sigmar Gabriel als *zu* **sprunghaft** bezeichnet wird (Bild 11.05.2010) oder Politikerin Andrea Ypsilanti *mit ihrem* **Linksschwenk** *alles verspielte* (Express 11.05.2010). Fremdeinwirkung wird durch Passivkonstruktionen verdeutlicht:

> *Die Euro-Krise hat mitsamt der Abwahl der schwarz-gelben Regierung in NRW auch die Kanzlerin* **ins Straucheln gebracht.** (Express 13.05.2010)

Bewegungsmetaphorik wird in den Kommentaren nicht nur auf den politischen Machtapparat und seine Funktionäre angewandt, sondern auch für Sympathien der Wähler eingesetzt. Im Folgenden wird das einer Flucht nahekommende Verb *davonlaufen* für sich verändernde Richtungen im Wählerverhalten verwendet:

> *Gehen die so schrumpfenden Sozialdemokraten aber mit der Linkspartei Bündnisse ein, werden ihnen [...] noch mehr Wechselwähler zu den Grünen und vielleicht sogar zur CDU* **davonlaufen.** (SZ 11.05.2010).[83]

Zum anderen werden Bewegungsmetaphern gebraucht, um politische Vorgänge einzuschätzen, etwa wenn vom Bundestag in der Entscheidung über das Hilfspaket für das verschuldete Griechenland erwartet wird, *dass eine deutliche Mehrheit der Demokraten eine gewaltige Neuverschuldung* **gemeinsam trägt** (WZ 07.05.2010) oder es zur Reform des Schulsystems in NRW heißt: *Doch wäre es unklug, [...] gleich das komplette System, also Gymnasium und Realschule inklusive,* **zu kippen.** (WAZ 15.04.2010)

In einem weiteren Schritt hat der Kommentator über Bewegungsmetaphern die Möglichkeit, das Ausmaß bzw. die Intensität eines politischen Vorhabens zu veranschaulichen und durch die Wortwahl gleichzeitig zu bewerten:

> *Wenn Schwarz-Gelb bei einer Wahlniederlage in NRW längere Laufzeiten für Kernkraftwerke* **durchdrücken** *will – dann viel Spaß.* (WAZ 21.04.2010)

---

[83] Hier wurde auch das Verb *schrumpfen* aus dem ersten Satzteil als Bewegungsmetapher registriert.

Dem Verb „durchdrücken" ist eine Form von Härte und Grobheit zu eigen; es wird synonym für „erzwingen" gebraucht. In ihrer Ausprägung hat die Metapher daher im Gegensatz zu eher Sachlichkeit vorweisenden Verben wie „erreichen", „erzielen" oder „zuwege bringen" einen wertenden Charakter. Eine klare Wertung mittels einer Bewegungsmetapher liegt auch vor, wenn Walter Bau einen Kommentar (WAZ 15.05.2010) mit dem Satz beginnt:

> Das **Gehampel** um die Ampel ist vorbei.

Das umgangssprachliche Substantiv *Gehampel* beschreibt mit nur einem Wort die in den Tagen zuvor unbeständige Debatte in der FDP über eine Koalition mit SPD und Grünen; diese ging einher mit widersprüchlichen Äußerungen, die der Sachlichkeit und Ernsthaftigkeit der FDP entgegenwirkten. Manko des Satzes ist allerdings, dass das „Gehampel" zusammen mit der „Ampel" einen offenbar bewusst eingesetzten Reim bildet. Dies wäre für eine Glosse akzeptabel, in einem seriösen Kommentar wirkt dieser Stil deplatziert.

Dirk Hautkapp zeigt, wie sich Kritik durch eine Bewegungsmetapher mittels der Syntax verstärken lässt. In seinem Kommentar (WAZ 12.04.2010) widmet er sich dem Gebaren von Jürgen Rüttgers, die geplante Aufnahme von Guantánamo-Häftlingen in NRW im Wahlkampf zu thematisieren. Rüttgers Warnung gegenüber der FDP sei, so fasst es Hautkapp zusammen:

> *Wer die Liberalen mit seinem Kreuz bedenkt, holt sich zwielichtige Terror-Verdächtige ins Land. Ein Spiel mit Stimmungen, aus denen Stimmen werden sollen.* **Abstoßend.**

Der Autor setzt seine Wertung durch die elliptisch gebrauchte Metapher *abstoßend* (für „extrem negativ") von seiner vorigen Interpretation (*Ein Spiel mit Stimmungen ...*) ab und akzentuiert sie dadurch. Metaphorisch macht er deutlich, dass er sich von diesem Verhalten geistig ‚entfernt'.

Wurden bislang Einzelmetaphern zitiert, soll abschließend eine mehrgliedrige Variante dokumentiert werden, in der Bewegungsmetaphern (*wackeln, in etwas schleichen*) mit Sprachbildern weiterer Wortfelder (*auf etwas schielen, sich kalt rächen, flirten*) korrespondieren. In diesem Kommentareinstieg (WAZ 12.05.2010a) dienen alle Verbmetaphern zur Verbildlichung und Wertung von Handlungen (geschehenen und möglichen):

> **Wackelt** *die FDP? Will sie sich* **in** *eine Ampelkoalition mit SPD und Grünen* **schleichen**? *Schielt sie* **auf** *Versorgungsposten in einem neuen Kabinett? Will sie sich damit etwa an der Union* **kalt rächen**, *die vor der Wahl mit den Grünen* **flirtete** *und nach der Wahl ebenso offensichtlich mit der SPD, ihrer einzigen Machtperspektive?*

6.1.2.2 Wortfeld „Militär"

Metaphern und Phraseologismen aus dem Wortfeld „Militär" kamen am zweithäufigsten in den Kommentaren mit Bezug zur NRW-Wahl zum Einsatz. Dies trifft auf alle Zeitungen des Beitragskorpus außer der „Bild" zu.
In Kapitel 2.2.2.2 wurde bereits erwähnt, dass militärsprachliche Metaphern in politisch-journalistischem Kontext zahlreich zu finden sind; dies verdeutlichen auch wissenschaftliche Studien zum Thema (siehe u. a. Harms 2008; Küster 1978). Die Auswertung der vorliegenden Untersuchung kann die darin grundlegenden Ergebnisse also bestätigen. Nachfolgend soll aufgezeigt werden, wie die Militärmetaphorik in Kommentaren zum Landtagswahlkampf eingesetzt wurde – von der Einzelmetapher bis zur homogen erweiterten Szenerie.

Einzelmetapher

Im Streit um die Reformierung des Schulsystems in NRW gibt es zwei Lager: Wie in Kapitel 4.4 erläutert, wollen CDU und FDP die bestehenden Schulformen beibehalten, während die SPD zusammen mit den Grünen das Konzept einer Gemeinschaftsschule realisieren will. Walter Bau schlägt in seinem WAZ-Kommentar vom 15.04.2010 einen Kompromiss vor:

*So ließe sich etwa mit vergleichsweise geringem Aufwand die Grundschulzeit auf fünf oder sechs Schuljahre verlängern. Dadurch würde die Festlegung auf einen weiterführenden Schulzweig aufgeschoben. Dies brächte kurzfristig mehr als ein jahrelanger **Stellungskrieg** um die vermeintlich große Reform.*

Zentral ist hier die reine Militärmetapher „Stellungskrieg", mit der der Autor die Unbeweglichkeit der politischen Gegner und die damit einhergehende Taktik verbildlicht: Ein Stellungskrieg ist weitgehend starr, weil sich die Gegner in Stellungen eingraben und gegenseitig den Weg versperren. Er soll vor allem dazu dienen, die eroberten Stellungen zu halten. Darüber hinausgehende Erfolge sind mit dieser Taktik schwierig.
Hans Leyendecker kommentiert in der SZ (20.04.2010) die bevorstehende Landtagswahl. Inhaltlicher Schwerpunkt ist die Prognose, dass die amtierende CDU/FDP-Koalition nicht wiedergewählt wird und die Frage, inwieweit Ministerpräsident Jürgen Rüttgers, aber auch die gleichfarbige Bundesregierung dafür verantwortlich sind. Diesbezüglich formuliert Leyendecker in einer Passage:

*Die üblichen Schuldzuweisungen und **Absetzmanöver** haben schon begonnen. In Berlin wird darauf verwiesen, dass Rüttgers [...] keine gute Figur gemacht habe. [...]*

Daraufhin folgen weitere Belastungen gegenüber Rüttgers aus den eigenen Reihen, an die eine Analyse seiner Regierungszeit anknüpft. Metaphorische Verdeutlichung dieses Abstreifens von Verantwortlichkeit ist in der zitierten Passage das Substantiv „Absetzmanöver", das im Militär eine Art strukturierten Rückzug, in mitunter flüchtender Absicht, bezeichnet.

Mehrfach ist auch die Militärmetapher „Vorstoß" in Gebrauch, die das Eindringen in feindliches Gebiet bezeichnet. Aufgrund des energischen Vorgehens, des offensiven Charakters dieser Handlung wird das Substantiv in politischem Kontext auf eine dynamisch kommunizierte Absicht oder gar Entscheidung übertragen. Dies ist etwa der Fall, wenn Arbeitsministerin Ursula von der Leyen dafür sorgen will, dass Arbeitsämter alleinerziehende Hartz-IV-Empfängerinnen besser fördern (SZ 24.04.2010):

*Der **Vorstoß** der Ministerin zielt weniger auf alleinerziehende als auf geringverdienende oder gering qualifizierte Frauen [...].*[84]

Den gleichen Zweck erfüllt die Formulierung, wenn Bildungsministerin Schavan vorschlägt, durch so genannte Lotsen Schüler im Lernprozess zu unterstützen und die WZ (27.04.2010) dies mit den Worten kommentiert:

*Doch der **Vorstoß** von Annette Schavan hat Haken und zeigt die Hilflosigkeit, mit der die Politik am System Schule herumdoktert.*

Hier liegt ein heterogener Metapherngebrauch vor, bei dem die konventionalisierten Begriffe unterschiedlicher Wortfelder offenbar unbewusst miteinander vermengt wurden: Neben der Militärmetapher kommt in den zwei durch die Konjunktion „und" verbundenen Gedankeneinheiten ein Sprachbild aus dem Sport (*Haken*, ursprünglich den Angelhaken meinend) sowie aus der Medizin (das umgangssprachliche Verb *herumdoktern*) zum Einsatz.

Ein Vorstoß ist jedoch – auch in der Politik – nicht immer erfolgreich, was sich kommentierend ebenfalls in der Militärmetaphorik verdeutlichen lässt (SZ 29.04.2010):

*Einmal schon lag sie [die Regierung] daneben: Als sie im Februar den **Vorstoß** des Deutsche-Bank-Chefs Josef Ackermann **abblockte**, eine Bankenlösung unter Einbeziehung der staatlichen KfW-Bank zu organisieren.*

---

[84] Die in dieser Passage das Prädikat bildende Wendung *auf etwas zielen* (eine Absicht haben) lässt sich ebenfalls dem Wortfeld „Militär" anrechnen, kann im Bedeutungszusammenhang aber nicht als ausdrückliche Erweiterung der Grundmetapher *Vorstoß* gedeutet werden.

Durch das Verb *abblocken* liegt hier bereits eine einfach erweiterte Metapher vor, auf deren Bildung wir im folgenden Unterkapitel eingehen.

„Verheeren" ist eine Verbalableitung des reinen Militärsubstantivs „Heer" und beschreibt die militärische Zerstörung eines Gebietes durch eine Heeresmacht (vgl. Duden Band 7 2001, S. 891). Wenn etwas in übertragener Bedeutung als „verheerend" bezeichnet wird, kann dies für eine faktische (*Ein verheerender Wirbelsturm hat in Florida* ...), aber auch für eine immaterielle Zerstörung stehen, etwa des gegenseitigen Vertrauens, der Zusammenarbeit oder der Kompetenz, wie in diesen Kommentarbeispielen:

Wenn die Koalition das Hilfe-Gesetz [zur Unterstützung Griechenlands] *nur mit eigenen Stimmen durchpaukt [...], ist das ein **verheerendes** Signal.* (WZ 07.05.2010)

*Der **verheerende** Fehlstart der schwarz-gelben Regierung in Berlin könnte seiner gleichfarbigen Koalition in Düsseldorf den Garaus machen.* (SZ 12.04.2010)

Im zweiten Textauszug befindet sich eine Militärmetapher erneut – wie in der oben zitierten WZ-Passage vom 27.04.2010 – in einem heterogenen Umfeld. Das Substantiv *Fehlstart* ist dem Sport zuzurechnen, der Phraseologismus *jemandem den Garaus machen* (jemanden töten bzw. etwas beenden) stammt aus dem Justizwesen.[85]

Der *Kampf*[86] als auffallendstes Geschehen einer militärischen Auseinandersetzung ist für politische Konfrontationen metaphorisch grundlegend und lässt sich schließlich auch selbst als Sprachbild nutzen:

*In der CDU hat der wohl größte **Kampf** der letzten Jahre begonnen.* (SZ 15.05.2010)

*In Hamburg, wo seit Monaten **ein erbitterter Kampf** um die schwarz-grüne Schulpolitik **tobt** [...].* (WAZ 15.04.2010)

*Kraft ist das Kunststück gelungen, dass sich die Partei [...] nicht in **Flügelkämpfe** verstrickte.*[87] (WAZ 10.05.2010a)

---

[85] Das Wort „Garaus", das nur noch in dieser Wendung gebräuchlich ist, stammt vom Ruf „gar aus!" (für „vollständig aus"). Mit ihm wurde seit dem 15. Jahrhundert in Süddeutschland die Polizeistunde angeordnet. „Der Ausdruck wurde dann auch auf das Tagesende [...] übertragen." (Duden Band 7 2001, S. 248)
[86] Das Substantiv „Kampf" beruht übrigens auf dem lateinischen Wort *campus* für „Feld, Schlachtfeld" (vgl. Duden Band 7 2001, S. 386).
[87] Das Substantiv „Flügelkämpfe" bezeichnet im politischen Kontext eine Auseinandersetzung zwischen verschiedenen Gruppen einer Partei.

Einfach erweiterte Metapher

Eine einfach erweiterte Metapher geht von einer Grundmetapher aus und ergänzt diese durch ein Sprachbild aus dem gleichen Wortfeld (siehe Kapitel 2.2.3.1). Dadurch entsteht gewissermaßen eine kleine Szene. Diese Methode ist in den Kommentaren mit Bezug zur NRW-Wahl einerseits in ganz einfacher Umsetzung wiederzufinden – indem die Grundmetapher in variierter Konjugation noch einmal aufgegriffen wird. So heißt es in der WZ vom 26.04.2010:

> *Dass die Mehrheit in Deutschland Schuldenabbau statt Steuersenkung fordert und die Liberalen auch deshalb in Umfragen immer wieder abstraft, **ficht** die FDP nicht **an**. Es darf sie auch nicht **anfechten**, weil sie Profil braucht [...].*

Das Verb „anfechten" stammt aus dem Fechtkampf und steht für den Angriff mit der blanken Waffe. In der Übertragung hat es – wie in der Textpassage – die Bedeutung von „beunruhigen" (vgl. Duden Band 7 2001, S. 208). Andererseits finden sich korrespondierend erweiterte Sprachbilder. Dazu drei Beispiele:
Im „Express" (13.05.2010) beendet Maternus Hilger seinen Kommentar über die in Regierungskreisen kritisierte Kanzlerin mit dem Fazit:

> *Sie muss aufpassen, dass die **Revolte** in der Union sich nicht **zu einer Palast-Revolution ausweitet**.*

In ihrer eigentlichen Bedeutung ist die Revolte ein bewaffneter Aufstand einer kleineren Gruppe, eine Revolution hingegen ein „gewaltsamer Umsturz der bestehenden politischen oder sozialen Ordnung" (Duden Band 7 2001, S. 673). So existiert zwischen beiden Begriffen eine Abhängigkeit in Form einer semantischen Steigerung. In der bildlichen Übertragung steht die Revolte für die aktuelle Kritik einiger Parteiangehöriger an ihrer Chefin, die Revolution für eine mögliche – wenn auch nicht gewaltsame, so doch folgenreiche – Misstrauensdebatte. Das einer historischen Szenerie entnommene, bildverstärkende Substantiv „Palast" steht für das Kanzleramt oder das Reichstagsgebäude.
Marc Beise schreibt in der SZ (29.04.2010) über die Taktik der Bundesregierung bei der Genehmigung eines Hilfspakets für das verschuldete Griechenland. Nachdem sie eine klare Zusage getroffen hatte, bereiteten die Medien dies in teils vorwurfsvoller Weise auf:

> *Der „Boulevard", wie es in Berlin heißt, könne sich des Themas bemächtigen. Schon beginnt ja das **Trommelfeuer**, von ‚Bild' (‚Griechen wollen unser Geld') bis zu konservativen Blättern, die mindestens den **vergifteten Rat** an die Griechen **im Köcher** haben, doch mal über den Austritt aus der Währungsunion nachzudenken.*

Ausgangsmetapher ist das Substantiv „Trommelfeuer"; es bezeichnet die Aktion, eine Waffe wie eine unablässig im Takt gespielte Trommel auf den Gegner abzufeuern, bis das Magazin leer ist. Übertragen auf das Vorgehen der Presse bezeichnet der Begriff eine Art Schimpftirade, die sich gegen die deutsche wie griechische Politik wendet. In der Erweiterung der Metapher im dritten Abschnitt des zweiten Satzes wird eine diesbezügliche Waffe der Medien konkretisiert: Der „Köcher" bezeichnet einen Behälter für Pfeile, die man für den Kampf bereithält. Offenbar sind hier – bezogen auf den „vergifteten Rat", der sich im Köcher befindet – Giftpfeile gemeint, die die Zeitungen auf Griechenland schießen.

Drei Tage nach der Landtagswahl stellt Walter Bau in der WAZ (12.05.2010b) fest:

> Die **Wahlkampfschlacht** um Nordrhein-Westfalen **ist geschlagen** – jetzt wird **Klartext** geredet.

Der Einsatz des Wortfelds „Militär" ist im ersten Teil des Satzes eindeutig. Allerdings lässt sich an diesem Zitat erkennen, wie sehr der Begriff „Wahlkampf" konventionalisiert ist, da es sich bei der Substantivkopplung „Wahlkampf-Schlacht" um eine durch den Anhang verdoppelte Metapher handelt und damit eine Tautologie bildet – eine Schlacht ist bereits ein Kampf.[88] Eine metaphorisch homogene Erweiterung liegt neben der passiven Verbkonstruktion *ist geschlagen* auch durch das Substantiv *Klartext* vor, das sich ebenfalls dem Wortfeld „Militär" zuordnen lässt: Es bezeichnet einen entzifferten, also offen lesbaren Text, der aus verschlüsseltem Geheimtext hervorgeht. Dieses Codierungsverfahren wird bei militärischen Einsätzen häufig verwendet, um (meist strategische) Nachrichten mittels Telegraphie zu vermitteln, ohne dass der Feind die Information erlangen kann. Der Begriff *Klartext* wurde durch den verstärkten Einsatz im Ersten Weltkrieg geläufig.

Metaphorische Szenerie

Anhand von vier Kommentarauszügen aus drei unterschiedlichen Zeitungen soll demonstriert werden, wie die Autoren durch die Kombination mehrerer Metaphern aus dem Wortfeld „Militär" eine Szenerie schaffen. Hierbei fällt auf, dass die homogene mit originärer Metaphernverwendung korrespondiert. Dies lässt darauf schließen, dass der Einsatz der Metaphern zur Schaffung solcher Szene-

---

[88] Gemeint ist mit dem „Wahlkampf" natürlich die Werbeperiode der Parteien und mit der „Schlacht" die dabei stattfindende Auseinandersetzung der Parteien bezüglich der Gunst der Wähler – eine Schlacht um Wählerstimmen.

rien von den Autoren bewusst und gezielt erfolgte und damit eine Argumentationsstruktur erkennen lässt.

Am 26.04.2010 traten die Spitzenkandidaten der beiden großen Parteien, NRW-Ministerpräsident Jürgen Rüttgers (CDU) und Herausforderin Hannelore Kraft (SPD), im WDR Fernsehen zum „TV-Duell" an. Dieser ‚verbale Schlagabtausch' wurde in den Tagen darauf von der Presse analysierend und kommentierend bedacht, unter anderem von Frank Uferkamp in der WZ (28.04.2010). Dort heißt es im ersten Absatz:

> *[...] Alle fühlen sich als Sieger. Nach dem **TV-Duell** zwischen Ministerpräsident Jürgen Rüttgers und seiner **Herausforderin** Hannelore Kraft kann man das sogar verstehen und eindeutig interpretieren: Es war ein Unentschieden, das am Ende der 60 Minuten stand. Für dieses Aufeinandertreffen war freilich der **martialische Titel Duell** unpassend, weckt das doch gleich Bilder von **wütenden Kontrahenten, die sich mit Pistole oder doch wenigstens einem Florett attackieren.***

Hier zeigt sich, dass die bereits von der Fernsehanstalt vorgegebene Metaphorik (Duell = Zweikampf) durch direkte Erwähnung aufgegriffen und homogen ausgebaut wird, indem das Verhalten der beiden Kontrahenten während der Sendung militärmetaphorisch bewertet wird. Im weiteren Verlauf des Textes ist von *Angriffen des Gegners, heftigen Attacken* (vor denen die Berater gewarnt haben sollen) und einem überraschenden *Angriff* Rüttgers die Rede, *bei der er die Rollen tauschte und wie ein Herausforderer auftrat*. Uferkamp ergänzt diese Szenerie durch Sportmetaphern, die keinen Bildbruch erzeugen, sondern sich aufgrund der kämpferischen Gemeinsamkeiten passend einfügen (*Unentschieden, das am Ende der 60 Minuten stand / punkten / Punkttreffer setzen*).

Ihm ähnelt in seiner Metaphernwahl und der damit einhergehenden Wertung ein Kommentar im „Express" (28.04.2010) von Maternus Hilger zum selben Thema (mit dem insgesamt höchsten Metaphernanteil von 26,0 %). Schon der antagonistische Titel „Weichspüler statt Salzsäure" kündigt eine metaphorische Auseinandersetzung an:

> *Gerade mal 720 000 Zuschauer sahen das **TV-Duell**, bei dem **statt des Floretts Wattebäusche** benutzt wurden. Erst beim Streit um die Linken wurde es lebhafter. Vielen Akteuren ist deutlich anzumerken, dass sie Angst haben, **auf der Zielgeraden** noch **auf eine Tretmine zu tappen**. Man weiß, man braucht sich vielleicht noch, wenn alle Wunschkoalitionen nicht möglich sind. Da sind gelegentliche **Weichspüler effizienter als ätzende Salzsäure**.*

Auch hier erweitert der Autor die vorgegebene Metapher des „Duells" in originärer Weise: *Statt des Floretts* als eine für ein Duell übliche gefährliche, harte

Waffe hätten die Gegner *Wattebäusche benutzt* – also ein ungefährliches, weiches, vor allem in Medizin und Kosmetik verwendetes Produkt. Die Aussageabsicht, es habe sich nicht um ein gnadenloses Wortgefecht, sondern eine rücksichtsvoll-gutmütige Auseinandersetzung gehandelt, wird später durch die Gegenüberstellung von *Weichspüler* und *Salzsäure* (beides Chemikalien, daher homogener Gebrauch) noch einmal originär variiert: Sensorisch-qualifizierende Adjektive, die sich mit dem Substantiv Weichspüler assoziieren lassen, sind: sanft, fein, schonend, duftend, angenehm, während die Salzsäure (entbehrlich verstärkt durch das vorangestellte Adjektiv „ätzend") Assoziationen wie scharf, zersetzend, giftig, gefährlich weckt.

Hier zeigt sich eine weitere Parallele zum WZ-Kommentar, in dem Frank Uferkamp das Verhalten der Gegner am Schluss sinnbildlich mit den Worten *das sanfte Plätschern aus dem TV-Studio* zusammenfasst.

Schließlich setzt auch der „Express"-Autor auf eine Verbindung aus Sport und Militär (die Angst, *auf der Zielgeraden noch auf eine Tretmine zu tappen*), die im bildlichen Zusammenhang zwar unrealistisch, jedoch vorstellbar ist.

In unserem dritten Beispiel zur militärischen Szenenbildung geht WAZ-Chefredakteur Ulrich Reitz (10.05.2010b) in der Intensität der Metaphernwahl noch einen Schritt weiter. Unter dem Titel „Schwarz-Gelb in Berlin – eine lahme Ente" (dessen zoologische Metaphorik er im Text allerdings gar nicht aufgreift) analysiert Reitz einen Tag nach der Wahl die Gründe für den Wahlverlust von CDU und FDP. Dabei verdeutlicht er die Analogien zwischen Politik und Krieg (bzw. Politik als Krieg) durch eine weitgehend homogene Verwendung des Wortfelds „Militär", stringent im ersten und zweiten Absatz sowie wiederaufgreifend im vierten Absatz. Zur Erläuterung zitieren wir diese Passagen, um auch auf ein metaphorisches Problem einzugehen – das der quantitativen wie qualitativen Hyperbolik:

> *Die CDU ist jetzt wieder da, wo sie unter Bernhard Worms war. Die FDP ist wieder* **an der Todeslinie.** *Noch Fragen? Selten ist eine Landesregierung derart* **abgestraft** *worden wie die Koalition von Jürgen Rüttgers und Andreas Pinkwart. Die Gründe.*
>
> *Erstens: Arroganz der Macht. Rüttgers hielt sich für* **unschlagbar** *und vermittelte diesen Eindruck an seine Umgebung.* **In einer Wagenburg kann man nicht gewinnen.**
>
> *Zweitens:* **Abschottung der Spitze.** *Die CDU-Führung war ein* **Raumschiff,** *ebenso wie die Staatskanzlei. Rüttgers hat die Seinen nicht mitgenommen. Ein mehr oder weniger* **einsamer Wolf.** *[...]*
>
> *Drittens: Rüttgers wurde* **in die Zange genommen.** *Dort der Berliner* **Virus,** *hier* **verprellte, vergrätzte,** *wütende Ex-Vertraute, die* **kalt Rache nahmen.** *Es war eine* **generalstabsmäßig organisierte Hinrichtung** *aus den eigenen Reihen. Dies nur den* **Heckenschützen** *anzulasten, wäre unredlich. Rüttgers hat hier als Integrator nach Innen versagt. [...]*

- Die metaphorische Szenerie beginnt mit dem originären Sinnbild *an der Todeslinie*, an der sich die FDP nach Einschätzung des Autors befand. Gemeint ist wahrscheinlich die Fünf-Prozent-Marke, die eine Partei erreichen muss, um Landtagsmandate zu erhalten. Die FDP erreichte am Abend zuvor nur 6,7 Prozent. Über den dem Justizwesen zuzurechnenden Phraseologismus *abgestraft werden* arbeitet sich der Autor zu den Gründen, quasi den ‚Straftaten', vor, die er ausschlaggebend für den Wahlverlust hält.
- Ausgehend von der Adjektivableitung *unschlagbar* konkretisiert er die militärische Position durch das Substantiv *Wagenburg*. Indem er diese Szenerie auf Rüttgers Verhalten überträgt, macht Reitz sein Urteil, das er zu Beginn des Absatzes bereits durch das Abstraktum „Arroganz" äußerte, anschaulich. Allerdings könnte die Metapher der Wagenburg in diesem Zusammenhang ein falsches Bild sein: Es sagt aus, dass andere (das Heer / die Untertanen) jemand wichtigen (z. B. den König) schützen, indem sie die Streit- oder Planwagen um ihn herum aufbauen und so den Feind von außen nicht heranlassen. Der Autor will aber offenbar ausdrücken, dass Rüttgers selbst dies umgesetzt hat, denn die Unterstützung durch seine Untertanen, schien ihm – blickt man auf den dritten Absatz – unwesentlich.
- Ein Fehler in der Metaphernverwendung dieses Textes ist die quantitative Hyperbolik, die im dritten Absatz deutlich wird. Der Autor setzt zu viele Sinnbilder für eine Aussage ein: Er charakterisiert Rüttgers Verhalten als CDU-Chef innerhalb einer Passage von nur 48 Wörtern mit vier unterschiedlichen Metaphern: als *Wagenburg* (Militär), *Abschottung der Spitze* (Schiffswesen), *Raumschiff* (Astronomie) und *einsamer Wolf* (Zoologie). Durch dieses Überangebot besteht die Gefahr, dass sich die Darstellungen gegenseitig die Aussagekraft nehmen. Der Autor hätte sich auf die *Wagenburg*, die der ohnehin präsenten Militärmetaphorik entstammt, konzentrieren sollen; den zweiten Aspekt der Charakterisierung (die CDU-Führung arbeitet abseits von der Basis) hätte er über die Verbmetapher *sich verschanzen* ausdrücken können, da sie ebenfalls dem Wortfeld „Militär" zugehörig ist.
- Abgesehen von den Metaphern *Berliner Virus* (Medizin) sowie *verprellen* (Jägersprache) und *vergrätzen* (Geographie), nimmt Ulrich Reitz im vierten Absatz die Militärmetaphorik wieder auf. Dabei verweist er auf die mangelnde Unterstützung Rüttgers durch Parteikollegen, die gar in bewusste Ressentiments gemündet sein soll (in welcher Form, wird nicht erwähnt). Ausgehend vom mitleidlosen („kalten") Rache-Gedanken überträgt er diese Taktik auf das justiz-militärische Bild *Es war eine generalstabsmäßig organisierte Hinrichtung aus den eigenen Reihen,* das allerdings als moralisch

grenzwertig anzusehen ist. Seinen homogenen Abschluss findet die Szenerie durch die Anmerkung, dafür nur die *Heckenschützen* verantwortlich zu machen, wäre unredlich.[89]

Diese Gelegenheitsmetapher meint aus einem Versteck agierende und daher nicht zu erkennende Gegner. Hier wird der militärische „Hinterhalt" auf ein „hinterhältiges Verhalten" übertragen. Die Metapher scheint sich in politischem Kontext auf dem Weg der Konventionalisierung zu befinden, da sie wiederholt in journalistischen Texten unterschiedlicher Zeitungen verwendet wird – im Beitragskorpus dieser Studie sind die „Heckenschützen" allerdings nur in der WAZ zu finden, so auch in einem Kommentar vom 13.05.2010, der als viertes und letztes Beispiel für die Schaffung einer militärmetaphorisches Szenerie dient.

Unter dem Titel „Merkels Zeit als Moderatorin ist vorbei" (WAZ 13.05.2010) beschäftigt sich Walter Bau mit den Führungsschwächen von Kanzlerin Merkel und der diesbezüglichen Kritik, die „nach dem Wahldebakel der CDU in NRW und dem Verlust der Bundesrats-Mehrheit" nun auch verstärkt aus ihrer eigenen Partei komme. Diesen Vorgang beschreibt der Kommentator in der zweiten Hälfte des dritten Absatzes mit weitgehend homogener Metaphernverwendung des Wortfelds „Militär", ausgehend von der Gelegenheitsmetapher *Heckenschützen*:

> Die **Heckenschützen** in der Union, die offenbar schon lange **auf eine Schwäche** der Vorsitzenden **gelauert** haben, **treten nun aus der Deckung**.

Der Autor erweitert hier das Bild der sich in einer Hecke (Verborgenheit) lauernden (prüfend abwartenden) Schützen (Kritiker), indem er die nun offen geäußerte Kritik durch den Phraseologismus „aus der Deckung treten" beschreibt. Hierauf folgt die beispielhafte Begründung dieser metaphorischen Behauptung in drei Schritten: drei Namen, davon einer mit Zitat, verbunden mit den militärischen Aktionsmetaphern „auf jemanden zielen" und „vorpreschen":

> So verkündet etwa CDU-Vorstandsmitglied Josef Schlarmann unverhohlen, er sehe die Gefahr, „dass das schwarz-gelbe Projekt im Bund nach nur sieben Monaten schon wieder vor dem Ende steht". Aus Bayern **zielt** die CSU **auf** Merkel, auch der Hesse Roland Koch **prescht vor**.

---

[89] Problem des vierten Abschnitts ist erneut die zweifache Metaphorik für eine Aussage, da neben der Militärszene (Hinrichtung als Racheakt) der anfängliche Phraseologismus *in die Zange nehmen* (Wortfeld „Handwerk") in schwächerer Form Ähnliches aussagt.

Auch im vierten Absatz greift der Autor noch einmal auf das Wortfeld zurück: Die CDU-Chefin müsse *die* **Marschrichtung vorgeben** *statt* **sich treiben zu lassen**. Hierbei handelt es sich um eine korrespondierend erweiterte Metapher durch die Infinitivkonjunktion „statt".

Insgesamt verbildlicht durch diese Stilistik auch Walter Bau die Politik als Kampfgebiet.

Auf zwei weitere Wortfelder der „Top 10" soll innerhalb dieses Kapitels eingegangen werden, da sich an ihnen Besonderheiten des metaphorischen Wortfeldgebrauchs im politischen Journalismus aufzeigen lassen, vor allem im Hinblick auf homogene Kombination.

6.1.2.3 Wortfeld „Verkehrswesen"

Wie in Kapitel 2.2.2.4 erwähnt, war in der Berichterstattung zur Landtagswahl, insbesondere in den danach folgenden Wochen der Sondierungsgespräche der Parteien, die Metapher der politischen *Ampel* einer der führenden Begriffe des Wortfelds „Verkehrswesen". Auch in den Kommentaren wurde darauf zurückgegriffen, sei es als *Ampelkoalition* (z. B. SZ 12.05.2010), *Ampelbündnis* (Bild 14.05.2010) oder gar in der umgangssprachlichen Formulierung *Ist es nicht ihre Staatsbürgerpflicht, die Ampel zu machen, um Rot-Rot-Grün zu verhindern?* (WZ 11.05.2010, gemeint ist die FDP). Inwieweit in der Zeit nach der Wahl, in der die Koalitionsverhandlungen ein fast täglich medial aufbereitetes Thema waren, in erweiterter Form mit diesem Metaphernfeld gearbeitet wurde, kann aufgrund des Erhebungszeitraums (bis eine Woche nach der Wahl) nicht dargelegt werden. In den fünf Wochen der Erhebung jedoch ist in den Kommentaren so gut wie kein originär erweitertes Spiel mit diesem Sprachbild zu finden. Lediglich Maternus Hilger vom „Express" (14.05.2010) nutzte die Gesprächsabsage der FDP gegenüber der SPD für eine homogene Szenerie, in der er der Grundmetapher *Ampel* vier thematisch passende Begriffe beiordnete:

> *Kaum **aufgeblinkt**, ist die mögliche **Ampel** zwischen SPD, Grünen und FDP schon wieder **außer Betrieb** – **ausgeknipst** von den Liberalen selbst. [...] wenn die **Ampel** **ausfällt**, bleibt Hannelore Kraft [...] nur noch Rot-Rot-Grün als Machtoption.*

Dass originär erweiterte Metaphernverwendung die Bild- und damit gleichzeitig die Aussagekraft der Argumentation stärken kann, zeigt folgende kurze Passage. Durch die Landtagswahl verlor die schwarz-gelbe Koalition die Mehrheit im Bundesrat, die Kanzlerin erteilte den vielfach als unrealistisch kritisierten Plänen für eine Steuersenkung gleich am nächsten Tag eine Absage. Das Vorgehen kommentierte Anja Clemens-Smicek in der WZ (11.05.2010) mit den Worten:

> *Doch für Jürgen Rüttgers kommt die **Notbremsung** der Kanzlerin zu spät, die Landesregierung **ist längst an die Wand gefahren**.*

Die kleine Szene ist in ihrem Bildgehalt nicht nur kreativ, sondern auch verständlich, dabei gelungen humorvoll, ohne dass das Metaphernspiel die Aussage überlagert. Sie erhält ihre Homogenität, indem die Autorin die Metapher *Notbremsung* (für eine plötzlich notwendige Handlung) einsetzt, diese dann aber als sachliche Gegebenheit begreift, um sie szenisch fortführen zu können (*längst an die Wand gefahren* für den „bereits existenten, nicht mehr abwendbaren Schaden"). Der Witz entsteht dabei nicht nur durch die rein thematische Verbindung der Metaphern, sondern vor allem durch die zeitliche Abfolge der Information[90]: Aktion A war überflüssig, weil sich Aktion B bereits vollzogen hatte. So verbindet diese Kommentarpassage geschickt die Funktionen von Metaphern: Sie hat ästhetischen Reiz, dient der Veranschaulichung und schließt gleichzeitig eine Wertung ein.

Zu weiteren, im Beitragskorpus mehrfach verwendeten Metaphern des Wortfelds „Verkehrswesen" gehört der „Kurs" für eine Fahrtrichtung, entnommen aus der Nautik, z. B.

> *Jetzt fällt auf, dass die CDU keine Strategie für ihren Wahlkampf hat, es ist nicht mal ein **richtiger Kurs*** (SZ 20.04.2010)

> *Hinter diesem **Zickzackkurs** steckt eine große Angst* (SZ 29.04.2010)

> *Die FDP hat [...] beschlossen, **auf Konfrontationskurs** zum Koalitionspartner [...] zu bleiben* (WZ 26.04.2010)

Außerdem präsent ist die allgemeingültige Metapher des „Wegs" (z. B. *Kraft will [...] an die Macht. Doch bis dahin ist es noch **ein weiter Weg*** [Express 11.05.2010] / *[...] wähnten sich die Liberalen [...] **auf dem Weg** zu einer weithin akzeptierten Mittelschichts-Partei* [SZ 11.05.2010]) sowie inhaltlich ebenfalls eher unmotiviert verwendete Einzelmetaphern aus dem Bereich „Bahnverkehr" wie *Rüttgers muss sich vom Bundestrend **abkoppeln*** (WZ 12.04.2010), *Warten auf ein **Signal** aus Berlin* (WZ 07.05.2010), *[...] für den aktuellen Koalitionspoker in NRW [...] ist es wichtig zu wissen, **wohin der Zug** der Linken mutmaßlich **fahren wird*** (WAZ 15.05.2010), oder wenn es in einem Kommentar zur geplan-

---

[90] Dies lässt sich als Teilbereich dem Oberbegriff „Informationsstrategie" zuordnen.

ten Pkw-Maut über die Verkehrsminister der Länder heißt: *Nur die Angst vorm Zorn der Wähler hält sie von der richtigen* **Weichenstellung** *ab* (WAZ 16.04.2010). Im letzten Beispiel ist die achtlose Integration einer stark konventionalisierten Metapher offensichtlich, da es sich bei der *Weichenstellung* zwar um einen Begriff aus dem Wortfeld „Verkehrswesen" handelt, thematisch aber nicht der Bahn-, sondern der Straßenverkehr behandelt wurde.

6.1.2.4 Wortfeld „Spiel"

Mit insgesamt 34 Metaphern (3,1 % aller verwendeten Metaphern) belegt das Wortfeld „Spiel" zwar nur den neunten Platz in der Liste der am häufigsten eingesetzten Wortfelder. In Bezug auf die Landtagswahl lässt sich jedoch eine Spezialisierung ausmachen, die (außer in der „Bild") in allen Zeitungen mehrfach Anwendung fand: die Übertragung des Kartenspiels „Poker" auf die politische Strategie. Wie zu erwarten (siehe Kapitel 1), war es eine mehrfach wiederkehrende Metapher und Metapherngrundlage. Die Korrespondenz zwischen Poker und Politik ist deutlich, da sie mit 15 der 34 Metaphern (44 %) das dominierende Motiv im Wortfeld „Spiel" war.

Andere Felder wie das Schachspiel (*Dem Land droht eine lange* **Hängepartie**. *[...] Der Wähler hat den Parteien ein vermeintliches* **Patt** *[...] beschert.* [WZ 11.05.2010]), das Wettspiel (*auf etwas setzen*, 3x), der *Dominoeffekt* (nur in WAZ 28.04.2010) oder das durch ein anderweitiges Substantiv oder Adjektiv konkretisierte *Spiel* (z. B. *Parteien-Spiel* [WAZ 20.04.2010], *riskantes Spiel* [WAZ 26.04.2010], insg. 5x) fielen dagegen ab.

Auf Einzelbegriffen wie *Koalitionspoker*, *Machtpoker* oder *Zocker* aufbauend, finden sich metaphorische Erweiterungen mit dem zentralen Gegenstand des Spiels, der „Karte". So fragt Maternus Hilger im „Express" (11.05.2010):

Und wenn Kraft doch die rot-rot-grüne **Karte ziehen** *sollte? Dies wäre für sie ein* **Spiel** *mit ganz hohem „Kraftilanti"-Risiko.* (Express 11.05.2010)

Ulrich Reitz (WAZ 11.05.2010) formt seinen einer Analogie entsprechenden Schlussgedanken über die Koalitionsmöglichkeiten mit den Worten:

Nun beginnt ein großes **Pokerspiel** *um die Macht an Rhein und Ruhr. Nicht, wer* **die besten Karten**, *sondern wer die besten Nerven hat,* **gewinnt**.

Unter dem Titel „Die Zocker in Berlin" widmet sich Marc Beise in der SZ (29.04.2010) der Wahlkampfstrategie bzgl. der finanziellen Hilfe für Griechenland. Darin bewertet der Autor das wechselhaft-taktische Verhalten der Bundesregierung zusammenfassend als Zockerei. Das in der Überschrift angekündigte Wortfeld wird zwar kaum direkt aufgegriffen (*spielen, verspielen, zocken*), aber durch Metaphern anderer Wortfelder ergänzt, die ebenso gut ein Spielverhalten am Kartentisch interpretieren könnten (etwa *rätselhaftes Geeiere, in Aufruhr versetzen, unter Druck geraten, etwas im Feuer haben, mitziehen, wackeln, einen Vorstoß abblocken*). Im zweiten Absatz bezeichnet der Autor dieses Verhalten alternativ mit der Metapher *Zickzackkurs*.

Nicht verwunderlich ist, dass auch das Substantiv *Joker* im politischen Kontext Einzug hält. Im SZ-Kommentar vom 10.05.2010 zum Ausgang der NRW-Wahl heißt es am Schluss, ebenfalls bezogen auf die Koalitionsgespräche:

*[...] die Partei der Grünen wird zu dem, was die FDP einmal war: der **Joker** der deutschen Politik, das **Objekt der Begierde** von SPD wie CDU.*

Der Joker ist eine im Spiel kostbare, weil meist frei verwendbare Karte, die den Spieler dadurch voranbringt. Übertragen auf die politische Situation ist die Partei für jede Koalition offen bzw. nutzbar, muss aber von den Parteien erst einmal erworben werden. Heribert Prantl hängt dieser eigentlich vollendeten Botschaft noch einen variierenden Satzteil an – mit einer weiteren Metapher zur Verstärkung (der Joker als *Objekt der Begierde*) sowie einer Sachinformation (*von SPD wie CDU*) zur Konkretisierung der Aussage.

6.1.3 Konventionalitätsgrad

Abbildung 10: Konventionalitätsgrad der Metaphern in den Kommentaren

Mit 61,3 % bilden die konventionellen Metaphern den Großteil der in den Kommentartexten verwendeten Sprachbilder. Der Begriff „konventionell" ist hier zunächst – wie in Kapitel 2.1.4 erläutert – als wertneutral anzusehen. Er kennzeichnet in unserem Zusammenhang „fest im Wortschatz etablierte", in der Regel lexikalisierte Metaphern (Kohl 2007, S. 20), deren Bedeutung der Allgemeinheit geläufig und deren Verwendung in der Kommunikation daher üblich ist. Konstruktive Qualität erhalten konventionelle Metaphern dann, wenn ihr metaphorischer Gehalt auch genutzt wird. Die CDU – von der weiteren Stilistik isoliert – als „lahme Ente" zu bezeichnen (WAZ 10.05.2010b) oder die FDP in die „Rolle der dauerbeleidigten Leberwurst" zu drücken (WAZ 13.05.2010), ist wenig kreativ. Solche abgenutzten Phraseologismen, die als gewohnheitsmäßige Wendungen eingesetzt werden, sind in allen analysierten Zeitungen zu finden. Beispiele:

Jetzt wird sich zeigen, **aus welchem Holz** *die Kanzlerin wirklich ist.* (Bild 10.05.2010)

Gut drei Wochen vor der Landtagswahl in NRW ist die Maut etwas, an dem man sich nur **die Finger verbrennen** *kann.* (WZ 16.04.2010)

Der Stern *von Jürgen Rüttgers* **ist gesunken.** (WZ 10.05.2010)

Wie lange unter diesen Bedingungen Schwarz-Gelb überhaupt regieren könnte, **stünde in den Sternen.** (WAZ 08.05.2010)

Einen **Stempel** *[...] hat Rüttgers dem Land nicht* **aufgedrückt.** (SZ 20.04.2010)

Die FDP aber, so wie sie Guido Westerwelle in der Opposition geformt hat, lockt weder besonders viele SPD-Wähler noch, **gebranntes Kind scheut das Feuer,** *CDU-Sympathisanten an.* (SZ 11.05.2010)

Im letzten Zitat dient das Sprichwort im Einschub nur zur metaphorischen Ergänzung der Argumentation und ist daher verzichtbar. Nachfolgend werden einige – in den Kommentaren des Beitragskorpus angewandte – Methoden aufgezeigt, die den Einsatz konventioneller Metaphern rechtfertigen.

Der Argumentation förderlich sein kann die Bildkraft konventioneller Ausdrücke durch homogene Korrespondenz. In dieser Form kommentiert Rolf Kleine in der „Bild" (11.05.2010) den Einfluss des SPD-Vorsitzenden Gabriel auf die NRW-Wahl. Es sei „Gabriels Erfolg!", so der Titel. Darin heißt es:

Gabriel [...] hat etwas geschafft, was die wenigsten ihm zugetraut hätten: der **komatösen** *SPD wieder* **Leben eingehaucht,** *der Partei Selbstbewusstsein zurückgegeben – und die Genossen in NRW wieder an die Macht geführt. Ein Stückchen wenigstens ... NRW, die* **Herzkammer** *der Sozialdemokraten – hier vollzog sich 2005 der Niedergang am dramatischsten. In Dortmund, Essen, Bochum, Herne. Und ausgerechnet hier scheint Gabriel die Partei* **wiedererweckt** *zu haben. Doch der Erfolg ist* **zerbrechlich!** *Ein unkalkulierbares Abenteuer in einer rot-rot-grünen Koalition mit linken Politik-Chaoten könnte alles wieder* **kaputt machen.**

Hier bilden Metaphern aus den Wortfeldern „Medizin" (*komatös, Herzkammer*) mit Anleihen aus der „Religion" (*Leben eingehaucht, wiedererweckt*) sowie zwei Destruktionsmetaphern (*zerbrechlich, kaputt machen*) eine Einheit. Sie machen den SPD-Vorsitzenden zum Gott, der die lebensgefährlich kränkelnde, handlungsunfähige Partei wieder mit Energie versorgt und geheilt hat. Da es um Existenznöte geht, die von Gewinn und Verlust abhängig sind, ergänzen die beiden Destruktionsmetaphern, die den Aufschwung relativieren, die Szene passend.

Ein originär erweitertes Bild auf Grundlage der konventionellen Positionsmetapher *weit auseinander liegen* bestimmt folgende Passage:

> *Vor allem Liberale und Grüne in NRW* **trennen Welten**. *In landespolitischen Kernfragen [...]* **liegen** *die Positionen* **so weit auseinander, dass eine Verständigung nicht vorstellbar ist.* (WAZ 15.05.2010a)

Inhaltliche Grundlage ist die Nachricht, dass die FDP eine Beteiligung an einer Ampelkoalition ablehnt. Der Kommentator hat im Absatz zuvor angemerkt, dass eine Koalition unter Beteiligung von Grünen und FDP stets unrealistisch gewesen sei; nun führt er als zentrale Begründung die stark divergierenden politischen Absichten der Parteien an. Diese Situation verbildlicht er zunächst durch das – superlativischen Abstand ausdrückende – Bild [*sie*] *trennen Welten* und dann durch die Positionsmetapher *weit auseinander liegen*, die er einem Konsekutivsatz zugrunde legt. Da zwischen den zwei Teilsätzen des Konsekutivsatzes ein Folgeverhältnis besteht (hier ausgedrückt durch das Anschlussmittel *so – dass*), führt dies zu einer erweiterten Szenerie: Aufgrund der weiten Entfernung der Positionen ist eine (akustische und daher auch inhaltliche) Verständigung nicht vorstellbar. In gleicher Weise verfährt folgende Erweiterung einer konventionellen Metapher:

> *Die Bundesregierung hat seit Amtsantritt ihrer Angst davor* [vor der NRW-Wahl] *so viel* **Raum gegeben**, *dass sich* **in diesem Raum** *die Zweifel an Schwarz-Gelb nicht nur in Nordrhein-Westfalen, sondern in ganz Deutschland* **entfalten konnten**. (SZ 10.05.2010)

In dieser Metaphorik, die ebenfalls von einem Konsekutivsatz abhängig ist, entsteht die Szenerie nicht durch Positionsverhältnisse, sondern durch ein Volumen.

Stilistische Qualität erhält ein Phraseologismus auch, wenn sich durch die bewusste Einbindung in den Kontext sein Bedeutungsradius vergrößert. Im Folgenden gilt dies für die Farbwortverbindung „für jemanden ein rotes Tuch sein":

> *Mulmig kann einem nur werden mit Blick auf die Linkspartei, die nicht nur für Bürgerliche in Union und FDP ein* **tiefrotes Tuch** *ist [...].* (WAZ 07.05.2010)

Der Phraseologismus wird hier wortspielend in Form einer Ambiguität eingesetzt: Das Adjektiv „tiefrot" ist Ausdruck der politisch farblichen Orientierung (linksradikal), gleichzeitig aber auch Metapher für einen als unangenehm empfundenen Gegner, von dem man sich provoziert fühlt. Die Wendung leitet sich aus dem Stierkampf ab, in dem der Torero den Stier mit dem Vorhalten eines roten Tuches reizt (vgl. Wanzeck 2003, S. 20; 74).[91]

Mit 9,1 % gehören etwa ein Zehntel aller in den Kommentartexten verwendeten Metaphern zur originären Kategorie. Sie wurden vom jeweiligen Autor eigenständig kreiert, ergaben sich dabei zumeist aus dem Thema oder der Argumentationsabsicht und sind nicht lexikalisiert (siehe Kapitel 2.1.4). In dieser Gesamtauswertung des Konventionalitätsgrads soll auf einige originäre Einzelmetaphern eingegangen werden. Sie zeigen, wie eine Argumentation individuell veranschaulicht werden kann, aber auch, wie sie einen Text ästhetisch aufwerten. Als Fortsetzung sei auf Kapitel 6.2.3 verwiesen. In der dortigen Einzelauswertung der Zeitungen werden herausragende Beispiele sowohl originär gelungener Szenerien als auch undurchdacht gebrauchter Wendungen mit hohem Konventionalitätsgrad ausführlich analysiert.

In einem Kommentar der WAZ (15.05.2010b) wird die Linkspartei als *Partei-Hybride aus Ost und West* gedeutet. Der im allgemeinen Sprachgebrauch recht neue Begriff „Hybride" stammt aus der Biologie und bezeichnet eine Pflanze oder Tier als Ergebnis von Kreuzungen (vgl. Duden Band 1 2000, S. 485). Die Partei „Die Linke" entstand 2007 durch den Zusammenschluss von PDS (Ost) und WASG (West).

Image-Gau ist eine themenbezogene Metapher, also ein Ausdruck, der aus demselben Wortfeld stammt wie das Kommentarthema; denn im WAZ-Kommentar vom 21.04.2010, der sie entstammt, geht es um die Annahme, die Entscheidungskompetenz für den Bereich der Atomkraft würde auf die Bundesländer übertragen. Darin heißt es zu der Gefahr „lascher Sicherheitsregeln":

*Sollte sich ein solcher Verdacht [...] als begründet herausstellen, wäre dies ein **Image-Gau** für die Landesregierung.*

„Gau" (eigentlich in Großbuchstaben) ist die Abkürzung für „größter anzunehmender Unfall", als der ein schwerer Störfall in einem Kernkraftwerk bezeichnet

---

[91] Die Annahme der aggressiven Wirkung der Farbe entpuppte sich in diesem Zusammenhang übrigens als falsch: „Zunächst hatte man vermutet, daß die rote Farbe bei den Tieren Zorn auslöst und der Stier beim Anblick eines roten Tuches in der Arena wütend wird. Mittlerweile weiß man, daß der Stier nur auf die Bewegung reagiert [...], weil er farbenblind ist." (Röhrich Band 4 1994, S. 1257, in: Wanzeck 2003, S. 74)

wird. Übertragen auf immaterielle Ressourcen (hier: das Image einer Regierung) entspricht es einem großen Schaden.

Ähnlich verhält es sich mit dem Kommentartitel *„Big Brother" darf nicht mitfahren* (WZ 16.04.2010). Auch hier wird mit dem Verb *mitfahren* eine themenbezogene Metapher verwendet – in diesem Fall aus dem Verkehrswesen, da es um das Modell der Pkw-Maut geht. Die Bedeutung des Bildes wird durch die Erörterung aufgelöst, dass für eine Erhebung der Maut per GPS flächendeckend Fahrtwege erfasst werden müssen; der Autor mutmaßt weiterführend:

> *Gelangten die Daten in falsche Hände, ließen sich damit Bewegungsprofile erstellen. Deutschlands Straßennetz würde zu einer Art „Big-Brother"-Container im Riesenformat [...].*

Die metaphorische Forderung des Autors in der Überschrift lautet also: Eine lückenlose Überwachung der Autofahrer darf es nicht geben. Die Verbmetapher *mitfahren* ist daher eine Syllepse: Das Verb wird in seiner eigenen (das im Auto eingebaute GPS-Gerät fährt mit) und übertragenen Bedeutung (Realisierung des Konzepts) verwendet.

Originäre Metaphern können als Leseanreiz dienen, wenn sie den Texteinstieg bilden. Dabei können sie bereits die Quintessenz der Meinung enthalten wie der folgende metaphorische Vergleich, an den der Kommentator seine Analyse des Fernsehduells zwischen Jürgen Rüttgers und Hannelore Kraft anschließt (Express 28.04.2010):

> *Der Wahlkampf in NRW, er ist träge wie ein Hund, der in der Frühlingssonne döst.*

Zu überdenken ist bei originärer Stilistik hingegen die Auflösung einer Metapher. So schreibt Walter Bau in der WAZ (29.04.2010) über die Koalitionsoptionen der Grünen:

> *Demnach dürften sich die einstigen Schmuddelkinder der Politik, mit denen die etablierten Parteien nicht **spielen (sprich: koalieren)** wollten, nach dem 9. Mai vor Bündnisangeboten kaum retten können.*

Ein solches Sprachbild sollte der Rezipient durch den Kontext verstehen können; eine mitgelieferte Sinnerklärung widerspricht dem rhetorischen Zweck der Metapher. In diesem Satz wird durch die in Klammern gesetzte Erklärung der Verbmetapher *spielen* (= koalieren) die Szene demontiert. Ein solches Vorgehen kann darauf hindeuten, dass der Autor seiner Metaphernwahl misstraut.

6.1.4 Fehler bei der Metaphernverwendung

Auch die ausgewerteten Kommentare sind – wie mehrfach demonstriert wurde – nicht frei von Fehlern. Auf die in Kapitel 2.2.4 erläuterten Gefahren bei der Verwendung von Metaphern und Phraseologismen wird in den Kapiteln 6.1.3 und 6.2.3 in Bezug auf den Konventionalitätsgrad eingegangen. Auf Grundlage des Theorie-Kapitels 2.2.4.1 soll in diesem Unterkapitel spezialisiert die Gefahr der Unbedachtheit bei der Verwendung von Metaphern und Phraseologismen vorgeführt werden; dafür werden einige auffällige Beispiele aus den Kommentaren des Beitragskorpus herangezogen.

Der leichtfertige, mitunter durch Zeitdruck in der Textproduktion provozierte Einsatz undurchdachter Metaphern kann zu einer inhaltlich falschen Verwendung führen. In Kommentaren hat dies – erkennt der Rezipient den Fehler – zur Folge, dass die Aussagekraft eines Gedankens, mitunter einer ganzen Passage, geschmälert oder gar zerstört wird. In den folgenden Beispielen wird der Fehler aufgezeigt, erläutert und – sofern möglich – durch die richtige Lösung oder eine stilistisch passendere Formulierung ergänzt. Gelegentlich kann dabei der Verzicht auf einen metaphorischen Ausdruck effektiver sein.

6.1.4.1   Das falsche Wort

Der Haken liegt in der Umsetzung. (WZ 16.04.2010)

Ein Haken liegt nicht, er hängt. Ein richtig formuliertes Bild (es geht um das Modell einer Pkw-Maut) wäre: „Das Problem liegt in der Umsetzung" oder „Der Haken ist die Umsetzung". Der Begriff „Haken" steht hier für die Behinderung eines Vorhabens oder einer Handlung. Er lässt sich auf den Angelsport zurückführen und bezeichnet dort das gebogene Metallstück am Ende der Angelschnur, an dem ein Köder befestigt wird. Wenn der Fisch zubeißt, hängt dieser am Haken fest und wird an der Fortbewegung gehindert, so wie ein Problem die Umsetzung oder Fortsetzung einer Tätigkeit erschwert. In beiden Zuständen ist ein Fortkommen erst möglich, wenn der Haken bzw. das Problem „gelöst" ist.

Die technischen Hürden [...] sind zu groß. (WAZ 16.04.2010)

Auch dieser Satz bezieht sich auf die Pkw-Maut, und auch hier ist – ähnlich wie im ersten Beispiel das Verb – ein falsches Adjektiv verwendet worden. Die Metapher, die dem Sport entstammt, muss lauten „[...] sind zu hoch". Bei einer Hürde ist die Höhe das Problem, nicht deren Größe.

> *Diese Folgen müssten [...] durch Verkehrssteuerung und andere Maßnahmen gesenkt werden.* (WZ 16.04.2010)

Auch wenn es sich bei dem Verb „senken" um eine allgemeine Bewegungsmetapher und darin standardisiertes Sprachbild handelt, muss erwähnt werden, dass es hier in Abhängigkeit vom Subjekt „Folgen" einen Bildbruch schafft. Folgen, hier Umweltschäden durch den Autoverkehr, können nicht gesenkt werden. Sie können verhindert oder unterdrückt werden, gesenkt werden kann lediglich der Grad der Auswirkungen.

6.1.4.2 Die Dopplung

> *Auf den pannenreichen Stolperstart ihrer Koalition folgte die Pleite der „Eurofighterin" Merkel.* (WAZ 13.05.2010)

Wir sehen von der originären Metapher „Eurofighterin" ab, die der Kommentator offenbar aufgrund der Abwegigkeit des Bildes in Anführungszeichen setzte. Zu kritisieren ist eher die Formulierung des „pannenreichen Stolperstarts": Stolpern ist bereits eine Panne. Daher ist die zur Wertung eingesetzte Metapher entweder allgemein („pannenreicher Start") oder spezialisiert („Stolperstart") zu gebrauchen; die Dopplung aber, eventuell zur Verstärkung der Aussage, ist hier unnötig. Als Gegenbeispiel sei folgende Passage angeführt:

> *Zu rühmen sind dagegen die Grünen, die sich kleinkariertem Hick-Hack in der Griechenland-Frage verweigert haben.* (SZ 07.05.2010)

In gleicher Weise wie das vorige Beispiel wertet der Autor eine Handlung (in diesem Fall eine unterlassene Handlung) mittels einer Verbindung aus attributiv gebrauchtem Adjektiv („kleinkariert") und lautmalerischem Substantiv („Hick-Hack"). Die Formulierung sagt aus, dass die Partei von einer pedantischen, wechselhaften Entscheidungsstrategie bezüglich der finanziellen Hilfe für Griechenland absah. Im Gegensatz zum obigen Zitat aus dem Laufsport liegt hier eine ergänzende Metaphorik vor; denn metaphernfrei, aber beide Gedanken integrierend, könnte die Aussage lauten, dass der nutzlose, weil eine klare Entscheidung verhindernde Streit borniert sei.

Eine andere, substantivische Dopplung liefert dieser Auszug:

> *[...] ein neosozialistisches Utopia der Unerfüllbarkeiten.* (WAZ 15.05.2010b)

Als solches bezeichnet der Autor die Ziele der Linkspartei. Allerdings handelt es sich bei seiner metaphorischen Formulierung um eine Tautologie, eine inhaltliche Dopplung mit Wörtern der gleichen Wortart. „Utopia" schließt bereits ein, dass die Vorstellung „unerfüllbar" ist (utopisch = unerfüllbar, unausführbar). Ähnlich verhält es sich mit der folgenden Kommentierung aus der SZ (11.05.2010):

> *Die Grünen aber bieten politische Heimat für viele Themen und Weltanschauungen, ohne dass abweichende Meinungen als Ketzerei oder Majestätsbeleidigung verstanden werden.*

Die beiden originären Metaphern „Ketzerei" (aus dem Wortfeld „Religion") sowie „Majestätsbeleidigung" (aus dem Wortfeld „Monarchie/Politik") sagen in der Übertragung etwa das Gleiche aus, nur dass sie sich in ihrer Grundbedeutung auf jemand anderen beziehen: auf Gott bzw. einen König. Möglicherweise ist diese Dopplung zur Aussageverstärkung erfolgt. Generell ist jedoch zu berücksichtigen, dass Kommentare im Allgemeinen zu den journalistischen Individualtexten mit dem geringsten Platzangebot gehören, eine solch inhaltliche Dopplung daher in ihrer Notwendigkeit überdacht werden sollte.

6.1.4.3 Der Widerspruch

Über das in der Schuldenkrise steckende Griechenland schreibt Marc Beise (SZ 29.04.2010) zunächst: *Das EU-Land steht am Abgrund.* Im darauf folgenden Absatz heißt es dann:

> *Stück für Stück rutscht Griechenland näher an den Abgrund.*

Metaphorisch sollte sich der Autor für eine Situation entscheiden, denn wenn das Land schon am Abgrund steht, kann es daraufhin nicht mehr Stück für Stück näher an den Abgrund rutschen. Wer am Abgrund steht und ein Stück nach vorne rutscht, der fällt hinab.
Zwei Bilder, die sich ebenso ausschließen, liefert Heribert Prantl (SZ 10.05.2010):

> *Die Farbe Schwarz-Gelb, die jetzt noch weite Flächen Deutschlands deckt, verblasst. [...] seitdem Schwarz-Gelb im Bund regiert, verliert das Bündnis an Farbe, Anziehung und Kraft. [...] Schwarz-Gelb verfällt: Es verfällt deswegen [...].*

Auch hier sollte sich der Autor für eine der Verbmetaphern entscheiden: Entweder „verblasst" die Farbe Schwarz-Gelb oder sie „verfällt". Ist der Einsatz beider Sprachbilder gewünscht, müssen sie stilistisch aufeinander aufbauen, indem deutlich wird, dass die Koalition erst verblasst (an Ausstrahlung verliert) und dann verfällt, ihre Strukturen also zerbrechen. Einfachste Ergänzung wäre: „Sie verblasst nicht nur, sie zerfällt auch. Sie verfällt deswegen, weil ..."

6.2 Einzelauswertung im Hinblick auf die Zeitungen

6.2.1 Metaphernanteil in Relation zum Gesamttext

Tabelle 1: Metaphernanteil in den Kommentaren der einzelnen Zeitungen (Einzelwerte)

Zeitung	Mittelwert	Bandbreite	Standardabweichung
WAZ	12,1 %	5,5 – 24,1 %	5,5 %
WZ	12,5 %	7,5 – 17,4 %	2,8 %
SZ	9,8 %	3,5 – 14,3 %	4,5 %
Bild	18,5 %	14,8 – 20,7 %	3,2 %
Express	15,6 %	6,8 – 26,0 %	9,8 %

Der Mittelwert gibt an, wie viel Prozent der Wörter eines Kommentartextes Metaphern zugehörig sind. Die Bandbreite zeigt den geringsten und den höchsten Prozentwert an, der sich bei der Auswertung der Zeitung ergab. Die Standardabweichung liefert einen Orientierungswert zur Streuung dieser Daten. Aufgrund der Erläuterungen zur Bedeutung sowie Aussagekraft der Messwerte (Störfaktoren wie Stichprobengröße) in Kapitel 6.1.1 ist die quantitative Metaphernverwendung in der WAZ mit einer Standardabweichung von 5,5 % breit gestreut. Fast doppelt so hoch ist sie beim „Express". Eine eindeutig signifikante Aussage lässt sich daraus zwar nicht ableiten, jedoch lassen die prozentualen Gegebenheiten darauf schließen, dass diese Zeitungen ihren Autoren bei der Metaphernverwendung keine Vorgabe machen, einen Zielwert zu erreichen. Zu vermuten ist, dass der Metaphernanteil eines Kommentars vielmehr abhängig ist von der „Sprachbiographie" und dem dazugehörigen Wortschatz des Autors sowie den metaphorischen Möglichkeiten je nach Thema.

Eine kleine Standardabweichung von 1-2 % deutet auf einen sehr konstanten Metaphernanteil hin. Die WZ kommt dem mit 2,8 % nahe, durch die geringe Kommentaranzahl ist dieser Wert jedoch nicht repräsentativ.

Betrachten wir nun den Mittelwert der Zeitungen, der den durchschnittlichen Anteil an Metaphern bildenden Lexemen in den Kommentaren der jeweiligen Zeitung anzeigt.

Abbildung 11: Durchschnittlicher Metaphernanteil in den Kommentartexten, separiert nach Zeitungen

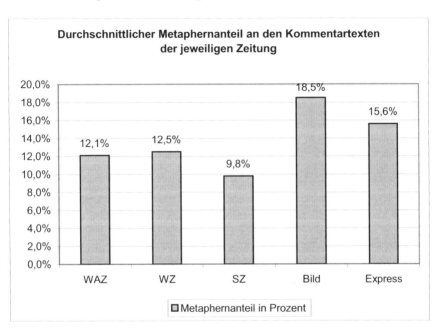

Aus der Gegenüberstellung der Mittelwerte lässt sich die Tendenz ablesen, dass die quantitative Metaphernverwendung in politischen Kommentaren bei Boulevardzeitungen höher ist als bei Qualitätszeitungen. Das heißt: Boulevardzeitungen gebrauchen in politischen Kommentaren prozentual mehr Metaphern und Phraseologismen als Qualitätszeitungen.[92] Brauchbarkeit und Ausdruckskraft der Sprachbilder sind hierbei irrelevant.

---

[92] Nach Genres zusammengefasst, enthalten die Kommentare der zwei Boulevardzeitungen „Bild" und „Express" (34,1 %) fast so viele Metaphern wie die Summe der drei Qualitätszeitungen WAZ, WZ und SZ (34,4 %).

Für WAZ, WZ und SZ ist der durchschnittliche Metaphernanteil zusätzlich getrennt nach Kurz- und Langkommentaren berechnet worden (siehe Kapitel 5.1.2, Arbeitsschritt 1).

Tabelle 2: Metaphernanteil in den Kommentaren der Zeitungen, differenziert nach Länge

Zeitung	Mittelwert gesamt	Mittelwert Kurzkommentare	Mittelwert Langkommentare
WAZ	12,1%	12,3 %	11,8 %
WZ	12,5%	14,2 %	11,2 %
SZ	9,8%	8,9 %	10,6 %

Wie Tabelle 2 zeigt, weichen die Mittelwerte in einer Differenzierung zwischen Kurzkommentaren und Langkommentaren nur marginal vom jeweiligen Gesamtdurchschnitt ab.[93] Das heißt, der Anteil an Metaphern nimmt zwar mit der Länge eines Kommentars in absoluten Zahlen zu,[94] prozentual verändert er sich allerdings nur unwesentlich – mit möglicherweise geringfügig sinkender Tendenz, da in der Summierung der Mittelwert aller hier berücksichtigten Kurzkommentare 35,4 % beträgt, der Mittelwert aller Langkommentare 33,6 %.

Die „Bild" wird aufgrund der geringen Anzahl der Kommentare in der Einzelauswertung nicht weiter berücksichtigt, da sich weder signifikante Aussagen treffen noch Tendenzen aufzeigen lassen. Ein Vergleich innerhalb des Zeitungstyps „Boulevard" – wie in Kapitel 5.2.6 angekündigt – ist daher ebenfalls nicht möglich.

6.2.2 *Metaphorische Wortfelder*

Bei den häufig verwendeten Wortfeldern sind für die einzelnen Zeitungen keine gravierenden Unterschiede zur Gesamtauswertung (siehe Kapitel 6.1.2) zu erkennen. Die festgestellten Abweichungen sind unwesentlich. So liegt z. B. in der WAZ das Wortfeld „Sport" auf Platz 14 (Gesamtauswertung: Platz 8), dafür berücksichtigten die Autoren verstärkt das Wortfeld „Justizwesen", das es somit einzig in der WAZ in die „Top 10" schaffte – wenn auch nur auf Platz 10. Aller-

---

[93] Größte Abweichung mit 3,0 % besteht zwischen den Kurz- und Langkommentaren der WZ.
[94] Die ausgewerteten Kurzkommentare der WAZ enthalten insgesamt 292, die Langkommentare 362 Metaphern bildende Lexeme. Für die WZ gelten folgende Werte: Kurzkm. 86, Langkm. 278 Metaphern bildende Lexeme. Für die SZ gelten folgende Werte: Kurzkm. 131, Langkm. 410 Metaphern bildende Lexeme.

dings handelt es sich bei den elf Nennungen vor allem um lexikalisierte Verbmetaphern, deren Ursprünge nicht zwecks metaphorischer Bildung genutzt wurden, z. B. *Diesmal profilieren sich NRW-Landespolitiker auf dem Rücken von Menschen, die [...] zu Unrecht ihrer Freiheit **beraubt** wurden.* (WAZ 12.04.2010), *Wer zwei Wochen vor einer Wahl einen Parteitag veranstaltet, will seine Anhänger **einschwören*** (WAZ 24.04.2010) oder *Selten ist eine Landesregierung derart **abgestraft** worden* (WAZ 10.05.2010b). Auf die Justizmetaphern **Hinrichtung** *aus den eigenen Reihen* (WAZ 10.05.2010b) sowie *nun zeigen Spitzenpolitiker [...] dem Volk die **Folterinstrumente*** (WAZ 12.05.2010b) wird in den Kapiteln 6.1.2.2 bzw. 6.2.3 eingegangen.

6.2.3 Konventionalitätsgrad

Abbildung 12: Konventionalitätsgrad der Metaphern, separiert nach Zeitungen

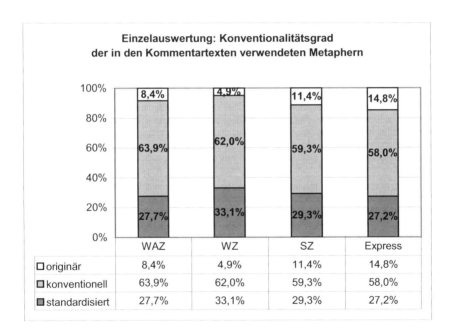

Wie Diagramm 12 zeigt, unterscheiden sich die Werte für konventionelle und standardisierte Metaphern in den vier Zeitungen nur unwesentlich. Auffälligere Abweichungen sind in der anteiligen Verwendung originärer Metaphern zu erkennen. Diese sind jedoch teilweise zu relativieren: So finden sich im „Express" zwar die meisten originären Sprachbilder (14,8 % aller im „Express" gefundenen Metaphern); dies hängt allerdings mit zwei der sieben Kommentare zusammen, in denen der originäre Anteil durch die Schaffung metaphorisch ausgeweiteter Szenerien hoch ist (28.04.2010 und 14.05.2010). Dadurch, dass sich die Stichprobe für den „Express" aus nur sieben relevanten Kommentaren zusammensetzt, kann der Anteil von zwei Kommentaren den hohen Wert der originären Metaphern verzerren. Dies ist auch für die Ergebnisse der anderen Zeitungen zu berücksichtigen.

Mit einem Anteil von 4,9 % enthalten die Kommentare der WZ in dieser Erhebung die wenigsten originären Metaphern. Diese sind in nur vier der 14 WZ-Kommentare zu finden (entspricht 28,6 %). Das heißt, in den anderen zehn Texten der Zeitung kommen gar keine individuell geprägten Metaphern vor. In der SZ verteilen sich die originären Metaphern hingegen auf sechs der elf Kommentare (54,5 %), in der WAZ auf 16 der 25 Kommentare (64,0 %). Man könnte daraus schließen, dass der stilistische Ideenreichtum der Meinungsjournalisten von SZ und WAZ zum einen ausgeprägter (was den Anteil originärer Metaphern am Konventionalitätsgrad betrifft) und zum anderen ausgewogener ist (worauf die breitere Verteilung auf die Kommentare hindeutet).

Für die sprachwissenschaftlichen Ambitionen unserer Analyse bedeutsamer als die quantitativen Verhältnisse sind jedoch die qualitativen Auswirkungen des Konventionalitätsgrades der Metaphern auf die Texte. Hierbei ist auffällig, dass vor allem die SZ regelmäßig aus originären bzw. originär erweiterten Metaphern Szenerien zusammensetzt. Dass die überregionale Qualitätszeitung dabei dominiert, liegt nicht nur an deren stilistischem Anspruch, sondern vor allem auch an der zur Verfügung stehenden Länge für Kommentare. Mit ihrem Durchschnitt von 790 Wörtern bieten die Langkommentare der SZ die Möglichkeit, mitunter gar die Verpflichtung, einen Sachverhalt mit ausführlichen Vergleichen darzustellen und zu beurteilen.

Einige Beispiele sollen dies aufzeigen und dabei das Zusammenwirken zwischen originärer und homogener Metaphernverwendung verdeutlichen:

Hans Leyendecker geht im SZ-Kommentar vom 20.04.2010 auf Wahlprognosen ein, die ein Ende der CDU/FDP-Koalition voraussagen. Ein metaphorisch ausgeweiteter Einstieg in Form einer Analogie dient dabei als Leseanreiz:

Wenn ein Hohlkörper durch äußeren Überdruck schlagartig zerstört wird, spricht die Physik von Implosion. Bei diesem meist überraschend auftretenden Ereignis kann es passieren, dass durch rückläufige Druckwellen Splitter nach außen fliegen. In der Politik gibt es so etwas auch; es passiert meist an Wahlsonntagen. Implodiert im Mai in Nordrhein-Westfalen die Regierung, dann fliegen die Splitter bis nach Berlin.

Der Autor benutzt zur Auflösung seiner durch die Überschrift *Implosion einer Regierung* angekündigten Metaphorik eine erörternde Gedankenfolge, d. h. eine sich „logisch entwickelnde und zu einer Erkenntnis führende Darstellung" (Kurz 2010b, S. 90). Zunächst erklärt er allgemein verständlich – wozu auch das einfache Satzgefüge aus je einem Haupt- und einem Nebensatz beiträgt – den Begriff „Implosion". Dann überträgt er den physikalischen Vorgang auf den möglichen politischen Vorgang. Zur stilistischen Klarheit trägt zusätzlich die weitgehende Parallelität der Syntax bei, denn auch der zweite (interpretierende) Teil besteht wie der erste (erklärende) Teil aus zwei Hauptsätzen mit beigeordnetem Nebensatz (bzw. durch Semikolon betonten Aussagezusammenhang).

Die konkrete Bezugnahme der Szenerie – die Darlegung der Wahlprognose und der Zusammenhang mit der Bundesregierung – legt Leyendecker in den darauf folgenden Kommentarabsätzen ausführlich dar. Dort ist allerdings eine Einschränkung im metaphorischen Gebrauch anzumerken: Im Verlauf der Argumentation findet sich eine weitere bildkräftige Passage, die zwar mit originärer Metaphorik arbeitet, durch ihre Heterogenität aber unstimmig wirkt:

> *So nölig, wie ein Drehorgelspieler seine Moritat verkündet, warnt Rüttgers vor der Volksfront aus Rot-Rot-Grün. Aber Hui Buh, das Schreckgespenst, lässt sich nicht einfach in der Retorte erzeugen.*

Hier vermischen sich Metaphern aus den Wortfeldern „Musik" (*Drehorgel, Moritat*), „Militär" (*Volksfront*), „Literatur" (*Hui Buh, das Schreckgespenst*) sowie „Medizin" (*in der Retorte erzeugen*). Die erste Metaphernschöpfung, die Rüttgers Wahlkampfkommunikation mit der Art eines Drehorgelspielers vergleicht, ist in ihrer Bildaussage vorstellbar und verständlich. Die zweite Metaphorik, die mittels der restriktiven Konjunktion „aber" die erste Aussage einschränkt, hat dagegen diffusen Charakter und lässt sich schwerer interpretieren: Die aus einer Hörspielreihe bekannte Figur „Hui Buh" (die im Übrigen nicht die Beifügung „Schreckgespenst", sondern „Schlossgespenst" besitzt), soll offenbar die Warnung vor der Linkspartei bzw. der „Volksfront" verkörpern, nicht die Linkspartei selbst, obwohl hier – möglicherweise unbedacht – Marx' Formulierung vom „Gespenst des Kommunismus" mitschwingt. Der Phraseologismus „etwas in der Retorte erzeugen" deutet auf eine schnelle, bequeme Umsetzung hin, die im Fall der Wähleransprache jedoch nicht erfolgreich sein könne.

Heribert Prantl blickt in seinem SZ-Kommentar vom 10.05.2010 unter dem Titel „Schwarz, Gelb, Aus" auf die Ergebnisse der tags zuvor stattgefunden NRW-Wahl zurück. Während Hans Leyendecker im obigen Beispiel eine originäre Szenerie im Einstieg kreiert, nutzt Prantl diese Stilistik für sein Fazit. Darin erweitert er die Metapher „Schuh", die hier für die Aktion „mit etwas arbeiten" steht, in fünffach variierender Weise:

> *Die Koalition aus Union und FDP war ein Bundesprojekt, das sich Merkel nicht gewünscht hatte.* Sie musste **in die schwarz-gelben Schuhe schlüpfen, weil die schon so lang da standen**. *Es zeigt sich aber nun, dass Gelb* **hinten und vorne drückt**. *Es zeigt sich, dass die CDU damit* **ins Abseits rennt**. *Sie wird, über kurz oder lang,* **den gelben gegen einen grünen Schuh tauschen**.

Dieses Gedankenkonstrukt, das auf der Basis zweier verschiedenfarbiger Schuhe arbeitet, lässt sich wie folgt interpretieren: Die Kanzlerin musste eine der Tradition entsprechende Koalition aus CDU und FDP bilden, weil diese schon seit Jahren nicht mehr genutzt wurde (*in die Schuhe schlüpfen, weil [...]*).[95] Die Zusammenarbeit mit der FDP sorgt aber für Probleme, so wie ein Schuh, der auf beiden Seiten die Füße belastet, gar einengt (in passender Übertragung: Die Zusammenarbeit „läuft nicht gut"). Die aus dem Fußball stammende Wendung „ins Abseits rennen" verbildlicht das Ausmaß der Folgen: Unter der Einflussnahme der FDP verliere die CDU an Führungskompetenz und Handlungskontinuität (beides situative Eigenschaften einer Mannschaft, die durch ein Abseits gehemmt werden). Infolge dieser Probleme werde die CDU ihren Koalitionspartner wechseln, prognostiziert Heribert Prantl (*Schuh tauschen*).

Allerdings ist auch in diesem Kommentar eine Einschränkung im metaphorischen Gebrauch zu vermerken, die auf der sonderbaren Individualität der Metaphorik beruht:

> *Die schwarz-gelbe Koalition in Berlin ist so eine Art Retro-Mops, ein rückentwickeltes politisches Lebewesen; diese Koalition trägt die DNA aus der Zeit vor der Wirtschafts- und Finanzkrise in sich.*

In der homogen wirkenden Verbindung originärer Metaphern aus den Wortfeldern „Zoologie" („Retro-Mops", „rückentwickeltes Lebewesen") und „Biologie" („DNA in sich tragen") beschreibt der Autor, dass die aktuelle Koalition aus CDU und FDP nicht mehr zeitgemäß sei; die letzte Zusammenarbeit liege Jahre zurück, vor allem die FDP sei da „stehen geblieben, wo sie vor 20 Jahren schon war", heißt es einige Sätze später. Die Koalition sei demnach ein *rückentwickeltes politisches Lebewesen*. Dass Heribert Prantl dafür den Begriff *Retro-Mops* verwendet, macht die Aussage jedoch diffizil, weil divergierend interpretierbar:

---

[95] Im Verlauf des Textes formulierte der Kommentator diesbezüglich und mit Metaphern des Wortfeldes „Beziehung": *Beim langen Warten auf die Liaison* [die Koalition zwischen CDU und FDP] *ist eingetreten, was vielen Paaren passiert: sie haben sich auseinander entwickelt, bemerken dies aber erst, wenn sie endgültig zusammen sind.*

Es gibt eine Mopszucht, die den Namen „Retro-Mops" trägt; es handelt sich also nicht um eine Wortschöpfung des Autors. Der Mops ist bekannt durch ein „eingeschränktes, zu rundköpfiges und zu gedrungenes Erscheinungsbild" (Kleinschmidt 2010). Der Anspruch der Züchter ist, wieder den ursprünglichen Mops-Typus mit längeren Beinen, einem gestreckteren, schlankeren Körper zu erreichen und das Tier so wieder beweglicher zu machen (vgl. ebd.). Führt man sich diese Ausführungen über die Gestalt des Hundes vor Augen, ist er durch die (hier positiv gemeinte) „Rückentwicklung" deutlich agiler und lebensfähiger. Nimmt man die Metapher des Autors, der die Koalition als einen solchen „Retro-Mops" bezeichnet, genau, bedeutet das also, dass sie in ihrer aktuellen Verfassung viel handlungsfähiger und dynamischer ist. Verwendet wurde das Bild – betrachtet man Kontext, in dem er Platz findet – jedoch in offenbar negativer Absicht, wodurch eine metaphorische Unstimmigkeit zu verzeichnen ist.

Hier ist erneut die stilistische Notwendigkeit zu erwähnen, beim Metapherngebrauch, insbesondere bei Minoritätsbegriffen und Wortschöpfungen, stets die Assoziationsfähigkeit der Leserschaft zu berücksichtigen. Ob selbst ein SZ-Leser dieser Metapher folgen kann, ist zweifelhaft. Die Zielgruppenanpassung zeigt sich in der SZ jedoch auch durch intellektuelle Anspielungen. So heißt es in einem Kommentar (29.04.2010) zur Debatte über die finanzielle Unterstützung Griechenlands durch die Bundesrepublik:

> *Obendrein gerät die Bundesrepublik außenpolitisch immer mehr unter Druck.*
> ***Schon wird wieder der hässliche Deutsche sichtbar, an dessen Wesen die Welt genesen soll.*** *Es kann notwendig sein, ein solches Image in Kauf zu nehmen und sich unbeliebt zu machen – wenn es dafür ehrenwerte Gründe gibt.*

„Und es mag am deutschen Wesen / Einmal noch die Welt genesen" lauten die letzten zwei Zeilen des nationalistisch geprägten Gedichtes „Deutschlands Beruf" von Emanuel Geibel (1861).

Eine der wenigen Metaphern im gesamten Beitragskorpus, die dem Wortfeld „Meteorologie" entstammen (nur 5 von 1080, entspricht 0,5 %) nutzt Kurt Kister für eine originäre Erweiterung. In seinem SZ-Kommentar vom 11.05.2010 behauptet er, dass das schlechte Ergebnis für die CDU bei der Landtagswahl auch durch die „schlechte Koalitionsregierung in Berlin" verschuldet sei. Die Kanzlerin habe die Bundes-FDP zu lange *trompeten gelassen*,[96] zumal die FDP über mangelnde Regierungserfahrung verfüge, *die durch argumentative Präpo-*

---

[96] Diese Metapher ist grammatisch falsch: Das 2. Partizip muss in Form des Ersatzinfinitivs „lassen" heißen (vgl. Duden Band 4 1998, S. 191f.). In ihrer inhaltlichen Absicht erinnert die Metapher an die in Kapitel 2.2.2.6 zitierte Analogie von der Kanzlerin als Dirigent.

tenz sowie geschlechtsunabhängiges Machotum unterstrichen worden sei. Daraufhin heißt es:

> *Was aus alledem entstand, nannte Angela Merkel jetzt „den* **Gegenwind** *aus Berlin". Der allerdings war keine* **Naturerscheinung,** *sondern das* **Produkt der Windmaschinen** *in FDP und CSU [...].*

Der Autor greift die konventionelle Metapher des Zitats („Gegenwind") auf und führt sie originär fort. Der Begriff der „Windmaschinen" kommt hierbei den Phraseologismen *viel Wind machen* und *heiße Luft* gleich: Es wird vieles in dynamisch übertriebener Weise gesagt, aber ohne inhaltliche Bedeutung.

„Liberale Verweigerer" nennt Peter Fahrenholz in seinem SZ-Kommentar vom 12.05.2010 die FDP, denn diese ist – so die Nachricht – für eine Regierungskoalition in NRW nicht bereit. In gleicher Weise wie im zuvor zitierten Text greift der Autor die Metaphorik eines Zitats auf („Gong") und führt sie fort („nicht laut genug"). Hierbei handelt es sich zudem wieder um einen Einstieg (siehe Beispiel zur „Implosion"), so dass von einer metaphorischen Stilistik als Leseanreiz ausgegangen werden kann:

> *FDP-Chef Guido Westerwelle, um deutliche Formulierungen nie verlegen, hat das Wahldesaster für Schwarz-Gelb in Nordrhein-Westfalen ins Akustische übersetzt: Die Wähler hätten einen Gong geschlagen, und der sei in Berlin auch gehört worden. Möglicherweise war der Gong aber noch nicht laut genug, denn die Liberalen halten bisher unbeirrt an ihrer borniertent Linie fest.*[97]

Zur Vervollständigung soll nun im Gegenzug dargelegt werden, wie der nicht durchdachte Einsatz konventioneller Metaphern bzw. Phraseologismen, aber auch originärer Kreationen, negative Auswirkungen auf die Argumentation haben kann. Dies geschieht anhand zweier ausführlicher Einzelbeispiele, die ganzheitlich betrachtet werden. So werden zur Verdeutlichung zunächst der Aufbau sowie die Gesamtaussage des Textes analysiert. Daraufhin wird das Problem der angewandten Metaphorik des Textes erläutert. Die Kommentare stammen aus der WAZ und der WZ; sie wurden nicht gewählt, um das Genre der regionalen Tageszeitung herabzusetzen, sondern weil sie sich zur angestrebten Beweisführung am besten eignen:

---

[97] Allerdings erlangte eine andere derartige Metapher Westerwelles durch die häufige Zitation in den Medien größere Aufmerksamkeit: In seiner Rede nach den ersten Hochrechnungen zur NRW-Wahl sagte der FDP-Parteichef: *Das ist ein Warnschuss natürlich auch für die Regierungsparteien. Die Bürgerinnen und Bürger sollen wissen: Er ist gehört worden.* (WDR 09.05.2010) Wo SZ-Autor Peter Fahrenholz das variierende Zitat Westerwelles aufgeschnappt hat, konnte nicht eruiert werden.

Kommentar in der WAZ vom 12.05.2010a (Walter Bau):
Unter dem Titel „Die Stunde der bitteren Wahrheit" kommentiert Walter Bau die Sparpläne der Bundesregierung, die wenige Tage nach der NRW-Wahl aufflammten. Dabei arbeitet er sich in drei Ebenen zum Themenschwerpunkt vor:

1. Der Impuls der Nachricht: Die Wahl in Nordrhein-Westfalen ist seit drei Tagen vorbei, die Ergebnisse stehen fest. Nach der mitunter heuchlerischen Werbung um Wählerstimmen im Wahlkampf ist in der Strategie der Politiker nun wieder eine offene, nicht von Zuversicht geprägte Auseinandersetzung möglich (*[...] jetzt wird Klartext geredet*).
2. Konkret geht es dabei um Sparpolitik, und zwar in Bezug auf finanzielle Einsparungen im öffentlichen Bereich (*Alle Ausgaben müssen auf den Prüfstand*).
3. Der Autor fokussiert seine weiteren Ausführungen auf das Ressort „Bildung", denn auch hier sollen die Ausgaben ausdrücklich beschränkt werden (*[...] soll der Rotstift angesetzt werden*).

Die Aussage des Autors lautet zusammenfassend: Einsparungen sind zwar zwingend erforderlich, diese dürfen aber nicht im Bereich „Bildung" vorgenommen werden und so das gesellschaftlich elementare Bildungssystem schwächen.

Der Metaphernanteil des Textes beträgt 18,8 %, der Autor setzt also knapp 1/5 seines Kommentars aus Sprachbildern zusammen. Problem ist hierbei, dass das zentrale Thema (staatliche Ausgaben müssen reduziert werden) durch mehrere stark konventionalisierte, teils pathetisch wirkende Phraseologismen aus unterschiedlichen Wortfeldern ausgedrückt wird, ohne dass dies einen Mehrwert hätte: Die Wendungen *den Rotstift ansetzen, Kürzungen das Wort reden, die Axt ansetzen* (*Wer hier* [beim Bildungssystem] *die Axt ansetzt, handelt kurzsichtig und unverantwortlich*) sowie *schmerzliche Einschnitte* haben einen ähnlichen Bildgehalt und daher die gleiche Aussage. Diese metaphorische Schwäche wird durch den stilistischen Aufbau verschlimmert, da diese Metaphern den Text durchsetzen, so dass im Fazit nur das variierend wiederholt wird, was bereits am Anfang gesagt wurde.

Zudem irritiert im zweiten Absatz die Formulierung *[...] nun zeigen Spitzenpolitiker von CDU und FDP dem Volk die Folterinstrumente*, womit die Ausgabenkürzungen in unterschiedlichen gesellschaftlichen Bereichen gemeint sind. Der Grund dieser metaphorisch interpretierten Handlung ist nicht nachvollziehbar: Warum zeigt die Politik dem Volk kurz nach der Landtagswahl, auf die sich Walter Bau im Einstieg bezieht, „Folterinstrumente"? Will der Autor damit sagen, dass das Volk für seine Wahl nun bestraft wird?

Kommentar in der WZ vom 24.04.2010 (Frank Uferkamp):
Unter dem originär-metaphorischen Titel „Kerze am Ende des Tunnels" kommentiert Frank Uferkamp eine taktisch zur anstehenden Wahl verbreitete Entscheidung der Landesregierung: Grundlage des Kommentars ist die Nachricht, dass Finanzminister Helmut Linssen den verschuldeten Städten in NRW erstmals direkte Zuschüsse des Landes versprochen hat.

Drei zentrale, miteinander verbundene Aussagen des Autors lassen sich aus dem Kommentar filtern:

1. Uferkamp bewertet die Zusage des Ministeriums einerseits als Erfolg für das ausdauernde Bestreben der Städte, Finanzhilfen vom Land zu fordern (*Nach Jahren des Protestes [...] sicherlich ein guter Tag [...]; die Oberbürgermeister [...] haben dafür in den vergangenen Jahren dicke Bretter gebohrt*).
2. Die Zusage ist mit Vorsicht zu genießen, da sie zwei Wochen vor der Landtagswahl und daher vor allem aus wahlkampfstrategischen Gründen gegeben wurde. Zudem hatte Ministerpräsident Rüttgers wenige Tage zuvor mit dem Hinweis auf die eigene „desolate" Finanzlage des Landes eine Unterstützung der Städte ausgeschlossen (*Dass er nun eine Zusage geben kann, hängt natürlich mit dem nahen Wahltermin zusammen. [...]*).
3. Durch Nachlässigkeit tragen die verschuldeten Städte Mitschuld an ihrer Finanzlage (*Zu spät haben sie selbst die Zeichen der Zeit erkannt [...]*).

Der Metaphernanteil in diesem Langkommentar beträgt 15,1 %. Beträchtliche Schwäche des Kommentars ist seine Metaphorik in der letzten Spalte, in der gleich zwei Theorien des Autors mit Phraseologismen überfrachtet sind:

*Diesen **Preis**[98] müssen die Kommunen wohl **zahlen**. Zu spät haben sie selbst die **Zeichen der Zeit erkannt** und ihre Möglichkeiten den veränderten **Rahmenbedingungen** mit **schrumpfender** Bevölkerung und einer Industriegesellschaft im **rasanten Wandel angepasst**.*

Mit konventionellen und heterogenen Phraseologismen formuliert Uferkamp die in Punkt 3 erwähnte Aussage seines Textes zur Mitverantwortung der Städte. Sie stammen aus dem Rechenwesen (*Preis zahlen*), der Mythologie (*Zeichen der Zeit erkannt*), dem Handwerk (*den Rahmenbedingungen angepasst*) sowie der Bewegung (*schrumpfen, rasant*). Daran knüpft der Autor seine in Punkt 1 aufgeführte einschränkende Theorie an:

---

[98] Gemeint ist, dass allein die Finanzhilfen des Landes die verschuldeten Städte nicht wieder zum ‚Paradies' machen werden.

Aber richtig ist auch: Allzu lange haben Bund und Land die Städte **sträflich alleine gelassen**. *Das scheint sich nun zu ändern, die Oberbürgermeister und Kämmerer haben dafür in den vergangenen Jahren* **dicke Bretter gebohrt**. *Wenn alles gut geht, steht seit gestern eine* **kleine Kerze am Ende des Tunnels**.

Hier vermischen sich die Wortfelder „Justiz" (*sträflich alleine gelassen*), „Handwerk" (*dicke Bretter gebohrt*) sowie „Lichtkunde" in Verbindung mit „Bauwesen" (*steht [...] eine kleine Kerze am Ende des Tunnels*).

Zu beanstanden ist zum einen die Vielzahl der in diesen kurzen, aufeinander folgenden Textabschnitten gebrauchten Wortfelder (7) und die daraus entstandene heterogene Vermischung. Zum anderen handelt es sich außer bei der Schlussmetapher um stark konventionalisierte Phraseologismen. Diese offensichtlich undurchdachte Stilistik hat durch seine unkonkrete Ausdrucksweise und seine bildliche Wechselhaftigkeit kaum Aussagekraft.

Die Bedeutung des Schlussbildes (eine *kleine Kerze*, die seit gestern *am Ende des Tunnels* steht), ist dagegen relativ deutlich: Es soll wohl aussagen, dass sich die Städte jahrelang dafür eingesetzt haben, vom Land direkte finanzielle Unterstützung zu bekommen – und nun endlich (*gestern*) sagte der Finanzminister ihnen eine solche Hilfe zu. Der „Tunnel" steht hierbei für den langen, dunklen, beengten Weg (also die jahrelangen Bemühungen), den die Städte gehen mussten, ohne zu wissen, wann der Ausgang kommt (wann man das Ziel erreicht hat, Hilfen zugestanden zu bekommen). Die „Kerze" (originär abgewandelt von der Wendung „Licht am Ende des Tunnels") steht für die Hoffnung, die der Finanzminister den Städten gemacht hat – Linssen kann daher in der Übertragung als derjenige angesehen werden, der die Kerze dort platziert hat. Da jedoch lediglich ein Versprechen, das noch zu realisieren ist, symbolisiert werden kann, handelt es sich nicht um ein sonst übliches gleißendes Licht, sondern nur um einen schwachen Kerzenschein.

7 Fazit: Konstruktive und destruktive Stilistik im Kommentar

> Ich habe mich in meinem Leben vor nichts so sehr als vor leeren Worten gehütet, und eine Phrase, wobei nichts gedacht und empfunden war, schien mir an anderen unerträglich, an mir unmöglich.
>
> (Johann Wolfgang von Goethe, zit. n. Pruys 2004, S. 5)

Sprachliche Fertigstücke bieten zunächst zwei wichtige Vorteile: „Sie sind bewährte, von den Politikern, den Medien und vom Zeitgeist sanktionierte oder getragene Formulierungen, die nicht provozieren." (Kurz 2010b, S. 100) Sie stehen zudem „als Ganzes zur Verfügung und ermöglichen ein schnelles Verfertigen der Aussage. Insofern sind sie, auch wenn sie manchmal umfangreicher sind als eine sinngemäße [...] individuell geprägte Formulierung, sprach-, denk- und textökonomisch." (ebd.)

Christoph Schwarze (1980, S. 27) weist darauf hin, dass dies jedoch „zu gefährlichen Aufnahmegewohnheiten auf seiten des Lesers" führen kann: Man „stimmt einer Rede zu, nicht weil man von ihren Inhalten überzeugt ist, sondern weil man dem Sprecher oder Verfasser aufgrund der vertrauten, einfach zu folgenden Sprache beipflichtet (vgl. ebd.). Der Fehler: „Jeder glaubt, mit diesen kompakten [...] Bildern etwas verbinden zu können, aber was genau dies ist, bleibt diffus. Gerade das oberflächliche Verständnis kann die Funktion der konventionellen Bilder hemmen." (Ahlke/Hinkel 1999b, S. 37) Sie suggerieren, „etwas verstanden zu haben, was [...] gar nicht durchdacht ist." (ebd.) Alltagsmetaphern suggerieren also ein leichtes Verständnis, bieten aber tatsächlich nur ein oberflächliches (vgl. ebd.). Bezogen auf die Darstellungsform, die dieser Studie zugrunde lag, kann in einem Kommentar voller Phraseologismen unkonkreter Art die Argumentation des Autors kaum deutlich werden.

„Man muss Ihnen beim Denken zusehen können", haben Fengler und Vestring diesbezüglich eine Maxime für Journalisten formuliert (2009, S. 113). Sie verpflichtet den Kommentator, selbst das Geschehen zu durchdenken. Konformität und Unverbindlichkeit, für die Metaphern und Phraseologismen missbraucht werden können, sind in einem Kommentar fehl am Platz. Interessant wird ein Kommentar erst durch eigene Ideen mit aussagekräftigem Inhalt.

Die Intention ist dabei nicht, nur noch mit individuell gebildeten, in dieser Studie als originär bezeichneten Metaphern zu arbeiten und somit den Ausdrucksformen der Literatur nachzustreben, sondern konventionelle Metaphern so engagiert einzusetzen, dass sich „bildspendende Felder keineswegs zufällig ergeben, sondern daß ihre gezielte Wahl vielmehr Teil der Argumentationsstrategie des Textproduzenten" ist (Küster 1978, S. 100). Für die Verwendung von Metaphern muss stets eine inhaltliche Motivation gegeben sein (vgl. Ahlke/Hinkel 1999b, S. 37). Es geht um den Anspruch an den Stil journalistischer Sprache.

7.1 Fünf Thesen

Aus den Analysen dieser Studie ergeben sich fünf grundlegende Erkenntnisse. Diese fünf Thesen legen dar, wie der Einsatz von Metaphern und Phraseologismen im politischen Kommentar konstruktive Qualität erreichen kann.

A1. Auch für das Verfassen von Kommentaren gilt: „Form follows function." Erst muss ich überlegen: *Was* will ich sagen? und dann: *Wie* will ich es sagen bzw. wie kann ich es am besten ausdrücken? Erst den Inhalt, dann den Stil überdenken.

Diesem Konzeptgedanken entsprechend sollen Metaphern die Aussageabsicht unterstützen, nicht vorgeben. Sie können Sachverhalte veranschaulichen, eine Argumentation verstärken, etwas oder jemanden bewerten und dabei einordnen, zum Beispiel das Ausmaß einer Situation oder eines Vorgangs: So ist es ein Unterschied, ob ein Konzern, der ein finanzielles Defizit aufweist, nur *kränkelt* oder *dahinsiecht* und ob ein Politiker *seinen Hut nimmt und auf leisen Sohlen davonschleicht* oder *mit Pauken und Trompeten aus dem Amt gejagt* wird. Metaphern können dynamischer und plakativer sein als die sachliche Alternative (etwa wenn das allgemeine Substantiv *Kritik* durch die Wettermetapher *Gegenwind* ersetzt wird). Mit ihrer Hilfe legen die Autoren den Rezipienten eine Lesart des Geschehens nahe, zwingen diese aber nicht auf.

Metaphern müssen jedoch nicht immer die bessere Ausdrucksform sein: Statt einer bildreichen Argumentation kann in Kommentaren auch ein eher sachlicher Stil in Frage kommen, wenn dieser einem Gedanken oder einer Gedankenfolge dienlicher ist.[99] Dies hängt, wie in Kapitel 3 beschrieben, vom Argumentationsansatz ab.

---

[99] Siehe auch Kurz 2010d, S. 250.

A2. Innerhalb eines Gedankens oder einer Gedankenfolge sollte der Metapherngebrauch homogen erfolgen.

Das heißt, die verwendeten Metaphern und Phraseologismen sollten demselben oder einem korrespondierenden Wortfeld angehören. Dies ist im folgenden Beispiel konsequent umgesetzt worden. Es zeigt zudem die Möglichkeit, einen Einstieg mittels einer homogen erweiterten Metapher als Leseanreiz zu nutzen: Im Juli 2010 gab die Bundesregierung bekannt, dass Steffen Seibert, Nachrichtenmoderator des ZDF, neuer Regierungssprecher in Berlin werde. Die WAZ lieferte dazu einen analytischen Bericht (Hautkapp 12.07.2010), dessen Einstieg durch eine homogen erweiterte Metaphernverwendung auffällt. Ausgehend vom Wortfeld „Element Wasser", das einem faktischen Zitat Seiberts entstammt, verbindet der Autor konventionelle (*Kanzlerin [...] steht das Wasser bis zum Hals*) und originäre Metaphern (*Schleusenwärter Seibert*) zu einer stimmigen Szenerie, ohne einen Bildbruch zu produzieren. Die Verwendung hat den Charakter eines kreativen Leseanreizes, der das homogene Spiel zudem quantitativ nicht übertreibt (als passende Metapher: es ufert nicht aus), sondern nur etwa ein Fünftel des Gesamttextes (22 %) einnimmt:

> *Vor Jahren wurde der Fernsehjournalist Steffen Seibert in einem Montagsmagazin danach gefragt, wie er am besten entspannen könne. „**Mit den Füßen in einem fließenden Gewässer**", lautete die Antwort. So gesehen fügt sich der jüngste Karriereschritt des ZDF-Nachrichtenmoderators ins Bild.*
> *Angela Merkel und ihre Regierung haben seit Amtsantritt **einen Strom** der mittelprächtigen bis schlechten Nachrichten **anschwellen lassen**, in dem nicht nur die Popularitätswerte des Junior-Partners FDP längst **davongespült** wurden. Auch der CDU-Kanzlerin selbst **steht** in und außerhalb ihrer Partei **das Wasser bis zum Hals**. Kurz vor der parlamentarischen Sommerpause hat Merkel am Samstag den **Schleusenwärter** Seibert eingestellt. Auf dass der **mal reißende, mal träge Regierungsfluss** endlich **in ein gleichmäßig** kommunikatives **Bett** geraten möge. [...]*

Dieses metaphorische Verfahren ist auch in kurzer Form anwendbar: Die folgende Passage bezieht sich auf den ehemaligen DFB-Präsident Theo Zwanziger, der über einen Rücktritt nachdachte. Ausgangspunkt der homogenen Erweiterung ist der Phraseologismus „den Hut nehmen" für „etwas beenden/ein Amt aufgeben":

> ***Nimmt** Zwanziger **seinen Hut, muss der Haken neu besetzt werden**. Mit wessen **Kopfbedeckung**, darüber entscheidet auch, zu welchem Ergebnis Bundestrainer Joachim Löw bei seiner Selbstdiagnose gelangen wird. (Lamers 2010)*

Die heterogene Verwendung von Metaphern ist dann zu beanstanden, wenn dadurch Katachresen entstehen oder sie zu einer heterogenen Hyperbolik führt, wie in einem Kommentar der „Bild" vom 14.05.2010, in dem der Autor für die Koalitionsverhandlungen in NRW empfiehlt:

> *Politik ohne Scheuklappen ginge etwa so: Die CDU opfert Wahlverlierer Jürgen Rüttgers; die FDP überwindet ihre Grünen-Allergie; die Grünen [...] legen auch in Düsseldorf ideologische Fesseln ab. Die deutsche Politik braucht dringend frischen Wind.*

In diesem kurzen Absatz werden Metaphern aus sechs verschiedenen Wortfeldern gebraucht: aus der Zoologie (Scheuklappen), der Religion (opfern), der Bewegung (überwinden), der Medizin (Allergie), der Justiz (Fesseln ablegen) sowie der Meteorologie (frischer Wind). Deren Einsatz ist zwar einzeln auf die Gedankenabschnitte verteilt, was These A2 entspräche; da es sich jedoch um eine explizit zusammenhängende Argumentationseinheit handelt, ist die Heterogenität destruktiv: Aufgrund ihrer Unvereinbarkeit besteht für diese Metaphern die Gefahr, dass sie eine Kommunikationsbehinderung darstellen und dazu führen, dass sie semantisch leer werden (vgl. Küster 1978, S. 106).

Heterogene Kombination ist in Kurzform auch ohne Verwirrung realisierbar: So kommentierte die WZ (04.05.2010) den Umstand, dass staatliche Geldinstitute auf riskante griechische Staatsanleihen gesetzt haben, wovon auch Rücklagen für NRW-Politiker betroffen sind, mit den Worten:

> *Im Endspurt des Wahlkampfs ist das ein dicker Brocken für die Landesregierung.*

Hier kann man sich vorstellen, wie ein dicker Brocken (Geologie) im Endspurt (Sport) eines Wettrennens auf die Bahn fällt und dem Läufer kurz vor dem Ziel Schwierigkeiten bereitet – ebenso wie ein großes Problem bzw. ein moralischer Fehler (Politiker kritisieren die Zockermentalität der Banken, sind aber selbst davon betroffen) im Wahlkampf den möglichen Sieg erschwert oder gar verhindert.

A3. Originäre Metaphern, die den Inhalt/die Aussage unterstützen, sind konventionellen Metaphern vorzuziehen.

Der Kommentar ist die bedeutendste meinungsbetonte Darstellungsform im Journalismus. Er gibt in der Regel die subjektive Sicht des Verfassers wieder (vgl. Stern 2000, S. 145), wodurch dieser stärker als bei sachlich informierenden Texten gefordert ist, stilistisch in Erscheinung zu treten (vgl. Kurz 2010d, S. 241). Diese Möglichkeit sollte er nutzen, schließlich offenbart er durch seinen Kommentar, wie sehr er zu eigenen Gedanken fähig ist (vgl. Fengler/Vestring

2009, S. 112). Kreativität statt Konformität im Metapherngebrauch ist daher als Grundregel anzustreben.

„Differenziertheit in der Wahl der Wortbilder ist Grundsatz guten Stils", benennt Konrad Kraemer eine seiner ‚goldenen Regeln' (1977, in: Mogge 1980, S. 305). Bilder, die verblasst sind, „haben keine Aussagekraft mehr und sollten deshalb vermieden werden. Wirken kann nur der bezeichnendste Ausdruck. Er sollte schlicht und niemals übersteigert sein." (ebd.)[100] Unverbrauchte Wörter mit neuen Sprachbildern (vgl. Schneider 1984, S. 128) können die Argumentation dabei individuell veranschaulichen, aber auch ästhetisch aufwerten, etwa wenn ein Korrespondent in seiner Wahlanalyse (Blasius 10.05.2010) Ministerpräsident Jürgen Rüttgers als *Machtklempner* bezeichnet, der also kein Politiker sei, den „man in der angelsächsischen Politik einen ‚people's champion' nennt, keiner, dem die Herzen zufliegen", der durch Charisma punktet und emotionalisiert, sondern der Politik als Handwerk versteht.

Konventionelle Metaphern erhalten konstruktive Qualität, wenn ihre Bildaussage auch genutzt wird, z. B. durch homogene Korrespondenz oder originäre Erweiterung des Bildes (Beispiele siehe vor allem in Kapitel 6.1.3 und 6.2.3).

Einfallsreich und sprachlich reizvoll können dabei themenbezogene Metaphern sein – also Ausdrücke, die aus demselben Wortfeld stammen wie das Kommentarthema oder ein Aspekt des Themas. So hieß es in der SZ vom 20.04.2010 über den charakterlichen Unterschied zwischen den Ministerpräsidenten Jürgen Rüttgers und Johannes Rau:

Der rhetorisch-brillante Predigersohn Rau war ein Menschenfischer [...].

Hier korreliert die faktische Information *Predigersohn* mit der aus dem Wortfeld „Religion" stammenden Metapher *Menschenfischer*. Sie bezieht sich auf die Worte Jesu „Ich will euch zu Menschenfischern machen", die er zu Fischern sprach und die daraufhin seine ersten Jünger wurden, und meint eine missionarische Tätigkeit. Daher hat der Begriff in der Kommentarpassage zwar konventionellen Charakter, die bewusste inhaltliche Verbindung ist jedoch originär.[101]

Wichtig ist, bei der Gestaltung von Metaphern und metaphorischen Szenerien die Moral zu wahren. In seinem medizinischen Sinnbild bedenklich heißt es in der Wahlanalyse (Blasius 10.05.2010) über den NRW-Ministerpräsidenten:

---

[100] Vgl. auch Räuscher 1928/29, S. 27f., in: Mogge 1980, S. 287.
[101] In der Auswertung der Kommentartexte fiel auf, dass die Stile „originär" und „homogen" oft zusammenhängen. Wird eine originäre Metapher erweitert, geschieht dies homogen. Im Umkehrschluss sind erweiterte, homogen verwendete Metaphern meist originär.

Rüttgers weiß an diesem wackeligen Wahlabend lange nicht, ob das schlechte Wahlergebnis der CDU sein politisches Aus bedeutet oder nur eine schlimme politische Nahtoderfahrung ist.

Eine ähnliche Hyperbolik (hier ist es vor allem die aus der Religion stammende Metapher *Totenglöcklein*) findet sich in der Einleitung eines WAZ-Berichts, in dem es um den Wahlkampf des ehemaligen französischen Präsidenten Nicolas Sarkozy aus dem Jahr 2007 geht, der mit Schwarzgeld finanziert worden sein soll. Der Autor beruft sich auf ein metaphorisches Zitat einer französischen Tageszeitung, betrachtet es jedoch nicht differenziert, sondern ergänzt es sogar noch durch eigene Metaphern (Niewerth 2010):

> *Über dem Präsidentenpalast in Paris braut sich ein monströses Unwetter zusammen. Ein Orkan, der so gefährlich ist, dass die Zeitung „Le Monde" in düsterer Vorahnung bereits das Totenglöcklein für Nicolas Sarkozy klingelt. „Ein mörderischer Sommer" drohe dem Hausherrn im Élysée, orakelt das Blatt.*

Neben dem im Diminutiv verwendeten Substantiv „Totenglöcklein", das dadurch spöttischen Charakter erhält, werden Metaphern aus den Wortfeldern „Meteorologie" (Unwetter braut sich zusammen, Orkan) und „Mythologie" (düstere Vorahnung, orakeln) zu einer Unheil ankündigenden Szenerie stilisiert. Die sprachliche Übertreibung entsteht zudem durch die Verstärkung der Substantivmetaphern mittels attributiver Adjektive: Es ist nicht nur ein „Unwetter", sondern ein „monströses Unwetter", nicht nur ein Orkan, sondern ein „Orkan, der so gefährlich ist".

A4. Die Wahl der Metaphern sollte der Zielgruppe und deren Vorwissen angepasst sein.

Wenn in der Wochenzeitung „Die Zeit" in einer politischen Reportage auf ein Theaterstück von Samuel Beckett angespielt wird (siehe Kapitel 2.2.2.6, S. 51), die SZ das Prinzip einer Implosion als Bewertungsansatz für einen Regierungsverlust heranzieht (SZ 20.04.2010) oder zur Verdeutlichung einer politischen Strategie aus einem Gedicht von 1861 zitiert (SZ 29.04.2010), mögen das herausragende Fälle sein, da auch dort von *rätselhaftem Geeiere* (SZ 29.04.2010) und einem *labbrigen Koalitionsvertrag* (SZ 10.05.2010) die Rede ist oder auf die Grünen als *einstige Öko-Müsli-Partei* (SZ 11.05.2010) hingewiesen wird. Holger Rust (1984, S. 27) macht jedoch deutlich, dass „mit steigender Bildung und damit steigenden Kenntnis der Informationsmöglichkeiten über Politik [...] die Nutzung divergierender und damit [...] auch in zunehmendem Maße analytischer

Medien" zunimmt.[102] Daher zeigen die originellen Metaphernbeispiele die Tendenz, dass es sich Qualitätszeitungen erlauben können, intellektueller zu formulieren, während sich Boulevardzeitungen überwiegend aus dem reichen Fundus der Alltagsmetaphern bedienen. Beiderseits ist also zu berücksichtigen, dass der Einsatz von Metaphern stets mit Blick auf die Leserschaft und deren Assoziationsfähigkeit erfolgen soll (vgl. Ahlke/Hinkel 1999b, S. 37). Denn die grundlegende Voraussetzung konstruktiver Kommunikation hat Josef Räuscher bereits 1929 klargestellt: „Die Sprache ist Verständigungsmittel, nicht Preisrätsel!" (S. 27f., in: Mogge 1980, S. 286).

A5. Wird eine Metapher zu Argumentationszwecken verwendet, sollte die metaphorische Aussage belegt werden.

Wenn ein Kommentator schreibt: „In der Reformierung des Gesundheitswesens ist das Ministerium einen großen Schritt vorangekommen", dann ist die Frage legitim: Was bewertet der Autor als „großen Schritt"? Er darf seine Aussage nicht im Vagen belassen, sondern muss sie begründen.[103] Metapher und zugrunde liegender Fakt sollen durch den Argumentationsaufbau zusammenwirken. Der Autor schafft durch diesen Bezug einen (wenn auch subjektiv geprägten) Beweis, der es ihm erlaubt, die Metapher oder den Phraseologismus zu verwenden. In Kapitel 2.2.2 wurden dafür mehrere Textpassagen als Beispiele herangezogen.

Für den Zielgedanken dieser These sei darauf hingewiesen, dass die Metapher belegt, nicht erklärt (quasi demontiert) werden soll. Eine mitgelieferte sachdienliche Sinndeutung[104] – möglicherweise motiviert durch den Zweifel an der Ausdruckskraft des verwendeten Sprachbildes – widerspricht dem rhetorischen Zweck der Metapher (siehe das Negativbeispiel in Kapitel 6.1.3, S. 136).

7.2 Metatextuelle Varianten metaphorischen Gebrauchs

Der stilistischen Vielfalt entsprechend sollen abschließend zwei weitere Möglichkeiten der Metaphernverwendung aufgezeigt werden, die bislang nicht erwähnt wurden. Dabei handelt es sich um die Besonderheit der metatextuellen Ebene.

---

[102] So gehört der Großteil der Leser der SZ der gehobenen Bildungs- und Business-Schicht an (vgl. Süddeutsche Zeitung GmbH 2010, S. 12ff.)
[103] Siehe Schwarze 1980, S. 34: „Kontrollieren Sie Ihre Rede bewußt im Hinblick auf Vagheit, Abstraktheit und Vieldeutigkeit der Ausdrucksweise."
[104] ... eventuell eingeleitet durch *d. h.*, *also* oder *sprich:* ...

a) Direkte Bezugnahme zur Metapher

Auf die Verwendung eines Phraseologismus kann der Autor auch direkt eingehen; im folgenden Beispiel nutzt Sascha Rose (2008) diese Methode als Einstieg:

> *„Wer mit dem Feuer spielt, kann sich schnell die Finger verbrennen", sagt der Volksmund. Dass diese Empfehlung nicht nur wortwörtlich, sondern auch im übertragenen Sinne Gültigkeit besitzt, mussten Anfang des Jahres auch Besitzer von sogenannten Multi-Bonuszertifikaten schmerzlich erfahren. Der starke Kursrutsch an den Märkten sorgte dafür, dass selbst Sicherheitspuffer von 50 Prozent nicht reichten, um sich die Bonusrenditen zu sichern.*

Dies ist auch in allgemein reflektierender Form möglich. Im Einstieg eines WZ-Kommentars (11.05.2010) zu den anstehenden Koalitionsverhandlungen in NRW findet sich als Leseanreiz ein metaphorischer Vergleich zwischen Sport und Politik – der die Gemeinsamkeit des Vergleichs allerdings ausschließt:

> *Nach der Wahl ist nicht vor der Wahl – Politik unterscheidet sich gravierend vom Sport, trotz aller immer wieder verzweifelt bemühten Parallelen. Beim Fußball zum Beispiel steht das Ergebnis am Ende aller Bemühungen, in der Politik kann es manchmal erst den Beginn markieren. So wie jetzt in NRW.*[105]

b) Metaphernverwendung karikieren

Wenn es der Platz erlaubt und aussagestützendes Material zur Argumentation vorhanden ist, kann externe Verwendung von Metaphern und Phraseologismen auch karikiert werden, wie es Marc Beise in der Süddeutschen Zeitung (11.05.2010) tut. Die Nachrichtengrundlage: Für 750 Milliarden Euro wollen die Euro-Länder und der Internationale Währungsfonds bürgen, wenn ihre Mitgliedsländer kreditunwürdig werden. Der Kommentaransatz: Nun wird über Absichten der Börsenspekulanten diskutiert, was „Untergangsphantasien" und „Verschwörungsfloskeln" zur Folge habe, ohne Kenntnisse über die Abläufe an den Finanzmärkten zu besitzen:[106]

> *„Die Spekulanten", ausgestattet mit „gigantischen Computerprogrammen", sind von der Kette. (1) Sie „wetten gegen Griechenland" oder gleich „gegen den Euro" – geht's noch eine Nummer größer? (2) Wenn wirklich ein solch titanischer Kampf*

---

[105] Ein weiteres Beispiel findet sich im Textauszug zu Steffen Seibert in These A2 (*So gesehen fügt sich der jüngste Karriereschritt des ZDF-Nachrichtenmoderators ins Bild.*)
[106] Siehe die thematisch übereinstimmenden Beispiele in Kapitel 2.2.1.2, S. 31, zur Metapher „Tsunami der Spekulation" sowie Kapitel 2.2.4.1, S. 69, zur Metapher „Rettungsschirm".

stattfände wie behauptet, könnten die Euro-Staaten ihn gar nicht gewinnen. Sie wären dafür schlicht nicht gerüstet [...]. (3)
  Aber radikale Parolen und extreme Alternativen sind nicht hilfreich. Die D-Mark ist gut / der Euro ist schlecht. Die Spekulation rast / die Politik ist ohnmächtig. Der Mensch hat abgedankt / es herrscht die Maschine: Das klingt rasant – und ist doch weltfremd. (4)

1. Ausgehend von der Macht ausdrückenden Metaphorik des ersten Zitats stellt der Autor die verallgemeinerte Gruppe der Spekulanten als gefährliches, daher angekettetes Tier dar, das nun frei handlungsfähig ist und in angreifender Absicht agiert.
2. Durch diese phraseologische Frage unterstreicht der Autor den zynisch-ironischen Charakter seiner Argumentation.
3. Hier bedient er sich (entsprechend der Hyperbolik der Machtfülle ausdrückenden Zitate) der Mythologie, die durch übermenschliche Beschreibungen geprägt ist: Das Adjektiv *titanisch* ist abgeleitet von *Titan*, einem der riesenhaften Götter der griechischen Sage (vgl. Duden Band 1 2000, S. 967). Durch die Erweiterung mittels der Militärmetaphorik (Kampf, gewinnen, gerüstet sein) schafft er eine hypothetische Szenerie, für die er die Verschwörungstheorien zwecks seiner Argumentation zulässt, um ihren Nutzen dann zu entkräften.
4. Schließlich karikiert der Autor die schematisch gebrauchte Metaphorik und entblößt dabei die Taktik der Nutzer: ‚Die Formulierungen klingen rhetorisch dynamisch, sind aber inhaltlich indiskutabel.' Als glossierende Übertreibung nutzt er dabei zusätzlich die Zeichensetzung, die Stilistik der Versform, indem er die Äußerungen mit Schrägstrichen trennt. Die zitierten Metaphern stammen aus den Wortfeldern „Verkehrswesen" (rasen), „Medizin" (ohnmächtig), „Politik" (abdanken) und „Technik" in science-fictionärer Ausprägung (die Maschine herrscht).

Zu beachten ist bei einer solchen Argumentationsstrategie, dass den aussageschwachen Beispielen gehaltvolle Formulierungen im eigenen Text entgegengesetzt werden müssen; der Anspruch der Karikatur ist sonst nicht gerechtfertigt.

Nicht kaputtmachen!

Bernd Gäbler (2008) schreibt in einer Medienkolumne über die Invasion unmotivierter Wortwahl im Journalismus: „Früher gab es Ausbilder, die Texte redigierten. In den Redaktionen gab es Fibeln mit Sprach-Leitlinien, sogar Listen mit Ausdrücken, die tunlichst zu vermeiden waren. Heute scheint das Motto ‚Einfach drauflos quatschen und auch noch Geld dafür kriegen' [...] universell geworden zu sein." Ein Chefredakteur könne Sprache zwar nicht verordnen, bemerkt Anton Sterzl (vgl. 1980, S. 151), aber er könne seine Mitarbeiter (und sich selbst) ausdauernd sensibilisieren und zur Selbstkontrolle ermuntern.

Denn jeder Journalist hat eine Verantwortung. Und damit ist hier nicht die Verantwortung gegenüber dem Unternehmen oder der Redaktionsleitung gemeint. Auch nicht gegenüber dem Leser, Hörer oder Zuschauer, für den er über die Welt berichtet. Und ebenso wenig gegenüber der Familie, die finanziell abgesichert sein will. Er hat eine Verantwortung gegenüber der Sprache.

„ ‚Die Sprache hat...'. ‚Die Sprache tut...'. Wir können gar nicht anders, als von der Sprache zu sprechen, als sei sie ein lebender Organismus, ein handelndes Wesen", schreibt Dieter E. Zimmer (1997, o.S., in: Pruys 2004, S. 167) und fragt: „Wer aber ist das Subjekt der Sprache, das da entscheidet, was sie zu tun und zu lassen hat? Wer treibt die Sprachentwicklung voran? [...] Es sind die professionellen Vermittler, die Medien."

Die Sprache gleicht einer Marionettenfigur. Sie ist auf der Bühne der Kommunikation präsent, aber wir haben die Fäden in der Hand. Immer das gleiche Stück zu spielen, ist jedoch irgendwann nicht nur für den Zuschauer ermüdend, sondern beeinträchtigt auch die Agilität des Puppenspielers. Seine Figur darf er im wahrsten Sinne des Wortes nicht hängen lassen.

Daher ist es wichtig, dass Journalisten verkrustete Strukturen aufbrechen und den Horizont erweitern. Denn gerät die Sprache ins Wanken, entstehen Lücken, die auch Journalisten ins Trudeln bringen oder gar in die Knie zwingen können, bis sie, wenn sie nicht rechtzeitig die Reißleine gezogen haben, vor einem Scherbenhaufen stehen. Mithin haben sie wohl nicht darauf gehört, dass Vorsicht die Mutter der Porzellankiste ist. Und dann, ja dann wäre alles Essig. Oder Hängen im Schacht. Je nachdem. Also immer schön die Augen offen halten. Sie wissen doch: Die Augen isst man mit. Oder wie hieß das noch gleich ...?

Literaturliste

Primärliteratur

Journalistische Beiträge

Wichtiger Hinweis: Die 60 Kommentare des Analysekorpus, die in den Kapiteln 5 und 6 behandelt werden, sind auf der Internetseite des Springer-Verlags zu finden. In der dortigen PDF-Datei sind alle Kommentare aufgelistet und in voller Länge als Faksimiles abgebildet: Gehen Sie auf **www.springer.com**. Geben Sie in der Suchmaske den Titel des Buches oder den Namen des Autors ein. Auf der Produktseite des Buches finden Sie in der rechten Spalte die Rubrik „Zusätzliche Informationen" mit der PDF-Datei. Der Zugriff auf die Datei ist mit einem Kennwort gesichert. Es lautet: metapher0815

alpha centauri (2000): Warum hat der Saturn Ringe? In: alpha centauri, BR alpha, 30.07.2000.
ARD Mediathek (2009): „Das TV-Duell zwischen Merkel und Steinmeier in voller Länge". Aus: Wahl 09, 13.09.2009. In: ARD Mediathek. [http://mediathek.ard.de/ard/servlet/content/2982100]. Letzter Zugriff: 15.09.2009.
Backhaus, Michael (2010): Es geht um Merkels Mehrheit. In: Bild am Sonntag, 09.05.2010, S. 5.
Bau, Walter (02.03.2010): Mit hohem Risiko. Krafts Koalitionspoker. In: WAZ, 02.03.2010, S. 2.
Billanitsch, Karin (2010): Gewagt und gescheitert. Kommentar zu Sal. Oppenheim. In: Kölner Stadt-Anzeiger, 15.03.2010. [http://www.ksta.de/html/artikel/12641859 61114.shtml]. Letzter Zugriff: 27.05.2010.
Beise, Marc/Fromm, Thomas (2008): Bayern-LB Chef Kemmer: „Der Markt ist zurzeit hysterisch". BayernLB-Chef Michael Kemmer über die Milliarden-Belastungen seiner Bank, die Rolle des Freistaats Bayern und seine Pläne für den Mittelstand. In: sueddeutsche.de, 07.04.2008. [http://www.sueddeutsche.de/geld/bayern-lb-chef-kemmer-der-markt-ist-zurzeit-hysterisch-1.280983]. Letzter Zugriff: 09.07.2010.
Beise, Marc (11.05.2010): Es lebe der Euro. In: Süddeutsche Zeitung, 11.05.2010, S. 4.
Bericht aus Berlin (2009): Ulrich Deppendorf im Gespräch mit Horst Seehofer. In: Bericht aus Berlin, ARD, 09.08.2009.
Blasius, Tobias (09.04.2010): Das Gut-und-Böse-Spiel. Warum wir glauben sollen, dass eine Entscheidungsschlacht bevorsteht. In: WAZ, 09.04.2010, S. 2.
Blasius, Tobias (10.05.2010): Sein bitterster Gang. Unter Jürgen Rüttgers stürzt die CDU dramatisch ein. „Er ist schwer getroffen", sagen Vertraute. In: WAZ, 10.05.2010, S. 2.
Blasius, Tobias/Meinerz, Christoph/Schumacher, Theo (2010): Was die Parteien wollen. Bildung, Umwelt, Verkehr und mehr: Die Kernpunkte der Parteiprogramme für die Landtagswahl in NRW am 9. Mai. In: WAZ, 23.04.2010, S. 6.

Bodewein, Lena (2010): Von New York soll ein Signal ausgehen. UN-Klimagipfel mit 100 Staatsvertretern. In: tagesschau.de, 22.09.2009. [http://www.tagesschau.de/wirtschaft/unklimagipfel102.html]. Letzter Zugriff: 17.06.2010.

Boos, Susan (2007): Das AKW zu Babel. Im finnischen Olkiluoto wird der erste europäische Druckwasserreaktor hochgezogen. Kostendruck und Zeitmangel führen zu gigantischen Problemen. In: Die Wochenzeitung, 31.05.2007. Zit. n.: Greenkids e.V. [http://www.greenkids.de/europas-atomerbe/index.php/Nachrichten:Olkiluoto:_Das_AKW_zu_Babel]. Letzter Zugriff: 27.05.2010.

Bota, Alice (2008): Wo der Schrecken lebt. Georgien nach dem Krieg. Der Garten gehört von jetzt an dem Feind: Wie Dorfbewohner in Georgien den Frieden suchen, aber nicht finden. In: Die Zeit, Nr. 48, 20.11.2008. Zit n.: Zeit online. [http://www.zeit.de/2008/48/georgische_Doerfer]. Letzter Zugriff: 27.05.2010.

Braun, Stefan/Öchsner, Thomas (2010): Problembär Brüderle. Der Bundeswirtschaftsminister gibt voreilige Erklärungen ab und enttäuscht mit seinen Gesetzesplänen – der Unmut in der Koalition wächst. In: Süddeutsche Zeitung, 05.05.2010, S. 5.

Bravo (2010): Unser Außenminister steht total auf Johnny Depp! So privat wie nie: Nur in BRAVO verrät Politik-Star Westerwelle, wie er wirklich tickt! In: Bravo, 16/2010, S. 73f.

Buhl, Dieter (1986): Karriere wie eine Achterbahn. Richard Nixon nach Watergate verfemt, jetzt wieder beachtet. In: Die Zeit, 04.07.1986. Zit. n.: Zeit online. [http://www.zeit.de/1986/28/Karriere-wie-eine-Achterbahn]. Letzter Zugriff: 10.05.2010.

Buck, Christiane (2006): Der Papierkrieg des Günter Verheugen. In: Welt online, 15.11.2006. [http://www.welt.de/print-welt/article94519/Der-Papierkrieg-des-Guenter-Verheugen.html]. Letzter Zugriff: 28.12.2013.

Busch, Wibke (12.04.2010): Endspurt: CDU und SPD läuten heiße Phase des Wahlkampfes ein. In: Westdeutsche Zeitung, 12.04.2010, S. 4.

Buschlinger, Gaby (2010): Der Lack ist ab. In: Frankfurter Rundschau, 05.05.2010. [http://www.fr-online.de/frankfurt_und_hessen/nachrichten/wiesbaden/2611783_Kommentar-Der-Lack-ist-ab.html]. Letzter Zugriff: 09.07.2010.

Crolly, Hannelore (2010): Jamaika im Saarland. Es gibt erste Risse in der Wohlfühl-Koalition. Die einzige schwarz-gelb-grüne Regierung Deutschlands präsentiert sich in bester Laune – doch hinter den Kulissen brodelt es. In: Welt online, 19.06.2010. [http://www.welt.de/politik/deutschland/article8100874/Es-gibt-erste-Risse-in-der-Wohlfuehl-Koalition.html]. Letzter Zugriff: 09.07.2010.

Dahmen, Ulla (2010): „Wir brauchen eine stabile Regierung ohne die Linkspartei". In: Westdeutsche Zeitung, 11.05.2010, S. 3.

Dahne, Hans (dpa) (2009): Große Worte zum Jahrestag: Hamas lässt die Muskeln spielen. Zit. n.: n-tv online, 14.12.2009. [http://www.n-tv.de/politik/dossier/Hamas-laesst-die-Muskeln-spielen-article639661.html]. Letzter Zugriff: 09.07.2010.

Dangelmeyer, Joachim (2010): A44: 2016 ist die Lücke endlich geschlossen. Spatenstich: Gleich zwei Verkehrsminister beim offiziellen Baubeginn für Autobahn-Teilstück. In: Westdeutsche Zeitung, 27.04.2010. Zit. n. WZ newsline, 26.04.2010. [http://www.wz-newsline.de/index.php?redid=816748]. Letzter Zugriff: 05.07.2010.

Das Gupta, Oliver (2007): Stoibers schönste Sprüche. Die fünf Besten. In: sueddeutsche.de, 18.01.2007. [http://www.sueddeutsche.de/politik/die-fuenf-besten-stoibers-schoenste-sprueche-1.302424]. Letzter Zugriff: 29.07.2010.

Dittert, Annette (2010): Sparpläne der neuen Regierung in Großbritannien. In: Tagesschau, ARD, 24.05.2010.
Döpfner, Mathias (2010): Die Wiedergeburt des Kapitalismus. Mathias Döpfner meint, die gegenwärtige monetäre Krise sei auch eine moralische. Verantwortungslos waren alle, die Banker und auch die Häuslebauer. Ein heilsamer Schock. In: Welt online, 05.10.2008. [http://www.welt.de/wams_print/article2531166/Die-Wiedergeburt-des-Kapitalismus.html]. Letzter Zugriff: 09.07.2010.
dpa (2005): Kirchenskandal: Sodom und Gomorrha in Griechenland. Schmuggel, Veruntreuung von Kirchengeldern und Sex-Fotos: Die griechisch-orthodoxe Kirche steckt in einer ihrer schwersten Krisen. Selbst das Kirchenoberhaupt soll darin verwickelt sein. In: stern.de, 07.02.2005. [http://www.stern.de/panorama/kirchenskandal-sodom-und-gomorrha-in-griechenland-536243 .html]. Letzter Zugriff: 09.07.2010.
dpa (2009): HRE-Rettung: Streit über Banken-Verstaatlichung. In: stern.de, 02.02.2009. [http://www.stern.de/wirtschaft/news/maerkte/hre-rettung-streit-ueber-banken-verstaatlichung-65 3513.html]. Letzter Zugriff: 27.05.2010.
dpa (09.05.2010): Jürgen Rüttgers: Wo ist der nur? In: stern.de, Ressort „Politik", 09.05.2010. [http://www.stern.de/politik/wahl/landtagswahl-nrw/juergen-ruettgers-wo-ist-der-nur-1565138. tml]. Letzter Zugriff: 09.07.2010.
dpa (10.05.2010): Nach NRW-Wahl. Merkel: Vorerst keine Steuersenkungen. In: B.Z. online, 10.05.2010. [http://www.bz-berlin.de/aktuell/deutschland/merkel-vorerst-keine-steuersenkungen-article837729.html]. Letzter Zugriff: 09.07.2010.
dpa (26.05.2010): Paukenschlag in Wiesbaden: Roland Koch macht Schluss mit der Politik. In: Welt online, 26.05.2010. [http://www.welt.de/newsticker/dpa_nt/infoline_nt/thema_nt/article7775382/Roland-Koch-macht-Schluss-mit-der-Politik.html]. Letzter Zugriff: 09.07.2010.
dpa (28.05.2010): Bundesregierung: CDU-FDP-Koalition im Umfragetief. Die Unzufriedenheit der Deutschen mit ihrer Regierung wächst: Im aktuellen ARD-„Deutschlandtrend" zeigte sich nur noch jeder fünfte Befragte (20 Prozent) mit der Arbeit der CDU/FDP-Koalition zufrieden. In: Focus online, 28.05.2010. [http://www.focus.de/politik/deutschland/bundesregierung-cdu-fdp-koalition-im-um fragetief_aid_513054.html]. Letzter Zugriff: 09.07.2010.
dpa (17.06.2010): SPD will rot-grüne Minderheitsregierung in NRW. In: stern.de, 17.06.2010. [http://www.stern.de/politik/spd-will-rot-gruene-minderheitsregierung-in-nrw-1574922. html]. Letzter Zugriff: 09.07.2010.
dpa/tmn (2010): Wenige Staus am Wochenende vor dem Ferienstart. Zit. n. all-in.de. Das Allgäu online, 18.06.2010. [http://www.all-in.de/themen/reisen/reise_tourismus/art199,800741]. Letzter Zugriff: 09.07.2010.
Dunz, Kristina (2010): Bittere Wahrheiten nach der Wahl. Krisenmanagement: Angela Merkel muss jetzt an vielen Fronten kämpfen. In: Westdeutsche Zeitung, 11.05.2010, S. 5.
Eggers, Erik (2010): Hoeneß schwillt der Kamm. Bayern-Manager wirkt nach dem 0:1 in Hannover und der zweiten Saisonniederlage in Folge recht fassungslos. Trainer Jürgen Klinsmann gefriert sein Lächeln. Die Debatte um Rotationen wird wieder angeheizt. In: WAZ, 29.09.2008.

Erler, Funda (2008): Spätabtreibung: Wenn Frauen durch die Hölle gehen. In: news.de, 18.12.2008. [http://www.news.de/gesundheit/745987742/wenn-frauen-durch-die-hoelle-gehen/1/]. Letzter Zugriff: 27.05.2010.

Fahrenbach, Christian (2010): Entführung. Polizei stochert im Nebel – Wo ist Maria B.? In: Reutlinger General-Anzeiger, 14.05.2010. [http://www.gea.de/nachrichten/welt spiegel/polizei+stochert+im+nebel+wo+ist+maria+b+.1328751.htm]. Letzter Zugriff: 09.07.2010.

Fahrenholz, Peter (12.05.2010): Liberale Verweigerer. In: Süddeutsche Zeitung, 12.05.2010, S. 4.

FAZ (2007): Ein Mangel an Fingerspitzengefühl. Birthler-Behörde beschäftigt Ex-Stasi-Mitarbeiter. Die Birthler-Behörde beschäftigt frühere Stasi-Mitarbeiter. „Wir wären sonst am Anfang nicht arbeitsfähig gewesen", sagt ein Kollege. In: Frankfurter Allgemeine Sonntagszeitung, 17.06.2007, Nr. 24, S. 10. Zit. n.: faz.net. [http://www.faz.net/s/RubA24ECD630CAE40E483841DB7D16F4211/Doc~EC31B3B81C1AB4 BD0821BDF7B1FA9E853~ATpl~Ecommon~Scontent.html]. Letzter Zugriff: 27.05.2010.

FAZ.net (2010): Regierungskrise. Belgiens König nimmt Letermes Rücktritt an. In: faz.net, 26.04.2010. [http://www.faz.net/aktuell/politik/europaeische-union/regie rungskrise-belgiens-koenig-nimmt-letermes-ruecktritt-an-1969597.html]. Letzter Zugriff: 08.05.2013.

Fischer, Jasmin (05.05.2010): Ein Patt mit vielen Chancen. Die Briten haben Reformen gewählt. In: WAZ, 05.05.2010, S. 2.

Fischer, Jasmin (08.05.2010): Katerstimmung nach der Wahl. Das ist neu für London. Ein Parlament im Schwebezustand, ein Premier im Bunker und Wähler, die nicht wählen durften. In: WAZ, 08.05.2010.

Fischler, Johann (2008): Kreditkündigung: Wann darf die Bank die Notbremse ziehen? In: conserio.de, 03.06.2008. [http://www.conserio.at/kreditkuendigung-wann-darf-die-bank-die-notbremse-ziehen/]. Letzter Zugriff: 09.07.2010.

Focus Money online (2010): Steuerschätzung. Neue Hiobsbotschaft für den Finanzminister. In: Focus Money online, 26.04.2010. [http://www.focus.de/finanzen/steuern/ steuerschaetzung-neue-hiobsbotschaft-fuer-den-finanzminister_aid_502142.html]. Letzter Zugriff: 09.07.2010.

Focus online (28.02.2007): Afghanistan: Taliban mit neuer Guerillataktik. In: Focus online, 28.02.2007. [http://www.focus.de/politik/ausland/afghanistan_aid_125505.html]. Letzter Zugriff: 09.07.2010.

Focus online (25.06.2007): CSU: Pauli springt für Seehofer in die Bresche. In: Focus online, 25.06.2007. [http://www.focus.de/politik/deutschland/pauli/csu_aid_64469.html]. Letzter Zugriff: 09.07.2010.

Frei, Helmut (2009): David gegen Goliath. Einzelhändler rüsten gegen Aldi & Co. In: SWR 2, 15.12.2009, zit. n. SWR 2 online, 08.11.2009. [http://www.swr.de/swr2/ programm/sendungen/wissen/archiv/-/id=660334/nid=660334/did=5594158/2hgpxw/]. Letzter Zugriff: 09.07.2010.

Freudenreich, Daniel (2010): Der Bundespräsident wirft hin. Mit sofortiger Wirkung gibt Horst Köhler sein Amt auf. Grund: Die öffentliche Kritik nach seinen Äußerungen zur Bundeswehr. In: WAZ, 01.06.2010, S. 1.

FR online (2009): Podiumsdiskussion: SPD auf Kurssuche. In: FR online, 28.10.2009. [http://www.fr-online.de/frankfurt_und_hessen/nachrichten/frankfurt/?em_cnt=2033648&em_ivw=fr_frankfurt]. Letzter Zugriff: 27.05.2010.

Frigelj, Kristian (2010): Landtagswahl im Mai. Panik in der NRW-SPD vor der Ypsilanti-Falle. In: Welt online, 02.03.2010. [http://www.welt.de/politik/deutschland/article6624944/Panik-in-der-NRW-SPD-vor-der-Ypsilanti-Falle.html]. Letzter Zugriff: 27.05.2010.

Gala (2009): Pamela Anderson: Ist Pams Sicherung durchgeknallt? In: Gala online, 13.02.2009. [http://www.gala.de/stars/geruechte/49767/Pamela-Anderson-Ist-Pams-Sicherung-durchgeknallt.html] Letzter Zugriff: 27.05.2010.

Gassmann, Michael (2007): Cerberus: Bernhard wird bei Chrysler aktiv. Der Automanager Wolfgang Bernhard spielt bei der Sanierung von Chrysler eine aktivere Rolle als bislang bekannt. Der ehemalige Chrysler-Vizechef hat in der Detroiter Konzernzentrale kürzlich ein Büro bezogen. Sein Job wird eine einzige Gradwanderung werden. In: stern.de, 01.06.2007. [http://www.stern.de/wirtschaft/news/cerberus-bernhard-wird-bei-chrysler-aktiv-590232.html]. Letzter Zugriff: 09.07.2010.

Gehm, Dagmar (2007): Salvador da Bahia: Samba im Herzen und Rhythmus im Blut. Die sinnlichste Stadt Brasiliens verzaubert mit afrikanischem Flair und endlosen Traumstränden. *stern.de*-Mitarbeiterin Dagmar Gehm hat sich vom Rhythmus Salvador da Bahias berauschen lassen. In: stern.de, 26.03.2007. [http://www.stern.de/reise/fernreisen/salvador-da-bahia-samba-im-herzen-und-rhythmus-im-blut-585312.html]. Letzter Zugriff: 27.05.2010.

Gestmann, Michael (2010): Prominente. Faustischer Pakt mit den Medien. In: Perspektive Mittelstand, 22.03.2010. [http://www.perspektive-mittelstand.de/Prominente-Faustischer-Pakt-mit-den-Medien/management-wissen/3290.html]. Letzter Zugriff: 27.05.2010.

Hamburger Abendblatt (2009): Finanzkrise: Dunkle Wolken über Griechenland. In: Hamburger Abendblatt online, 15.12.2009. [http://www.abendblatt.de/politik/ausland/article1303719/Dunkle-Wolken-ueber-Griechenland.html]. Letzter Zugriff: 09.07.2010.

Hammer, Wolfram/Wenzel, Rüdiger (2010): Reizklima in Kiel. Carstensen droht sogar mit Rücktritt. CDU und FDP halten die Entscheidung über Lübecks Medizin-Uni weiter offen. Der Ministerpräsident droht derweil mit Rücktritt. In: Lübecker Nachrichten online, 08.06.2010. [http://www.ln-online.de/news/2798471]. Letzter Zugriff: 09.07.2010.

Hans, Barbara (2010): Betrunken am Steuer: Käßmanns Sündenfall. In: Spiegel online, 23.02.2010. [http://www.spiegel.de/panorama/gesellschaft/0,1518,679848,00.html]. Letzter Zugriff: 09.07.2010.

Haubrichs, Alexander/Krücken, Markus (2010): Bewegung im FC-Kader. Sturm-Juwel Ionita im Anflug, Matip geht. In: Express, 01.02.2010. [http://www.express.de/sport/fussball/fc-koeln/rumaenen-juwel-ionita-kommt--matip-geht-/-/3192/1174928/-/index.html]. Letzter Zugriff: 09.07.2010.

Hautkapp, Dirk (10.05.2010): Die SPD hat Kraft getankt. Parteichef Gabriel sieht die Sozialdemokraten im Bund gestärkt und sich bestätigt: Die Bürger haben Schwarz-Gelb das „Stopp-Schild" gezeigt. In: WAZ, 10.05.2010, S. 5.

Hautkapp, Dirk (12.07.2010): Merkels Neuer. ZDF-Nachrichtenmoderator soll Arbeit der schwarz-gelben Koalition besser verkaufen. In: WAZ, 12.07.2010, S. 2.

Heinlein, Stefan (2010): „Es ist ein Arbeitgeber-Entlastungsprogramm". Gesundheitspolitischer Sprecher der SPD kritisiert Zusatzbeiträge der Krankenkassen. Karl Lauterbach im Gespräch mit Stefan Heinlein. In: Deutschlandfunk, 26.01.2010. Zit. n.: Deutschlandradio online. [http://www.dradio.de/dlf/sendungen/interview_dlf/1112852/]. Letzter Zugriff: 27.05.2010.

Hellmann, Frank (2010): Marko Marin: Ein Wirbelsturm als perfekter Joker. In: Frankfurter Rundschau online, 02.06.2010. [http://www.fr-online.de/in_und_ausland/sport/aktuell/2709428_Marko-Marin-Ein-Wirbelsturm-als-perfekter-Joker.html]. Letzter Zugriff: 09.07.2010.

Herzog, Martina (2010): Ein Wettlauf mit den Börsen. Staats- und Regierungschefs wollen die europäische Währung um jeden Preis verteidigen. In: Westdeutsche Zeitung, 10.05.2010, S. 7.

heute-journal (16.12.2008): Schaltgespräch zum Wertpapiermarkt zwischen Marietta Slomka und Brigitte Weining. In: heute-journal, ZDF, 16.12.2008.

Hilbig, Michael (2009): Zweifel eines Superstars. In: Focus, 14.09.2009. Zit. n.: Focus online. [http://www.focus.de/politik/deutschland/wahl-zweifel-eines-superstars_aid_435141.html]. Letzter Zugriff: 09.07.2010.

Hildebrandt, Antje (2008): „Wetten, dass..?" Viel Sturm um nichts. In: Welt online, 02.03.2008. [http://www.welt.de/fernsehen/article1740730/Wetten_dass_Viel_Sturm_um_nichts.html]. Letzter Zugriff: 09.07.2010.

Hinrichs, Per (2010): Klimaschutz hat Vorfahrt: Senat drängt Harley Days ins Umland. In: Welt online, 13.01.2010. [http://www.welt.de/die-welt/vermischtes/hamburg/article5828524/Klima-schutz-hat-Vorfahrt-Senat-draengt-Harley-Days-ins-Umland.html]. Letzter Zugriff: 09.07.2010.

Johann, Birgit (2010): Sportliche Bildung liegt ihm besonders am Herzen. TSVO: Heute geht Günter Rupp. In: Kieler Nachrichten, 22.04.2010. [http://www.kn-online.de/lokales/rendsburg_eckernfoerde/148376-TSVO-Heute-geht-Guenter-Rupp.html]. Letzter Zugriff: 27.05.2010.

Kafsack, Hendrik (2009): Klimagipfel. Die Grad-Wanderung von Kopenhagen. In: faz.net,19.12.2009. [http://www.faz.net/s/RubC5406E1142284FB6BB79CE581A20766E/Doc~E5C013D20355045EB9DDA2043BA9FC811~ATpl~Ecommon~Scontent.html]. Letzter Zugriff: 09.07.2010.

Kaffsack, Hanns-Jochen (2006): Nur Sarkozy hat den Schiffbruch überlebt. Frankreichs Innenminister geht relativ unbeschädigt aus dem Chaos um die zurückgezogene Arbeitsrechtreform. Nun hat er das Präsidentenamt fest im Auge. In: Westdeutsche Zeitung, 12.04.2006, S. 2.

Kersting, Christian (2010): Schulstreit, Kita-Abzocke, Stadtbahn-Nonsens: Senat völlig abgehoben. BILD dokumentiert, wie Schwarz-Grün an den Hamburgern vorbeiregiert. In: Bild online, 14.04.2010. [http://www.bild.de/BILD/regional/hamburg/aktuell/2010/04/14/senat-voellig-abgehoben/schulstreit-kita-abzocke-stadtbahn-nonsens.html]. Letzter Zugriff: 09.07.2010.

Kiffmeier, Jens (2009): FDP-Parteitag: Kapitän Westerwelle kämpft gegen Schlingerkurs. In: news.de, 16.05.2009. [http://www.news.de/politik/679/kapitaen-westerwelle-kaempft-gegen-schlingerkurs/1/]. Letzter Zugriff: 10.05.2010.

Kister, Kurt (2009): Rumpelstilzchen in der Hölle. SPD in der Krise. In: Süddeutsche Zeitung, 29.09.2009, S. 4.

Kleinschmidt, Gisa (2010): Der Retro-Mops. Zucht zum Wohle des Hundes und zur Freude des Halters. [http://www.retro-info.de]. Letzter Zugriff: 15.08.2010.

Klümper, Wilhelm (19.04.2010): Die inszenierte Widersprüchlichkeit. SPD und die Linkspartei in NRW. In: WAZ, 19.04.2010, S. 2.

Koch, Moritz (2009): Vom Saulus zum Paulus. Exxon fordert Ökosteuer. Jahrelang leugnete der Ölkonzern Exxon den Klimawandel – nun macht er sich für eine Abgabe auf Treibhausgase stark. In: sueddeutsche.de, 10.01.2009. [http://www.sueddeutsche.de/geld/exxon-fordert-oekosteuer-vom-saulus-zum-paulus-1.375812]. Letzter Zugriff: 09.07.2010.

Kohlstadt, Michael (2008a): Trauerspiel in Dortmund. In: WAZ, 11.10.2008, S. 1.

Kohlstadt, Michael (2008b): Langemeyers Abgang. In: WAZ, 11.10.2008.

Koydl, Wolfgang (08.05.2010): Das britische Orakel. In: Süddeutsche Zeitung, 08.05.2010, S. 4.

Krause, Rolf-Dieter (2010): Bericht über das Rettungspaket zur Eurokrise. In: Tagesschau, ARD, 09.05.2010.

Kreimeier, Nils/Diethelm, Verena (2010): Kein Aufbruch. Russland steckt im Reformstau. In: Financial Times Deutschland, 13.03.2010. [http://www.ftd.de/politik/international/:kein-aufbruch-russland-steckt-im-reformstau/50087574.html]. Letzter Zugriff: 09.07.2010.

Kreimeier, Sabine (2010): Protest gegen A 44: Ein Baum fürs Spatenloch. In: WAZ, 28.04.2010.

Kreuzer, Christian (2009): Eine Stimme wie ein Orkan. Barbara Clear. Pop-Anarchistin wirbelte im Kreiskulturraum. In: Neue Presse Coburg, 04.07.2009. [http://www.np-coburg.de/nachrichten/kultur/npfeuilleton/art2405,975250]. Letzter Zugriff: 09.07.2010.

Lamers, Frank (2010): Pöstchen für die Amtsmüden. In: WAZ, 20.07.2010.

Laubach, Corinna (2002): „Integration ist keine Einbahnstraße". VHS mit Schwerpunkt „Leben mit vielen Kulturen" im neuen Programm. In: Welt online, 07.01.2002. [http://www.welt.de/print-welt/article367246/Integration_ist_keine_Einbahnstrasse.html]. Letzter Zugriff: 09.07.2010.

Link, Rainer (2005): „Es gilt das gesprochene Wort..." Die verschleiernde Wirkung der politischen Sprache nimmt zu. Manuskript. Deutschlandfunk, 07.06.2005.

Lohre, Matthias (2008): Parteienforscher Franz Walter: „Steinmeier wird durch die Hölle gehen". Franz Walter sieht schwere Zeiten auf den Kanzlerkandidaten zukommen. Denn das Problem der SPD „war ja nicht in erster Linie ein Problem Beck". Aber Steinmeier könnte doch ein Held werden. In: taz.de, 08.09.2008. [http://www.taz.de/1/politik/deutschland/artikel/1/steinmeier-wird-durch-die-hoelle-gehen/]. Letzter Zugriff: 27.05.2010.

Media Tenor (2010): Spiegel beeinflußt die Agenda – FAZ legt weiter zu. Das Media Tenor Zitate-Ranking 1. Halbjahr 2010. In: Media Tenor, 12.07.2010. [http://www.mediatenor.de/newsletters.php?id_news=714]. Letzter Zugriff: 30.07.2010.

Meinert, Peer (2010): Keine großen Patzer – aber der Lack ist ab. In: dpa, 12.02.2010. Zit. n. Nachrichten t-online. [http://nachrichten.t-online.de/barack-obama-ein-jahr-im-amt-keine-grossen-patzer-aber-der-lack-ist-ab/id_21422010/index]. Letzter Zugriff: 09.07.2010.

Meinerz, Christoph (12.04.2010): Endspurt in NRW. CDU und SPD erklären die Landtagswahl am 9. Mai zur Schicksalswahl. Ein Vergleich der Mutmach-Reden. In: WAZ, 12.04.2010.

Meinerz, Christoph (11.05.2010): Fast alles ist möglich. Bis 9. Juni ist Rüttgers gewählt. Danach kann er geschäftsführender Ministerpräsident bleiben. In: WAZ, 11.05.2010, S. 2.

Meinke, Ulf (22.05.2010): Ein Schwede soll Ferrostaal aus der Krise führen. In: WAZ, 22.05.2010.

Morgenstern, Olaf (2010): Martin Männel: „Ein dreckiges 1:0". Aue – Wuppertal: Fuchs auf Schiedsrichter sauer. In: Kicker online, 01.03.2010. [http://www.kicker.de/news/fussball/3liga/startseite/521719/artikel_Martin-Maennel_Ein-dreckiges-13a0.html]. Letzter Zugriff: 21.06.2010.

Neises, Bettina (2010): MA 2010 Tageszeitungen: Die Hälfte der jungen Zielgruppe greift zu Print. In: Horizont.net, 28.07.2010. [http://www.horizont.net/aktuell/medien/pages/protected/MA-2010-Tageszeitungen-Die-Haelfte-der-jungen-Zielgruppe-greift-zu-Print_93767.html]. Letzter Zugriff: 30.07.2010.

Neubacher, Alexander (2006): Gestammelte Werke. Stoibers Rhetorik. In: Spiegel online, 27.03.2006. [http://www.spiegel.de/jahreschronik/0,1518,452030,00.html]. Letzter Zugriff: 29.07.2010.

Neuhaus, Christina (2008): Erste Pressekonferenz: Obama, ernster Wirtschaftspolitiker und Entertainer. In: Welt online, 07.11.2008. [http://www.welt.de/politik/article2691717/Obama-ernster-Wirtschaftspolitiker-und-Entertainer.html]. Letzter Zugriff: 27.05.2010.

Neue Osnabrücker Zeitung (2010): Die NRW-Wahl und die Folgen. Zit. n.: WAZ (11.05.2010): Neue Osnabrücker Zeitung zur NRW-Wahl und Folgen. 11.05.2010, S. 2.

Neujahr, Gaby/Kallinger, Eva Maria (1996): Tödliche Hände. Gaspare Mutolo, ein früherer Mafiakiller, ist seit vier Jahren Pentito, ein „reuiger" Kronzeuge, der gegen die Mafia und ihre Helfer aussagt. In: Focus, 16.12.1996. Zit. n.: Focus online. [http://www.focus.de/politik/ausland/italien-toedliche-haende_aid_161316.html]. Letzter Zugriff: 09.07.2010.

Niewerth, Gerd (2010): Sarkozys mörderischer Sommer. Eine Schwarzgeld-Affäre macht dem französischen Staatspräsidenten zu schaffen. Ihm stehen nun schwere Wochen bevor. In: WAZ, 07.07.2010, S. 6.

Nitschmann, Johannes/Leyendecker, Hans (2010): Malefiz am Rhein. Die Regierungsbildung in Düsseldorf könnte sich monatelang hinziehen / Bewegung bei den Grünen, doch die Liberalen bleiben stur. In: Süddeutsche Zeitung, 11.05.2010, S. 5.

n-tv (21.05.2010): Obama mit Geduld und Weitsicht: Finanzmarktreform auf Ziellinie. In: n-tv online, 21.05.2010. [http://www.n-tv.de/wirtschaft/Finanzmarktreform-auf-Ziellinie-article882956.html]. Letzter Zugriff: 09.07.2010.

n-tv (04.06.2010): Jobwunder in weiter Ferne: US-Arbeitsmarkt kränkelt. In: n-tv online, 04.06.2010. [http://www.n-tv.de/wirtschaft/US-Arbeitsmarkt-kraenkelt-article906426.html]. Letzter Zugriff: 09.07.2010.

Pitzke, Marc (2008): Krisengewinnler. Wie Wal-Mart von der US-Flaute profitiert. In: Spiegel online, 03.03.2008. [http://www.spiegel.de/wirtschaft/0,1518,538937,00.html]. Letzter Zugriff: 09.07.2010.

Pries, Knut/Fechner, Detlef (2010): 600 Milliarden Euro zur Rettung der Währung. In: Westdeutsche Zeitung, 10.05.2010, S. 1.

Reinhardt, Kirsten (2010): Das Interview als trojanisches Pferd. Guido Westerwelle in der „Bravo". In: taz.de, 14.04.2010. [http://www.taz.de/1/leben/medien/artikel/1/das-interview-als-trojanisches-pferd/]. Letzter Zugriff: 05.07.2010.

Reitz, Ulrich (2005): „Hier guckt man nur auf die Risiken". Nächsten Samstag bekommt Theodor Hänsch den Physik-Nobelpreis. Ein Gespräch über den Forschungsstandort Deutschland und ein Leben nach dem physischen Tod. In: Welt am Sonntag, 04.12.2005. Zit. n. Welt online, 04.12.2005. [http://www.welt.de/print-wams/article135768/Hier-guckt-man-nur-auf-die-Risiken.html]. Letzter Zugriff: 28.12.2013.

Reitz, Ulrich (08.05.2010): Es geht auch um Berlin. In: WAZ, 08.05.2010, S. 2.

Reitz, Ulrich (01.06.2010): Das hätte Köhler nicht tun dürfen. In: WAZ, 01.06.2010, S. 1.

Roeingh, Friedrich/Marinos, Alexander/Uferkamp, Frank (2009): Interview: „Die Linke in NRW ist weder regierungs- noch koalitionsfähig". Die Chefin der NRW-SPD, Hannelore Kraft, zum Zustand ihrer Partei und zur Linkspartei. In: Westdeutsche Zeitung, 10.11.2009. Zit. n. WZ newsline, 09.11.2009. [http://www.wz-krefeld.de/?redid=674397]. Letzter Zugriff: 09.07.2010.

Rose, Sascha (2008): Im Renditefeuer. Best-of-Zertifikate bieten mehr Sicherheit. Wie Anleger auf die Besten setzen und hohe Gewinne einfahren. In: Focus Money, 12/2008, 12.03.2008. Zit. n. Focus online. [http://www.focus.de/finanzen/boerse/ zertifikate/best-of-zertifikate-im-renditefeuer_aid_265348.html]. Letzter Zugriff: 27.05.2010.

RP online (2010): Kommentar: Laues Lüftchen. In: RP online, 11.05.2010. [http://www.rp-online.de/duesseldorf/langenfeld/nachrichten/Laues-Lueftchen_aid_ 855893.html]. Letzter Zugriff: 09.07.2010.

Sanches, Miguel (2010): Die isolierte Kanzlerin. Angela Merkel ist angezählt. In: WAZ, 22.05.2010, S. 2.

Schmidt, Thomas (2010): Vor dem G20-Treffen Ende Juni. Kanadas teurer Weg zum Gipfel. Ein künstlicher See, ein schmucker Gartenpavillon, eine neue Eissporthalle als Medienzentrum – Kanada lässt sich das Gipfeltreffen der mächtigsten Staats- und Regierungschefs Ende Juni viel kosten. Sehr zum Ärger der Opposition. In: tagesschau.de, 14.06.2010. [http://www.tagesschau.de/ausland/kanada128.html]. Letzter Zugriff: 09.07.2010.

Schütz, Hans Peter (2007): Frau Merkels Sündenfall. In: stern.de, 10.12.2007. [http://www.stern.de/politik/deutschland/kommentar-frau-merkels-suendenfall-6049 12.html]. Letzter Zugriff: 09.07.2010.

Schütz, Hans Peter (2008): Die Auferstehung des Roland Koch. Spendenaffäre, Gruselwahlkampf, Stimmenverluste: Eigentlich war Roland Koch schon am Ende. Seine Unterlagen in der hessischen Staatskanzlei hatte der CDU-Politiker bereits gepackt. Doch das Scheitern von SPD-Frontfrau Andrea Ypsilanti beschert ihm ein Comeback. In: stern.de, 11.11.2008. [http://www.stern.de/politik/deutschland/hessen-die-auferstehung-des-roland-koch-645164.html]. Letzter Zugriff: 09.07.2010.

Schumacher, Maryam/Kieffer, Michael (dpa) (2010): Netzgemeinden proben politischen Einfluss. Das Netz hat gesprochen. Frühzeitig haben sich tausende Nutzer auf Joachim Gauck festgelegt. Sie schreiben sich die Finger wund, sei es auf neu eingerichteten Webseiten, in sozialen Netzwerken oder beim Kurznachrichtendienst Twitter.

In: Neue Osnabrücker Zeitung, 20.06.2010. [http://www.neue-oz.de/dpa/computer/ 2010/06/20/dpa-25226526.html?rel=rss]. Letzter Zugriff: 09.07.2010.

Schumacher, Theo (15.04.2010): Landtagswahl: Zülfiye Kaykin ist die Frau für Integration in Hannelore Krafts Zukunftsteam. In: derwesten.de, 15.04.2010. [http://www.derwesten.de/nachrichten/politik/Zuelfiye-Kaykin-ist-die-Frau-fuer-Integration-in-Hannelore-Krafts-Zukunftsteam-id2858795.html]. Letzter Zugriff: 09.07.2010.

Schumacher, Theo (10.05.2010): So sehen Siegerinnen aus. Vor fünf Jahren galt Hannelore Kraft als letztes Aufgebot der SPD. Nun ist sie das Kraftfeld der Partei. In: WAZ, 10.05.2010, S. 3.

Schumacher, Theo (15.05.2010): Die Ampel blinkt nicht mehr. Die nordrhein-westfälische FDP beendet die Debatte um Gespräche über eine Zusammenarbeit mit SPD und Grünen. In: WAZ, 15.05.2010.

Senator74 (2010): Foreneintrag zur „Griechenlandpleite, Griechenlandkrise". In: politikforen.net. Politische Foren -> Europa, 28.02.2010. [http://www.politikforen.net/showthread.php?p=3523139]. Letzter Zugriff: 16.08.2010.

Sick, Bastian (2004): Die Zwiebelfisch-Kolumne: Er steht davor, davor, davor – und nicht dahinter. In: Spiegel online, 08.12.2004. [http://www.spiegel.de/kultur/zwiebelfisch/ 0,1518,326107,00.html]. Letzter Zugriff: 09.07.2010.

Sick, Bastian (2009): Die Zwiebelfisch-Kolumne: Geradewegs auf die schiefe Ebene. In: Spiegel online, 25.05.2009. [http://www.spiegel.de/kultur/zwiebelfisch/0,1518,6267 70,00.html]. Letzter Zugriff: 09.07.2010.

Spiegel online (2004): Opel Astra verkauft sich besser als erwartet. Der Astra kommt an: Opel meldet 30.000 Bestellungen bereits vor dem offiziellen Verkaufsstart. Frühbucherrabatte haben die Orderbücher reichlich gefüllt. In: Spiegel online, 01.03.2004. [http://www.spiegel.de/auto/aktuell/0,1518,288691,00.html]. Letzter Zugriff: 02.06.2010.

Spiegel online (2008): Spitzelaffäre. Merkel will Datenschutzgesetze auf den Prüfstand stellen. In: Spiegel online, 08.06.2008. [http://www.spiegel.de/wirtschaft/ 0,1518,558423,00.html]. Letzter Zugriff: 09.07.2010.

Spiegel online (2009): Rassismus-Debatte in den USA: Affen-Karikatur löst Sturm der Entrüstung aus. In: Spiegel online, 19.02.2009. [http://www.spiegel.de/politik/ausland/ 0,1518,608597,00.html]. Letzter Zugriff: 09.07.2010.

Spiegel online (06.06.2010): DFB-Team hebt ab, Robben in der Warteschleife. In: Spiegel online, 06.06.2010. [http://www.spiegel.de/sport/fussball/0,1518,698995,00. html]. Letzter Zugriff: 21.06.2010.

Spiegel online (11.06.2010): SPD lehnt Große Koalition in NRW ab. In: Spiegel online, 11.06.2010. [http://www.spiegel.de/politik/deutschland/0,1518,700274,00.html]. Letzter Zugriff: 09.07.2010.

Spiegel online (14.07.2010): Rüttgers-Nachfolge: Kraft zur Ministerpräsidentin gewählt. In: Spiegel online, 14.07.2010. [http://www.spiegel.de/politik/deutschland/ruettgers-nachfolge-kraft-zur-nrw-ministerpraesidentin-gewaehlt-a-706474.html]. Letzter Zugriff: 28.12.2013.

Sport Excite (2010): Hiobsbotschaft: Michael Ballack fällt für die WM aus. In: sport.excite.de, 17.05.2010. [http://sport.excite.de/hiobsbotschaft-michael-ballack-fallt-fur-die-wm-aus-N9629. html]. Letzter Zugriff: 09.07.2010.

Der Standard online (2010): Opel-Werk Antwerpen: Die Zeichen stehen auf Sturm. Die Mitarbeiter wollen das Aus für das Opel-Werk im belgischen Antwerpen nicht hinnehmen und kündigen für kommenden Dienstag Proteste an. In: Der Standard.at, 22.01.2010. [http://derstandard.at/1263705772795/Opel-Werk-Antwerpen-Zeichenstehen-auf-Sturm]. Letzter Zugriff: 09.07.2010.

stern.de (03.04.2010): Entgleisung eines Papst-Vertrauten: Vatikan distanziert sich von Antisemitismus-Vergleich. In: stern.de, 03.04.2010. [http://www.stern.de/panorama/entgleisung-eines-papst-vertrauten-vatikan-distanziert-sich-von-antisemitismus-vergleich-1555775.html]. Letzter Zugriff: 09.07.2010.

stern.de (06.02.2010): Sinkende Umfragewerte: FDP setzt Krisentreffen an. In: stern.de, 06.02.2010. [http://www.stern.de/politik/deutschland/sinkende-umfragewerte-fdp-setzt-krisentreffen-an-1541280.html]. Letzter Zugriff: 27.05.2010.

sueddeutsche.de (2008): Gegenwind für Schäuble. Kritik an geplanter Abhörzentrale. In: sueddeutsche.de, 28.09.2008. [http://www.sueddeutsche.de/politik/kritik-an-geplanter-abhoerzentrale-gegenwind-fuer-schaeuble-1.698409]. Letzter Zugriff: 09.07.2010.

sueddeutsche.de (11.06.2010): Koalitionspoker in NRW. FDP lässt Ampel-Gespräche platzen. In: sueddeutsche.de, 11.06.2010. [http://www.sueddeutsche.de/politik/koalitionspoker-in-nrw-fdp-laesst-ampel-gespraeche-platzen-1.957242]. Letzter Zugriff: 09.07.2010.

Süddeutsche Zeitung GmbH (2010): Argumente. Präsentation der Marktforschung. PDF-Datei. [http://mediadaten.sueddeutsche.de/home/files/argumente_0110.pdf]. München.

Tagesschau (03.06.2010): Bericht über Gesundheitsreform. In: Tagesschau, ARD, 03.06.2010.

Tiemann, Christoph (2009): Tiemanns Wortgeflecht. In: WDR 5 LebensArt, 03.08.2009.

Tretbar, Christian (2012): Haushalt abgelehnt. Landtag in Nordrhein-Westfalen aufgelöst. In: Der Tagesspiegel, 14.03.2012. [http://www.tagesspiegel.de/politik/haushalt-abgelehnt-landtag-in-nordrhein-westfalen-aufgeloest/6325542.html]. Letzter Zugriff: 07.05.2013.

Uferkamp, Frank (10.07.2010): Laumann gibt Rot-Grün einen Korb. In: Westdeutsche Zeitung, 10.07.2010, S. 1.

Uttich, Steffen (2010): New York: Die Auferstehung des World Trade Center. In: faz.net, 16.06.2010. [http://www.faz.net/s/RubD16E1F55D21144C4AE3F9DDF52B6E1D9/Doc~EB807359FBC1E44B597D2B076B96D9E24~ATpl~Ecommon~Scontent.html]. Letzter Zugriff: 09.07.2010.

Vogler, Martin (2010): Ein Unbequemer mit viel Potenzial. Roland Kochs Ankündigung ist souverän und konsequent. In: Westdeutsche Zeitung, 26.05.2010, S. 2.

Von Dolega, Valeska (2010): Von Katastrophen und Pointen. Kabarettist Mathias Richling ist im Stadttheater aufgetreten. In: Westdeutsche Zeitung, 08.05.2010.

Von Leszczynski, Ulrike (2006): Der Zug am Zoo ist abgefahren. In: Westdeutsche Zeitung, 19.05.2006, S. 14.

WAZ (10.05.2010): Aus für Schwarz-Gelb. Wechsel in NRW. In: WAZ, 10.05.2010, S. 1.

WAZ (11.05.2010): SPD wirbt um Überläufer. Der Parteiwechsel eines einzigen Linken könnte die rot-grüne Mehrheit in NRW sichern. In: WAZ, 11.05.2010, S. 1.

WAZ (20.05.2010): Geht aus dem Amt. In: WAZ, 20.05.2010, Sportteil, S. 1.

WAZ Mediengruppe (2010): WAZ Westdeutsche Allgemeine. Deutschlands größte Regionalzeitung. In: WAZ Mediengruppe, 2010. [http://www.waz-mediengruppe.de/ Westdeutsche_ Allgemeine_Z.63.0.html]. Letzter Zugriff: 09.07.2010.
WDR (2010): Wahl in NRW 2010. In: WDR Fernsehen, 09.05.2010.
Weimer, Tanja (2008): Frosch verschluckt. In: WAZ, 04.10.2008, Beilage „Wochenende", S. 6.
Welt online (2008): Eilts soll die Hansa-Kogge wieder flott machen. In: Welt online, 21.11.2008. [http://www.welt.de/sport/fussball/article2761010/Eilts-soll-die-Hansa-Kogge-wieder-flottmachen.html]. Letzter Zugriff: 09.07.2010.
Welt online (2009): Craig „Lazie" Lynch: Britischer Ausbrecher verhöhnt Polizei im Internet. In: Welt online, 30.12.2009. [http://www.welt.de/vermischtes/article5675680/Britischer-Ausbrecher-verhoehnt-Polizei-im-Internet.html]. Letzter Zugriff: 09.07.2010.
Welt online (2010): Unruhen in Kirgistan. „Es liegen Tote auf dem Platz. Überall ist Blut". In: Welt online, 07.04.2010. [http://www.welt.de/politik/ausland/article 7086915/Es-liegen-Tote-auf-dem-Platz-Ueberall-ist-Blut.html]. Letzter Zugriff: 20.08.2010.
Wiener Zeitung (2010): Wiener Außenamt gibt Sicherheitswarnung heraus. Touristen sollten in Bangkok auf der Hut sein. In: Wiener Zeitung online, 06.04.2010. [http://www.wienerzeitung.at/DesktopDefault.aspx?tabID=3856&alias=wzo&cob= 483484]. Letzter Zugriff: 09.07.2010.
WZ (05.05.2010): SPD wehrt sich: Keine Spendenaffäre. In: Westdeutsche Zeitung, 05.05.2010, S. 4.

Material zur Landtagswahl in Nordrhein-Westfalen 2010

Block, Helga (Landeswahlleiterin des Landes Nordrhein-Westfalen) (Hrsg.) (2010): Landtagswahl 2010. Endgültige Ergebnisse in Nordrhein-Westfalen. Heft 3. Düsseldorf.
Block, Helga (Landeswahlleiterin des Landes Nordrhein-Westfalen) (Hrsg.) (2012): Landtagswahl 2012. Endgültige Ergebnisse in Nordrhein-Westfalen. Heft 3. Düsseldorf.
CDU Landesverband NRW (2010a): Neue Sicherheit und Solidarität Nordrhein-Westfalen 2020. Beschluss des 31. Landesparteitags der CDU Nordrhein-Westfalen. Münster, 20.03.2010.
CDU Landesverband NRW (2010b): Wir in Nordrhein-Westfalen: Arbeitsplätze gesichert. Familien gestärkt. Flyer zur Landtagswahl in Nordrhein-Westfalen 2010.
CDU Landesverband NRW (2010c): Wahlkampfauftakt. In: Internetpräsenz der CDU NRW. [http://www.cdu-nrw.de/wahlen/landtagswahl-2010/wahlkampfauftakt.html]. Letzter Zugriff: 09.04.2010.
FDP Landesverband NRW (2010): Aufsteigerland NRW. Das Programm zur nordrhein-westfälischen Landtagswahl 2010. Düsseldorf.
SPD Landesverband NRW (2010a): Unser NRW. Mutig. Herzlich. Gerecht. Programm zur Landtagswahl am 9. Mai 2010. Düsseldorf.

SPD Landesverband NRW (2010b): Wahlkampfauftakt der NRWSPD. In: Internetpräsenz der SPD NRW. [http://www.nrwspd.de/termin/1/380503/Wahlkampfauftakt-der-NRWSPD.html]. Letzter Zugriff: 09.04.2010.

SPD Stadtverband Velbert (2010): „Wir brauchen den Rettungspakt Stadtfinanzen!" In: Velbert Aktuell. Eine Information der SPD-Velbert zur Politik in unserer Stadt. April 2010, S. 1f.

Romanliteratur

Brontë, Emily (1976): Die Sturmhöhe. Frankfurt.
Chaplin, Elizabeth (1998): Geisel des Glücks. Szenen eines Ehekrimis. München.
Melville, Herman (2004): Moby Dick. Zürich.
Preußler, Otfried (1973): Krabat. 7. Auflage, Würzburg.
Schröder, Rainer M. (2004): Die Lagune der Galeeren. Würzburg.
Seufert, Karl Rolf (1971): Die Karawane der weißen Männer. Freiburg.
Uther, Hans-Jörg (Hrsg.) (1996): Grimms Kinder- und Hausmärchen, Zweiter Band. München.
Walser, Martin (2002): Tod eines Kritikers. Frankfurt.
Weber, Karl Julius (2001): Demokritos. Zit. n. Bolz, Jürgen (Red.) (2001): Knaurs großer Zitatenschatz. Augsburg.
Weiler, Jan (2005a): Maria, ihm schmeckt's nicht. Geschichten von meiner italienischen Sippe. Berlin.
Weiler, Jan (2005b): Antonio im Wunderland. Reinbek.

Sekundärliteratur

Ahlke, Karola/Hinkel, Jutta (1999a): Gegen sprödes Zeitungsdeutsch. Werkstatt Sprache und Stil. In: Sage & Schreibe. Die Fachzeitschrift für Medienberufe. Januar/Februar 1999, Nr. 1&2, S. 31-33.
Ahlke, Karola/Hinkel, Jutta (1999b): Oft fehlt Bildern Anschaulichkeit. Werkstatt Sprache und Stil. In: Sage & Schreibe. Die Fachzeitschrift für Medienberufe. Januar/Februar 1999, Nr. 1&2, S. 34-37.
Althoff, Jens (2006): Der Faktor Glaubwürdigkeit in der Wahlkampfkommunikation von Mediendemokratien. Berlin.
Arntzen, Helmut (1980): Bemerkungen zu Aporien journalistischen Sprechens. In: Mogge, a.a.O., S. 73-79.
Aristoteles (2002). Rhetorik. Übersetzt und erläutert von Christof Rapp. Erster Halbband. Berlin.
Aristoteles (2008): Poetik. Übersetzt und erläutert von Arbogast Schmitt. Berlin.
Beckmann, Susanne (2001): Die Grammatik der Metapher. Eine gebrauchstheoretische Untersuchung des metaphorischen Sprechens. Tübingen.

Berg, Wolfgang (1978): Uneigentliches Sprechen. Zur Pragmatik und Semantik von Metapher, Metonymie, Ironie, Litotes und rhetorischer Frage. Tübingen.
Bethge, Katrin (2009): Die Sprache(n) des deutschen Pferdesports. In: Burkhardt/Schlobinski, a.a.O., S. 262-277.
Brand, Peter/Schulze, Volker (Hrsg.) (1993): Die Zeitung. Medienkundliches Handbuch. Aachen.
Brettschneider, Frank/Niedermayer, Oskar/Weßels, Bernhard (Hrsg.) (2007): Die Bundestagswahl 2005. Analysen des Wahlkampfes und der Wahlergebnisse. Wiesbaden.
Brosda, Carsten (2006): Ein Klassiker unter Druck – Das Politikressort in der Zeitung. In: Rager, Günther/Graf-Szczuka, Karola/Hassemer, Gregor/Süper, Stephanie (Hrsg.) (2006): Zeitungsjournalismus. Empirische Leserschaftsforschung. Konstanz, S. 183-193.
Burkhardt, Armin/Schlobinski, Peter (Hrsg.) (2009): Flickflack, Foul und Tsukahara. Der Sport und seine Sprache. Duden. Thema Deutsch, Band 10. Mannheim/Wiesbaden.
Burkhardt, Armin (2009): Sportsprache in den Medien. Ein Interview von Armin Burkhardt mit Gerhard Delling. In: Burkhardt/Schlobinski, a.a.O., S. 93-115.
Burkhardt, Armin (2010): Spielt Deutschland um den Abstieg? Sportmetaphern in der politischen Sprache. Unveröffentlichter Vortragstext. Magdeburg.
Burkhardt, Armin (2012): Spielt Deutschland gegen den Abstieg? Sportmetaphern in der politischen Sprache. In: Schürmann, Volker (Hrsg.) (2012): Sport und Zivilgesellschaft. Berlin, S. 141-165.
Cook, Timothy E. (2006): The News Media as a Political Institution. Looking Backward and Looking Forward. In: Political Communication 23, S. 159-171.
Degen, Matthias (2004): Mut zur Meinung. Genres und Selbstsichten von Meinungsjournalisten. Wiesbaden.
Dörner, Andreas (2002): Wahlkämpfe – eine rituelle Inszenierung des „demokratischen Mythos". In: Dörner, Andreas/Vogt, Ludgera (Hrsg.): Wahl-Kämpfe. Betrachtungen über ein demokratisches Ritual. Frankfurt, S. 16-42.
Drosdowksi, Günther/Scholze-Stubenrecht, Werner (Hrsg.) (1992): Duden. Band 11. Redewendungen und sprichwörtliche Redensarten. Idiomatisches Wörterbuch der deutschen Sprache. Mannheim.
Dudenredaktion (Hrsg.) (1998): Duden, Band 4. Grammatik der deutschen Gegenwartssprache. 6. Auflage, Mannheim.
Dudenredaktion (Hrsg.) (2000): Duden, Band 1. Die deutsche Rechtschreibung. 22. Auflage, Mannheim.
Dudenredaktion (Hrsg.) (2001a): Duden, Band 5. Das Fremdwörterbuch. 7. Auflage, Mannheim.
Dudenredaktion (Hrsg.) (2001b): Duden, Band 7. Das Herkunftswörterbuch. Etymologie der deutschen Sprache. 3. Auflage, Mannheim.
Elspaß, Stephan (1998): Phraseologie in der politischen Rede. Zur Verwendung von Phraseologismen in ausgewählten Bundestagsdebatten. Wiesbaden.
Eppler, Erhard (1992): Kavalleriepferde beim Hornsignal. Die Krise der Politik im Spiegel der Sprache. Frankfurt.
Fengler, Susanne/Vestring, Bettina (2009): Politikjournalismus. Wiesbaden.

Freedman, David Noel et al. (1992): 1000 Fragen an die Heilige Schrift. Neue Einblicke in die faszinierende Welt der Bibel. Stuttgart.

Fuhrmann, Maximilian (2009): Gradwanderung oder Gratwanderung? Schreibfehler bei Metapher. In: wörter blog. Am Anfang stand das Wort, 10.07.2009. [http://woerter.germanblogs.de/archive/2009/07/10/gradwanderung-oder-gratwanderung-schreibfehler-bei-metapher.htm]. Letzter Zugriff: 16.07.2010.

Gäbler, Bernd (2008): Die Medienkolumne: Invasion der Phrasen. In: stern.de, 11.08.2008. [http://www.stern.de/kultur/tv/die-medienkolumne-invasion-der-phrasen-633402.html]. Letzter Zugriff: 11.11.2008.

Gerhards, Maria/Klingler, Walter (2004): Mediennutzung in der Zukunft – Konstanz und Wandel. Trends und Perspektiven bis zum Jahr 2010. In: Media Perspektiven, Nr. 10/2004, S. 472-482.

Grewenig, Adi (Hrsg.) (1993): Inszenierte Information. Politik und strategische Kommunikation in den Medien. Opladen.

Harms, Lisa-Malin (2008): Metaphern im Sprachenkontrast. Kriegsmetaphorik in der politischen Berichterstattung deutscher und französischer Tageszeitungen. Bochum. In: Clarenz-Löhnert, Hildegard et al. (Hrsg.) (2008): metaphorik.de. Das Online-Journal zur Metaphorik in Sprache, Literatur, Medien. Ausgabe 15/2008, S. 63-98. [http://www.metaphorik.de/sites/www.metaphorik.de/files/journal-pdf/15_2008_harms.pdf]. Letzter Zugriff: 09.01.2014.

Heller, Georg (1997): Lügen wie gedruckt. Über den ganz alltäglichen Journalismus. Tübingen.

Hirsch, Eike Christian (1980): Es gibt nur zwei Dinge, die mich stören. In: Mogge, a.a.O., S. 121-127.

Hof, Roland (1980): Kommunikationswissenschaftliche Aspekte bei der Entwicklung von Sprachnormen für die Medien. In: Mogge, a.a.O., S. 165-174.

Iggers, Jeremy (1998): Good News, Bad News: Journalism Ethics and Public Interest. Critical Studies in Communication & in Cultural Industries. Boulder.

IVW (2010a): Bild Deutschland (Mo-Sa), Quartal 2/2010. In: Informationsgemeinschaft zur Feststellung der Verbreitung von Werbeträgern (ivw.eu), 21.07.2010. [http://daten.ivw.eu/index.php?menuid=1111&u=&p=&t=Tageszeitungen+Gesamtliste&b=b]. Letzter Zugriff: 30.07.2010.

IVW (2010b): Express Köln/Bonn XK, Quartal 2/2010. In: Informationsgemeinschaft zur Feststellung der Verbreitung von Werbeträgern (ivw.eu), 21.07.2010. [http://daten.ivw.eu/index.php?menuid=1111&u=&p=&t=Tageszeitungen+Gesamtliste&b=e]. Letzter Zugriff: 30.07.2010.

IVW (2010c): Süddeutsche Zeitung, Quartal 2/2010. In: Informationsgemeinschaft zur Feststellung der Verbreitung von Werbeträgern (ivw.eu), 21.07.2010. [http://daten.ivw.eu/index.php?menuid=1111&u=&p=&t=Tageszeitungen+Gesamtliste&b=s]. Letzter Zugriff: 30.07.2010.

IVW (2010d): WAZ-Mediengruppe WAZ-Medien-G (WAZ+NRZ+WP+WR)+IKZ, Quartal 2/2010. In: Informationsgemeinschaft zur Feststellung der Verbreitung von Werbeträgern (ivw.eu), 21.07.2010. [http://daten.ivw.eu/index.php?menuid=1111&u=&p=&t=Tageszeitungen+Gesamtliste&b=w]. Letzter Zugriff: 30.07.2010.

IVW (2010e): Westdeutsche Zeitung plus Gesamt (Mo-Sa), Quartal 2/2010. In: Informationsgemeinschaft zur Feststellung der Verbreitung von Werbeträgern (ivw.eu), 21.07.2010. [http://daten.ivw.eu/index.php?menuid=1111&u=&p=&t= Tageszeitungen+Gesamtliste&b=w]. Letzter Zugriff: 30.07.2010.

Jackob, Nikolaus (Hrsg.) (2007a): Wahlkämpfe in Deutschland. Fallstudien zur Wahlkampfkommunikation 1912-2005. Wiesbaden.

Jackob, Nikolaus (2007b): Wahlkampfkommunikation als Vertrauenswerbung – Einführung anstelle eines Vorwortes. In: Jackob (2007a), a.a.O., S. 11-33.

Jung, Kerstin (2009): Fußball als Medienereignis: Die mediale und sprachliche Inszenierung von Fußballevents als Sportspektakel. In: Burkhardt/Schlobinski, a.a.O., S. 143-159.

Kampmann, Helmut (1980): Sprachnormen und Zwecksprache in Zeitungsredaktionen. In: Mogge, a.a.O., S. 154-160.

Kepplinger, Hans Mathias/Maurer, Marcus (2005): Abschied vom rationalen Wähler. Warum Wahlen im Fernsehen entschieden werden. Freiburg/München.

Kepplinger, Hans Mathias (2007): Kommunikationsbarrieren – Die Wege zu den Zeitungslesern bei Bundestagswahlen. In: Jackob (2007a), a.a.O., S. 164-175.

Kohl, Katrin (2007): Metapher. Stuttgart.

Korte, Barbara (1985): Techniken der Schlußgebung im Roman. Eine Untersuchung englisch- und deutschsprachiger Romane. Frankfurt.

Köster, Rudolf (1999): Duden. Redensarten. Herkunft und Bedeutung. Mannheim.

Kövecses, Zoltán (2002): Metaphor. A Practical Introduction. Oxford.

Kraemer, Konrad (1977): 10 Goldene KNA-Regeln. Bonn.

Kurz, Gerhard/Pelster, Theodor (1976): Metapher. Theorie und Unterrichtsmodell. Düsseldorf.

Kurz, Josef/Müller, Daniel/Pötschke, Joachim/Pöttker, Horst/Gehr, Martin (2010a): Stilistik für Journalisten. 2. Auflage, Wiesbaden.

Kurz, Josef (2010b): Der Text. In: Kurz et al. (2010a), a.a.O., S. 73-110.

Kurz, Josef (2010c): Populärwissenschaftliches Darstellen. In: Kurz et al. (2010a), a.a.O., S. 279-298.

Kurz, Josef (2010d): Kommentar. In: Kurz et al. (2010a), a.a.O., S. 241-264.

Kurz, Josef/Gehr, Martin (2010): Interview. In: Kurz et al. (2010a), a.a.O., S. 200-241.

Küster, Rainer (1978): Militärmetaphorik im Zeitungskommentar. Darstellung und Dokumentation an Leitartikeln der Tageszeitungen „Die Welt" und „Süddeutsche Zeitung". Göppingen.

Küster, Rainer (2009): Metaphern in der Sportsprache. In: Burkhardt/Schlobinski, a.a.O., S. 60-79.

Kynast, Anne (2010): Vorbilder statt Vorwürfe. Positive Berichterstattung aus Journalistensicht. Eine explorative Kommunikatorstudie. Dortmund.

Langenbucher, W.R. (1982): Wahlkommunikation und Politisches System. Referat auf dem Kongreß ‚Massenmedien und Wahlen in der Demokratie'. Münster.

Lausberg, Heinrich (1973): Handbuch der literarischen Rhetorik. 2. Auflage, München.

La Roche, Walther (1992): Einführung in den praktischen Journalismus. München.

La Roche, Walther/Buchholz, Axel (Hrsg.) (2000): Radio-Journalismus. Ein Handbuch für Ausbildung und Praxis im Hörfunk. 7. Auflage, München.

Linden, Peter/Bleher, Christian (2000): Glossen und Kommentare in den Printmedien. Berlin.
Link, Jürgen (1974): Literaturwissenschaftliche Grundbegriffe. Eine programmierte Einführung auf strukturalistischer Basis. München.
Linke, Angelika/Nussbaumer, Markus/Portmann, Paul R. (2001): Studienbuch Linguistik. 4. Auflage, Tübingen.
Lüter, Albrecht (2008): Die Kommentarlage. Profilbildung und Polyphonie in medienöffentlichen Diskursen. Wiesbaden.
Mast, Claudia (1994): Meinung. In: dies. (1994): ABC des Journalismus. Ein Leitfaden für die Redaktionsarbeit. 7., völlig neue Ausgabe. Konstanz, S. 188-191.
Maurer, Marcus (2007): Fakten oder Floskeln? Die Inhalte der Wahlprogramme im Bundestagswahlkampf 2005 in der Tagespresse. In: Publizistik, Jg. 52, 2007, Nr. 2, S. 174-190.
Mogge, Birgitta (Red.) (1980): Die Sprachnorm-Diskussion in Presse, Hörfunk und Fernsehen. Stuttgart.
Mothes, Ulla (2007): Kreatives Schreiben. Wissen kompakt für Autoren. Frankfurt.
Niedermayer, Oskar (2007): Der Wahlkampf zur Bundestagswahl 2005: Parteistrategien und Kampagnenverlauf. In: Brettschneider/Niedermayer/Weßels, a.a.O., S. 21-42.
Noelle-Neumann, Elisabeth (1980): Die Schweigespirale. Öffentliche Meinung – unsere soziale Haut. München.
Orwell, George (1968): Politics and the English Language. In: ders.: The Collected Essays. Journalism and Letters. Bd. IV. In Front of Your Nose. 1945-1950. Edited by Sonia Orwell and Ian Angus. London, S. 127-140.
Page, Benjamin (1976): The theory of politcal ambiguity. In: American Political Science Review, 70. Jg., S. 742-752.
Pötschke, Joachim (2010): Wortverbindungen. In: Kurz et al. (2010a), a.a.O., S. 35-42.
Pöttker, Horst (2010a): Zur Bedeutung des Sprachgebrauchs im Journalistenberuf. In: Kurz et al. (2010a), a.a.O., S. 9-20.
Pöttker, Horst (2010b): Ethische und politische Aspekte des journalistischen Sprachgebrauchs. In: Kurz et al. (2010a), a.a.O., S. 335-350.
Pruys, Karl Hugo (1994): „Im Vorfeld wird zurückgeschossen..." Wie Politiker und Medien die deutsche Sprache verhunzen. Berlin.
Pruys, Karl Hugo (2004): Die Republik der Phrasendrescher. Wortwörtliches einer verunglückten Sprache. Berlin.
Pürer, Heinz (2003): Publizistik- und Kommunikationswissenschaft. Ein Handbuch. Konstanz.
Quintilianus, Marcus Fabius (1975): Institutionis oratoriae libri XII. Ausbildung des Redners. Zwölf Bücher. Herausgegeben und übersetzt von Helmut Rahn. Zweiter Band, Buch VII-XII. Darmstadt.
Räuscher, Josef (1929): Jahresbericht der Drahtloser Dienst Aktiengesellschaft. Berlin.
Reiners, Ludwig (1959): Stilfibel. Der sichere Weg zum guten Deutsch. München.
Reitze, Helmut (Hrsg.) (2009): Media Perspektiven. Basisdaten. Daten zur Mediensituation in Deutschland 2009. Frankfurt.
Reumann, Kurt (2000): Meinung. In: Noelle-Neumann, Elisabeth et al. (2000): Das Fischer-Lexikon Publizistik Massenkommunikation. Frankfurt am Main.

Röhrich, Lutz (1991): Das große Lexikon der sprichwörtlichen Redensarten. Band 1. Freiburg.
Röhrich, Lutz (1992): Das große Lexikon der sprichwörtlichen Redensarten. Band 2. Freiburg.
Röhrich, Lutz (1992): Das große Lexikon der sprichwörtlichen Redensarten. Band 3. Freiburg.
Röhrich, Lutz (1994): Lexikon der sprichwörtlichen Redensarten. Band 4. Freiburg. Taschenbuchausgabe der Originalausgabe von 1992.
Röper, Horst: Konzentrationssprung im Markt der Tageszeitungen. Daten zur Konzentration der Tagespresse in der Bundesrepublik Deutschland im 1. Quartal 2008. In: Media Perspektiven, Nr. 8/2008, S. 420-437.
Rust, Holger (1984): Politischer Journalismus. Landtagswahlkämpfe in regionalen Tageszeitungen. Tübingen.
Scherer, Helmut/Schulz, Winfried/Hagen, Lutz M./Zipfel, Theodor/Berens, Harald (1997): Die Darstellung von Politik in ost- und westdeutschen Tageszeitungen. Ein inhaltsanalytischer Vergleich. In: Publizistik, Jg. 42, 1997, Nr. 4, S. 413-438.
Scheuch, Erwin Kurt (1965): Die Sichtbarkeit politischer Einstellungen im alltäglichen Verhalten. In: Scheuch, Erwin Kurt/Wildenmann, Rudolf (Hrsg.) (1965): Zur Soziologie der Wahl. Sonderheft 9 der „Kölner Zeitschrift für Soziologie und Sozialpsychologie". Köln/Opladen, S. 169-214.
Schlusen, Katrin (2008): Die Typologisierung printjournalistischer Darstellungsformen – Vorschläge zu ihrer Reform. Dortmund.
Schneider, Wolf (1984): Deutsch für Profis. Handbuch der Journalistensprache – wie sie ist und wie sie sein könnte. 6. Auflage, Hamburg.
Schneider, Wolf/Raue, Paul-Josef (1998): Handbuch des Journalismus. Reinbek.
Schopenhauer, Arthur (1977): Ueber Schriftstellerei und Stil, § 285. In: Parerga und Paralipomena, Zweiter Band, Zweiter Teilband. Zürich, S. 548-602.
Schulz, Winfried (2008): Politische Kommunikation. Theoretische Ansätze und Ergebnisse empirischer Forschung. 2. Auflage, Wiesbaden.
Schwarze, Christoph (1980): Sprachpflege – Sprachkritik – Spracherziehung. Thesen und Empfehlungen zum Sprachgebrauch in den Medien. In: Mogge, a.a.O., S. 25-37.
Seiffert, Helmut (2000): „Auch ein Mord ist ein Stück Leben". Das kleine Buch der Sprachunfälle. München.
Sparrow, Bartholomew H. (1999): Uncertain Guardians. The News Media as a Political Institution. Baltimore/London.
Stern, Carola (2000): Kommentar. In: La Roche/Buchholz, a.a.O., S. 145f.
Sterzl, Anton (1980): Eine Zeitung kann nicht am Leben vorbeileben. In: Mogge, a.a.O., S. 145-153.
Udem, Peter (2010): Eintrag „jemanden im Stich lassen". In: Redensarten-Index, hrsg. v. Peter Udem, 2010. [http://www.redensarten-index.de/suche.php?suchbegriff=~~sich%20auf%20-jemanden%20verlassen&bool=relevanz&suchspalte%5B%5D=erl_ou]. Letzter Zugriff: 16.08.2010.
Von Heyl, Julian (2009): Gradwanderung / Gratwanderung. In: Korrekturen.de. Korrekturservice im Internet. [http://www.korrekturen.de/beliebte_fehler/gradwanderung.shtml]. Letzter Zugriff: 23.06.2010.

Von Prittwitz, Volker (1994): Politikanalyse. Opladen.

Wagner, Bettina (2007): „Bild – unabhängig, überparteilich"? Die Wahlberichterstattung der erfolgreichsten Boulevardzeitung Deutschlands. In: Brettschneider/Niedermayer/Weßels, a.a.O., S. 147-170.

Wanzeck, Christiane (2003): Zur Etymologie lexikalisierter Farbwortverbindungen. Untersuchungen anhand der Farben Rot, Gelb, Grün und Blau. Amsterdam/New York.

Weinrich, Harald (1980): Über Sprachnorm nachdenken. In: Mogge, a.a.O., S. 9-24.

Weischenberg, Siegfried/Malik, Maja/Scholl, Armin (2006): Journalismus in Deutschland 2005. In: Media Perspektiven, Nr. 7/2006, S. 346-361.

Wikipedia (2010a): Eintrag „Internetsurfen". In: Wikipedia – Die freie Enzyklopädie, 12.05.2010. [http://de.wikipedia.org/wiki/Internetsurfen]. Letzter Zugriff: 17.05.2010.

Wikipedia (2010b): Eintrag „Gesundheitsprämie". In: Wikipedia – Die freie Enzyklopädie, 11.05.2010. [http://de.wikipedia.org/wiki/Gesundheitspr%C3%A4mie]. Letzter Zugriff: 23.06.2010.

Wikipedia (2010c): Eintrag „Westdeutsche Allgemeine Zeitung". In: Wikipedia – Die freie Enzyklopädie, 13.06.2010. [http://de.wikipedia.org/wiki/Westdeutsche_Allgemeine_ Zeitung]. Letzter Zugriff: 16.08.2010.

Zimmer, Dieter E. (1997): Deutsch und anders – die Sprache im Modernisierungsfieber. Hamburg.

VS Forschung | VS Research
Neu im Programm Medien | Kommunikation

Roger Blum / Heinz Bonfadelli /
Kurt Imhof / Otfried Jarren (Hrsg.)
**Krise der Leuchttürme
öffentlicher Kommunikation**
Vergangenheit und Zukunft
der Qualitätsmedien
2011. 260 S. (Mediensymposium) Br.
EUR 34,95
ISBN 978-3-531-17972-8

Kristin Bulkow / Christer Petersen (Hrsg.)
Skandale
Strukturen und Strategien öffentlicher
Aufmerksamkeitserzeugung
2011. 315 S. Br. EUR 39,95
ISBN 978-3-531-17555-3

Olga Galanova
**Unzufriedenheits-
kommunikation**
Zur Ordnung sozialer Un-Ordnung
2011. 201 S. Br. EUR 39,95
ISBN 978-3-531-17674-1

Hans Mathias Kepplinger
Realitätskonstruktionen
2011. 235 S. (Theorie und Praxis öffentlicher Kommunikation Bd. 5) Br. EUR 34,95
ISBN 978-3-531-18033-5

Verena Renneberg
**Auslandskorrespondenz
im globalen Zeitalter**
Herausforderungen der modernen
TV-Auslandsberichterstattung
2011. 347 S. Br. EUR 39,95
ISBN 978-3-531-17583-6

Anna Schwan
Werbung statt Waffen
Wie Strategische Außenkommunikation
die Außenpolitik verändert
2011. 397 S. Br. EUR 49,95
ISBN 978-3-531-17592-8

Ansgar Thießen
**Organisationskommunikation
in Krisen**
Reputationsmanagement durch
situative, integrierte und strategische
Krisenkommunikation
2011. 348 S. Br. EUR 39,95
ISBN 978-3-531-18239-1

Erhältlich im Buchhandel oder beim Verlag.
Änderungen vorbehalten. Stand: Juli 2011.

Einfach bestellen:
SpringerDE-service@springer.com
tel +49(0)6221/345–4301
springer-vs.de

VS COLLEGE
REVIEWED RESEARCH: KURZ, BÜNDIG, AKTUELL

VS College richtet sich an hervorragende Nachwuchswissenschaftlerinnen, die außergewöhnliche Ergebnisse in Workshops oder Abschlussarbeiten erzielt haben und die ihre Resultate der Fachwelt präsentieren möchten.

Dank externer Begutachtungsverfahren fördert das Programm die Vernetzung des wissenschaftlichen Nachwuchses und sichert zugleich die Qualität.

Auf 60 - 120 Druckseiten werden aktuelle Forschungsergebnisse kurz und übersichtlich auf den Punkt gebracht und im Umfeld eines hervorragenden Lehrbuch- und Forschungsprogramms veröffentlicht.

- Soziologie
- Politik
- Pädagogik
- Medien
- Psychologie

VS College

Druck: KN Digital Printforce GmbH · Schockenriedstraße 37 · 70565 Stuttgart